中国古典名著译注丛书

北大漢簡老子譯注

吳文文 撰

中華書局

图书在版编目（CIP）数据

北大汉简老子译注/吴文文撰. —北京：中华书局，2023.8
（中国古典名著译注丛书）
ISBN 978-7-101-16226-4

Ⅰ.北… Ⅱ.吴… Ⅲ.①道家②《道德经》-注释③《道德经》-译文 Ⅳ.B223.1

中国国家版本馆 CIP 数据核字（2023）第 092714 号

书　　　名　北大汉简老子译注
著　　　者　吴文文
丛　书　名　中国古典名著译注丛书
责任编辑　陈　乔
责任印制　陈丽娜
出版发行　中华书局
　　　　　（北京市丰台区太平桥西里 38 号　100073）
　　　　　http://www.zhbc.com.cn
　　　　　E-mail:zhbc@zhbc.com.cn
印　　　刷　三河市博文印刷有限公司
版　　　次　2023 年 8 月第 1 版
　　　　　2023 年 8 月第 1 次印刷
规　　　格　开本/880×1230 毫米　1/32
　　　　　印张 12⅞　插页 2　字数 300 千字
印　　　数　1-6000 册
国际书号　ISBN 978-7-101-16226-4
定　　　价　58.00 元

出版说明

本书 2022 年初版发行后,学界和读者反响良好。中华书局决定将其纳入"中国古典名著译注丛书",并以简体字印行。借此契机,我对书稿进行了修订。

此次修订对绪言进行了精简,对正文也有所润饰。为保持汉简《老子》字词使用方面的特征,汉简《老子》经文中涉及字形分析的汉字仍保留繁体,书稿其他部分则使用简体。

本书的校勘、释读往往涉及古本《老子》和传世本《老子》的比较。一方面,就各个版本的主要思想而言,汉简本、帛书本、郭店简本和传世本大体上一致,都包含尊道贵德、清静无为、道法自然、慈俭谦卑、少私寡欲、性命兼修等内容。另一方面,古本《老子》和传世本《老子》在文本细节上又存在相当多的不同,如何客观评价这些版本差异的意义和价值,对我们更深入、更细致、更准确地理解老子思想还颇为重要,对进一步推进当代老学研究也是需要回答的问题。因此,此次修订增加了附录一"汉简本《老子》和王弼本《老子》涉及义理的差异",以表格的方式罗列了这两个版本的 30 处不同,并且从义理角度对这些差异进行了辨析,供广大读者参考。

吴文文   2023 年春

目　录

上　经

下　经

凡　例

　　一、本书以北大汉简《老子》为底本,略以郭店楚简《老子》、马王堆帛书《老子》甲、乙本以及王弼本、河上公本、敦煌本等参校。校勘以是否涉及义理辨析为主要标准,不涉及义理的经文皆不出校。

　　二、本书按底本文序抄录简文。汉简《老子》的分章点●位于每一章章首,今保留。衍文以下标的方式显示并加﹛　﹜;脱文补上,外加〔　〕;讹字在〈　〉中写出正确的字;通假字则在(　)内写出本字,古体字、异体字也在(　)内写出通行字,上述字例第一次出现时,为避免行文繁琐,只选取部分在注释中说明。重文符号转写为文字。查验汉简《老子》原图版可参看上海古籍出版社2012年出版的《北京大学藏西汉竹书》(贰),本书插图亦转自该书。

　　三、关于“注释”。

　　首先用现代汉语对相关字词进行解释,或列出不同版本的异文。

　　其次是历代学者关于该字词的释读,一般择优采用一说,少数酌列另说。

　　注释中只对涉及义理差异的相关版本《老子》异文加以罗列,同时做简要说明,证据充分的,对其优劣进行辨析。为节省篇幅,北京大学汉简《老子》简称“北大简本”。凡对前辈学者之说有所征引,为避免文繁,注释中皆不称先生，非不敬也。所引用著作的名称均列于书末"参考文献"，引用论文则直接在注释中说明。

四、关于"校订文及今译"。

校订文若对北大汉简《老子》正文有校改，则在注释中说明所据版本以及校改原因。北大汉简《老子》中的衍文，在校订文中删去。译文根据校订后的文字以意译的方式译出。为符合现代汉语的表述习惯，少数译文将原文中省略的代词等内容补足，并外加( )。

五、关于"章旨"。

"章旨"是对每一章的主题进行概括；其次，阐明相邻两章在逻辑上或义理上的内在联系。这是由于《老子》一书中部分相邻章节在内容上、思想上具有密切的前后承接关系，这种承接关系却难以在注释和译文中得到反映，在"章旨"中加以说明可以弥补这一缺憾。若无特别说明，所引《老子》经文皆据王弼本章序。

六、校订所依据的主要抄本和版本中，郭店楚简《老子》的释文，各家存在差异。本书主要依据武汉大学简帛研究中心、荆门市博物馆编著的《郭店楚墓竹书》，《楚地出土战国简册合集》(一)，文物出版社，2011年11月出版；帛书《老子》据高明《帛书老子校注》，中华书局，1996年版，同时还参考了裘锡圭主编的《长沙马王堆汉墓简帛集成》(肆)，中华书局，2014年版。校勘时，帛书甲本和帛书乙本用字不同时，分别列举，简称帛甲本、帛乙本；用字相同时，合称帛书本，单列帛甲本而不列帛乙本时，则帛乙本有脱文，反之亦然。王弼本据楼宇烈校释《老子道德经注》，中华书局，2011年版；河上公本据王卡点校《老子道德经河上公章句》，中华书局，1993年版；敦煌本据朱大星《敦煌本〈老子〉研究》，中华书局，2007年版。

绪　言

　　作为中国传统文化元典之一,《老子》历来受到人们的重视和喜爱。到元代,已是"道德八十一章,注者三千余家"①。张岱年先生说:"清代毕沅以来,校订《老子》者多家(如罗振玉、马叙伦、劳健、朱谦之等),但所据旧本,以唐碑、唐卷为最古,尚未见到唐代以前的写本。"②继汉代马王堆帛书《老子》甲本、乙本和战国郭店楚简《老子》之后,北京大学汉简《老子》为研究者提供了第四个古本。"汉简本是目前保存最为完整的简帛《老子》古本,对于《老子》文本的整理校勘具有重要意义。"③

　　和前人相比,当代《老子》研究者的底气和优势,可能首先在于我们获得了上述珍贵的新材料,由此在《老子》的校勘和训诂方面拥有了更多的"拼图"。四种古本《老子》的先后面世是一个很好的契机,若能重视不同学科的交叉以及研究方法的综合运用,我们在《老子》版本校勘乃至经义释读等领域有望达到一个新高度。

---

①张与材序,(元)杜道坚:《道德玄经原旨》,《道藏》第十二册,文物出版社、上海书店、天津古籍出版社,1988年。
②张岱年序,高明:《帛书老子校注》,中华书局,1996年。
③韩巍:《西汉竹书〈老子〉的文本特征和学术价值》,北京大学出土文献研究所整理:《北京大学藏西汉竹书》(贰),上海古籍出版社,2012年,第208页。

一、北大汉简《老子》的特征

1. 抄写年代为西汉中期

2009 年初,北京大学接受捐赠,获得了一批从海外回归的西汉竹简,其中包括《老子》一书。这批竹简在内容上"全部属于古代书籍,未见文书类文献,因此可称之为'西汉竹书'。竹书含有近二十种古代文献,基本涵盖了《汉书·艺文志》的古书分类法'六略'中的各大门类,内容相当丰富,也是迄今发现的古书类竹简中数量最大的一批。"①朱凤瀚先生从这批竹简的书体特征及其内容推测它们多数当在汉武帝时期,更有可能主要是在汉武帝后期,下限不晚于宣帝②。

这批竹书中,北大汉简《老子》现存完整、残断竹简共 281 枚,其中完整及接近完整的竹简 176 枚,残断简 105 枚。简长约 32 厘米,三道编绳,有契口。每简容 28 字,字形清晰匀称。韩巍先生认为,汉简《老子》的字体在这批竹书的各种文献中属于相对较早的一种,但仍然明显晚于银雀山汉简,估计其抄写年代有可能到武帝前期,但不太可能早到景帝,介于帛书甲乙本和传世的王弼本和河上公本之间③。把汉简《老子》字形和张家山汉简、银雀山汉简字形比较后可发现,书写主体具有较强的规范意识,也反映出这一材料处于特定的文字演变阶段。比如,一些因隶变而字形相近的字,为了在使用中不产生混淆,往往会通过一些方式对字形的书写进行调整。有的是通过笔划的长短,如"王"和"玉";有的是通过

---

①北京大学出土文献研究所整理:《北京大学藏西汉竹书》(贰),上海古籍出版社,2012年,前言。

②朱凤瀚:《北京大学藏西汉竹书概说》,《文物》2011 年第 6 期,第 53 页。

③韩巍:《西汉竹书〈老子〉的文本特征和学术价值》,北京大学出土文献研究所整理:《北京大学藏西汉竹书》(贰),上海古籍出版社,2012 年,第 209 页。

笔划之间的相对位置,如"曰"和"甘"。通过上述各种方式,隶变后字形相近的文字产生细微的区别特征,以避免字形趋同而导致文字使用中的混乱。

北大汉简《老子》中的五组形近字及其区别特征:

入——人		"人"字一捺较粗
曰——甘		"甘"字中间一横与左右不连接
死——列		"列"字比"死"字多一点
先——失		"失"字最后一笔为点
玉——王		"王"最后一笔较长

一方面,上述因隶变容易混同的字形采用了一些暂时性的区别特征;另一方面,在东汉字形材料中常见的一些区别特征(比如东汉碑刻中的"玉"字大多数是在字形中加上一点用以和"王"字区分)尚未产生。上述证据表明,北大汉简《老子》抄写时间处于隶变结束时期。而这一时间大致在西汉中期或中期以前,综合以上信息,按照汉武帝(前141年—前87年在位)前期估算,汉简《老子》的抄写时间应早于公元前100年。

从用字的避讳情况看,韩巍先生分析说:"汉简本在这方面显得非常宽松,有些应避讳的字完全不避。如'邦'字皆写作'国',与帛书乙本同,似为避讳所改;但'盈''恒'两字均多见,'启'字三见,'劈(彻)'字一见,也就是说汉惠帝、文帝、景帝、武帝之讳皆不避。类似这种避讳不严的现象在北大西汉竹书的其他文献中也比较普遍。近年有学者提出,秦汉时期官府文书等属于'公领域'的文档避讳比较严格,而私人文书、藏书等'私领域'的文献避讳则较为宽松,此说值得重视。至少就这篇竹书看来,利用避讳字进行断代似不可行。"①

关于汉简《老子》主人的身份，整理者认为，"综合多种因素分析，北大西汉竹书的原主人应与阜阳双古堆汉简、定州八角廊汉简的墓主人身份接近，有可能属于汉代的王侯一级"②。

2. 书名、篇名、分章及字数

（1）书名和篇名

北大汉简《老子》分为上、下两篇。简二背面上端写有"老子上经"，简一二四背面上端写有"老子下经"。在各古本《老子》中，北大简本首次将《老子》分为《上经》和《下经》。这印证了《史记·老子韩非列传》中"于是老子乃著书上下篇"的说法。

此外，被尊称为"经"，是《老子》文本演变过程中具有标志性的事件，这在形式上确立了其经典地位。汉简《老子》中的上经、下经部分，在马王堆帛书乙本《老子》中分别属于德篇、道篇。原题葛玄所作的《老子道德经序诀》中说："于是作道德二篇，五千文上下经焉。"③这一说法也与上述两古本《老子》篇名相印证。现有版本中，帛书乙本《老子》首次以篇名的形式确立了"道"和"德"这两个重要范畴在《老子》思想体系中的双塔地位。根据文献，到北宋时期，仍然存在道篇和德篇分立的版本，晁公武《郡斋读书志》就记载了司马光将《道经》《德经》合并为《道德论》的事实。《郡斋读书志》："右皇朝司

---

① 韩巍：《西汉竹书〈老子〉的文本特征和学术价值》，北京大学出土文献研究所整理：《北京大学藏西汉竹书》（贰），上海古籍出版社，2012年，第208—209页。相关避讳研究参看来国龙：《避讳字与出土秦汉简帛的研究》，卜宪群、杨振红主编《简帛研究（二〇〇六）》，广西师范大学出版社，2008年。

② 北京大学出土文献研究所整理：《北京大学藏西汉竹书》（贰），上海古籍出版社，2012年，前言。

③ （汉）河上公：《老子道德经河上公章句》，王卡点校，中华书局，1993年，第313页。

马光撰。光意谓道、德连体，不可偏举，故废《道经》《德经》之名，而曰《道德论》。"①除了"道""德"这两个重要范畴外，《河上公章句》后来为每一章都标明章题等做法，可以看成是对老子思想的进一步概括和整理。《老子》文本中的"道""德""一""无为""清静""自然""玄""柔""慈""俭""不争"等重要概念和范畴，在历代学者的注释和解读材料中亦得以日渐凸显。虽然老子思想从《老子》祖本产生之日起就已存在②，但是，这一思想体系在历代学者阐释的漫长进程中日益清晰化，并随着老子之后两千多年历史的演进，其内涵也日益丰富生动，且深入影响中华民族哲学、宗教、文学、艺术、政治、军事等各个领域。

　　(2)汉简《老子》的分章及其与王弼本《老子》的比较

　　北大汉简《老子》和各版本相比，在形式上有一个鲜明的特征，那就是每一章在竹简起始处以圆形墨点"●"作为分章符号，一章结束了，在简尾留空白，另起一简书写下一章。这种书写方式的优点是章与章之间界限十分清晰。但两千多年后，我们所面对的竹简编绳已断，各章的顺序也不易还原。承担北大汉简《老子》整理和释读的北京大学韩巍先生和本科生孙沛阳同学发现了竹简背面的"划痕"，由此成功复原了竹简的排列顺序③。日本学者井上亘先生注意到，平壤汉简《论语》也是每章在简首有分章符"●"，写到章末改简再写下一章的。这与北大汉简《老子》的形制相同④。

---

　　①(宋)晁公武：《郡斋读书志》，上海古籍出版社，1990年，《温公道德论述要二卷》条，第470页。
　　②目前学界仍然存在《老子》五千言是否为老子一人所作的争论。
　　②韩巍：《西汉竹书〈老子〉简背划痕的初步分析》，《北京大学藏西汉竹书》(贰)，上海古籍出版社，2012年，第227页。
　　④井上亘：《占毕考——北大简〈老子〉与古代讲学》，韩巍执行主编，北京大学出土文献研究所编：《古简新知——西汉竹书〈老子〉与道家思想研究》，2017年，上海古籍出版社，第362页。

　　汉简《老子》共 77 章,其中《上经》44 章,《下经》33 章。汉简《老子·下经》和王弼本"道篇"相比,第五十章对应王弼本 6、7 章;第六十章对应王弼本第 17、18、19 章;第七十三章对应王弼本 32、33 章。另外,王弼本中位于 28 章末尾的"大制不割",汉简本作"大制无畔",且位于第七十章(王弼本 29 章)开头。具体对应情况如下表:

王弼本《老子》	汉简《老子》	汉简《老子》分章在义理和版本上的依据
6 章:谷神不死,是谓玄牝,玄牝之门,是谓天地根。绵绵若存,用之不勤。 7 章:天长地久。天地所以能长且久者,以其不自生,故能长生。是以圣人后其身而身先,外其身而身存。非以其无私邪? 故能成其私。	第五十章: ●谷神不死,是谓玄牝。玄牝之门,是谓天地根。绵嫭(乎)若存,用之不堇(勤)。天长地久。天地之所以能长且久者,以其不自生也,故能长生。是以圣人后其身而身先,外其身而身存。不以其无私嫭(乎)? 故能成其私。	"谷神"作为浑沌虚空之道,至高无上。天地次之,虽未能如道一般永恒不死,亦可长久。 第 6 章讲圣人效法被形容为"谷神"和"玄牝"的"道";第 7 章讲圣人效法天地。 圣人效法浑沌之道绵绵若存化生万物、效法天地无私且利益万物,从而实现圣人之德。
17 章:太上,下知有之。其次,亲而誉之。其次,畏之。其次,侮之。信不足,焉有不信焉。悠兮其贵言。功成事遂,百姓皆谓我自然。 18 章:大道废,有仁义;慧智出,有大伪;六亲不和,有孝慈;国家昏乱,有忠臣。 19 章:绝圣弃智,民利百倍;绝仁弃义,民复孝慈;绝巧弃利,盗贼	第六十章: ●大(太)上,下智(知)有之;其次,亲誉之;其次,畏之;其下,母(侮)之。信不足,安有不信。犹嫭(乎)其贵言。成功遂事,百姓曰我自然。故大道废,安有仁义。智惠(慧)出,安有大伪;六亲不和,安有孝兹(慈);国家播(昏)乱,安有贞臣。绝圣弃智,民利百	河上公本《老子》把这三章分别命名为"淳风""俗薄""还淳",很好地体现了这三章共同的主题以及"一波三折"的内在联系。 另,版本上看,17、18 章在郭店楚简《老子》丙组中同属于一章,两部分有"故"字连接表明前后之间的逻辑关系。19 章,郭店本则单独位于甲组,与 17、18 章分开。帛书甲、乙本将 19 章与 17、18 章抄写在一起。

续表

王弼本《老子》	汉简《老子》	汉简《老子》分章在义理和版本上的依据
无有。此三者,以为文不足,故令有所属,见素抱朴,少私寡欲。	倍;绝民弃义,民复孝兹(慈);绝巧弃利,盗贼无有。此参(三)言以为文未足,故令之有所属:见素抱朴,少私寡欲。	
32 章:道常无名,朴虽小,天下莫能臣也。侯王若能守之,万物将自宾。天地相合以降甘露,民莫之令而自均。始制有名,名亦既有,夫亦将知止。知止可以不殆。譬道之在天下,犹川谷之于江海。 33 章:知人者智,自知者明。胜人者有力,自胜者强。知足者富,强行者有志,不失其所者久,死而不亡者寿。	第七十三章: ●道恒无名、朴。唯(虽)小,天下弗敢臣。侯王若能守之,万物将自宾。天地相合,以俞(降)甘露,民莫之令而自均安(焉)。始正有名,名亦既有,夫亦将智(知)止。智(知)止所以不殆。避(譬)道之在天下,犹小谷之与江海。故智(知)人者智,自智(知)者明。胜人者有力,自胜者强。智(知)足者富,强行者有志,不失其所者久,死而不亡者寿。	参考正文第七十三章(王弼本32、33章)章旨。这两章均见于郭店简本和帛书本,并且都是连抄在一起的。

汉简《老子·上经》和王弼本"德篇"相比,章数相同,但在分合归属上略有出入,具体情况见下表:

王弼本《老子》	汉简《老子》	汉简《老子》分章在义理和版本上的依据
"方而不割,廉而不刿,直而不肆,光而不耀"	"●方而不割,廉而不刉(刿),直而不肆,光	参考正文第二十二章(王弼本59章)章旨。

王弼本《老子》	汉简《老子》	汉简《老子》分章在义理和版本上的依据
四句属于"其政昏昏"章，位于章尾。	而不燿(耀)"属于"治人事天莫若啬"章，位于全章开头。	
64章：其安易持，其未兆易谋，其脆易泮，其微易散。为之于未有，治之于未乱。合抱之木，生于毫末；九层之台，起于累土；千里之行，始于足下。为者败之，执者失之。是以圣人无为，故无败；无执，故无失。民之从事，常于几成而败之。慎终如始，则无败事。是以圣人欲不欲，不贵难得之货。学不学，复众人之所过。以辅万物之自然，而不敢为。	第二十七章： ●其安易持也，其未兆易谋也，其脆(脆)易判也，其微易散也。为之其无有也，治之其未乱也。合抱之木，作于豪(毫)末；九成之台，作于絫(累)土；百仞之高，始于足下。 第二十八章： ●为者败之，执者失之。是以圣人无为，故无败也；无执，故无失也。民之从事也，恒于其成事而败之。故慎终如始，则无败事矣。是以圣人欲不欲，不贵难得之货；学不学，而复众人之所过；以辅万物之自然，而弗敢为。	北大汉简《老子》各自独立的第二十七、二十八两章，对应的是王弼本64章。帛书本这部分内容之间无分章符号，严遵本亦属于同一章。从北大简本这两章的主题看，虽然都是关于如何做事的智慧，但第二十七章主要内容是强调未雨绸缪、注重量的累积，第二十八章强调无为无执、慎终如始，分为两章使各自主题更为清晰。郭店简本这两部分不但各自独立，而且是不相连续的。从郭店简本两章各自分散且独立的两章，到北大简本这两章聚在前后连续的位置，再到王弼本合为一章，亦可以反映出《老子》分章的演变过程。
78章：天下莫柔弱于水，而攻坚强者莫之能胜，其无以易之。弱之胜强，柔之胜刚，天下莫不知，莫能行。是以圣人云，受国之垢，是谓社稷主；受国不祥，是为天下王。正言若反。 79章：和大怨，必有余怨，	第四十二章： ●天下莫柔弱于水，而功(攻)坚强者莫之能失〈先〉也，以其无以易之也。故水之胜刚，弱之胜强，天下莫弗智(知)，而莫能居，莫能行。故圣人之言云："受国之诟(垢)，是谓社稷(稷)之主；受国之	王弼本78章"受国之垢""受国之不祥"是肩负责任时的隐忍，79章"执左契而不责于人"是包容，在义理上有着相近的主题。北大简本、帛甲本以及严遵本中都是属于整体的一章，存在后来拆分为两章的可能，其拆分的目的是使全书凑成81章。南宋谢守灏《混元圣纪》卷三引《七略》云："刘向雠校中《老

王弼本《老子》	汉简《老子》	汉简《老子》分章在 义理和版本上的依据
安可以为善？是以圣人执左契，而不责于人。有德司契，无德司彻。天道无亲，常与善人。	不羕（祥），是谓天下之王。"正言若反。和大怨，必有余怨，安可以为善？是以圣人执左契，而不以责于人。故有德司契，无德司肆（彻）。天道无亲，恒与善人。	子》书二篇，太史书一篇，臣向书二篇，凡中外书五篇，一百四十二章。除复重三篇六十二章，定著八十一章。《上经》第一，三十七章；《下经》第二，四十四章。"①

在各章的排列顺序上，汉简《老子》和王弼本《老子》基本一致。比如，汉简本《上经》第四十三章相当于王弼本第 80 章；第四十四章相当于王弼本第 81 章。

（3）汉简《老子》全书正文共 5265 字

《史记》记载的"言道德之意五千余言"，是传世文献中《老子》一书字数的最早记载。帛书乙本《德经》记载的是 3041 字，《道经》是 2426 字，共计 5467 字②。北大汉简《老子·上经》卷末写有"凡二千九百四十二"，《下经》卷末写有"凡二千三百三"。"据统计，汉简《老子》全书正文现存五千二百字，另重文一百一十字，此外还有计字尾题十三字，简背篇题八字。推测原书正文应有五千二百六十五字（较其自注字数多二十字），另重文一百十四字。"③汉简本比帛书乙本字数少 202 字，两相比较，是由于汉简本少了一些虚字。如第 33 章，帛书乙本是八个由"者……也"构成的排比判断句式：

①谢守灏：《混元圣纪》，《中华道藏》第 46 册，华夏出版社，2004 年，第 49 页。

②王中江：《北大藏汉简〈老子〉的某些特征》，《哲学研究》，2013 年第 5 期，第 38 页。

③北京大学出土文献研究所整理：《北京大学藏西汉竹书》（贰），上海古籍出版社，2012 年，第 121 页。

　　　　知人者,智也;自知者,明也;

　　　　胜人者,有力也;自胜者,强也;

　　　　知足者,富也;强行者,有志也;

　　　　不失其所者,久也;死而不亡者,寿也。

　　傅奕本与帛乙本同,而汉简本和王弼本等都没有"也"字。也就是说,这一章就比帛乙本少了8个字。

　　3. 独特的十六处字词例证

　　一些唯独见于北大汉简《老子》的字词用法,对《老子》版本的校勘具有重要的参考价值。比如王弼本《老子》14 章"绳绳不可名",北大简本作"台台微微不可命";"其上不曒"的"曒",北大简本作"杲";16 章"守静,笃",北大简本作"积正,督";25 章"寂兮寥兮",北大简本作"肃觉";"大曰逝",北大简本作"大曰懘";31 章"恬淡",北大简本作"铦偻(镂)";36 章"将欲废之,必固兴之",北大简本作"将欲废之,必古(姑)举之";"柔弱",北大简本作"㛮弱"等等。以下再列举汉简《老子》中 16 则独特的字词例证。

　　(1)命。各本"名可名",唯汉简本作"名可命"。

　　汉简本这一独特的用字能进一步启发我们对老子文本的理解。"命",西周金文作〇,本义是"发号施令",是在"令"字的基础上增加意符"口"分化而产生。"命"这里可以理解为"命名",如《左传·桓公二年》:"晋穆侯之夫人姜氏,以条之役生太子,命之曰仇。"

　　在北大汉简《老子》中,这种"命"和"名"的异文用法不是个例,而是成系列的,分别出现在四章经文中,共 7 例。另三处在北大简本第五章(王弼本 42 章):"人之所恶,唯孤、寡、不穀,而王公以自命也。"第十章(王弼本第 47 章):"是以圣人弗行而智,弗见而命,弗为而成。"第五十七章(王弼本 14 章):"视而弗见,命之曰夷;听而弗闻,命之曰希;搏而弗得,命之曰微。……台台微微,不可命,复归于无物。"

(2)殹。北大汉简《老子》用字具有楚地的特征。

《下经》首章(王弼本 1 章)"道可道殹"的"殹",读作 yì,句末语气词,相当于"也"。《古文苑·石鼓文》:"汧殹沔沔。"章樵注:"殹即也字。"杨树达《〈诅楚文〉跋》:"殹与'也'同。"北大汉简整理者:"'殹'为秦系文字,帛书作'也'。汉简本中'殹'仅此一见,其余皆作'也',推测其祖本之中或有秦抄本,西汉传抄过程中将'殹'改为'也',仅遗留此一处。"①然而包山楚简、郭店楚简《语丛》、王子午鼎等战国楚文字中皆有此"殹"字,汉代淮南王刘安所铸新郪虎符亦有此字②,因此,据北大简本有一"殹"字,尚不能判定其祖本有秦抄本。潘永锋先生在汉简本《老子》中检得三则当为楚文字用字方法遗迹的异文:亚-恶;颂-容;发-伐。他据此认为北大汉简《老子》存有楚国用字习惯③。

(3)"天毋已精将恐列(裂)"的"列"。

北大汉简《老子》中的一些字形较独特,实际上却渊源有自,比如第二章(王弼本 39 章)中的"𣎴"字,被误认为是"死"字,其实这种写法正好是"列",通"裂"。苏建洲先生通过细致的考证后得出④:

　　　第二章简 7"致之也,天毋已精将恐列(裂)"。整理者释文作"天毋(无)巳(已)精(清)将恐死〈列〉",注释云:"'死',应为'列'

① 北京大学出土文献研究所整理:《北京大学藏西汉竹书》(贰),上海古籍出版社,2012年,第 144 页。
② 字形可参考汤馀惠主编:《战国文字编》,福建人民出版社,2001 年,第 191 页。
③ 潘永锋:汉简本《老子》楚系文字用字方法遗迹三则,复旦大学出土文献与古文字研究中心网站,2013 年 12 月 23 日。
④ 苏建洲:《北大简老子字词补正与相关问题讨论》,《中国文字》新 41 期,台北艺文印书馆,2015 年,第 97—100 页。

之误,帛乙作'莲',当如传世本读为'裂'。"(页124注3)

　　谨案:"所谓'死'字作𣪠。其实此字就是'列'。"

北大汉简《老子》中的"死"和"列"字形相近,但这两个字却有明确的区别特征,可参考上文中"五组形近字及其区别特征"的比较。

(4)"载茇魄抱一"的"茇"。

汉简本"茇魄"的"茇",传世本及帛乙本作"营"。《说文解字·宫部》:"营,帀居也。从宫,荧省声。""茇""营"古常通用。《史记·吴王濞列传》:"御史大夫晁错荧惑天子","荧惑"《汉书》作"营或";《史记·淮南厉王传》"荧惑百姓",《汉书》作"营惑百姓"。"茇魄"和"营魄"亦可互通。屈原《远游》:"载营魄而登霞兮。"宋代鲍云龙撰《天原发微·卷五上》:"楚词屈子载'茇魄'之说,以精神言也。茇,营也,阴灵之聚而有光景者。魄不受魂则魂不载魄,而人死矣。"可见鲍云龙所见屈原《远游》作"载茇魄"。

(5)鑑(鉴)。

王弼本第10章"涤除玄览",帛乙本作"修除玄监",北大简本作"脩除玄鑑"。高亨先生在《老子正诂》中说:"玄鉴者,内心之光明,为形而上之镜,能照察事物,故谓之玄鉴。《淮南子·修务篇》:'执玄鉴于心,照物明白。'《太玄》:'修其玄鉴。''玄鉴'之名,疑皆本于《老子》。"①帛乙本"监"即古"鉴"字。北大简本的"鑑"字,由"监"分化而来,承担"镜子"这一义项,而王弼本"览"字可能是由"监"讹变而来。

(6)毆(驱)。王弼本12章"驰骋",北大简本作"毆骋"。

"毆",为"驱"的古文异体字,《广韵·虞韵》:"驱,驱驰也。毆,古

<hr>

①高亨:《老子正诂》,清华大学出版社,2011年,第39页。

文。"本义为驱驰、驱逐。《孟子·离娄上》:"故为渊敺鱼者,獭也。"

"驱骋"为汉简本独特的用词,其他各本作"驰骋",此词亦见《墨子·非命下》:"外之驱骋田猎毕弋,内湛于酒乐,而不顾其国家百姓之政。"

(7)晦。王弼本20章"澹兮其若海",北大简本作"没(惚)旖(兮)其如晦"。

北大汉简《老子》在字词的使用方面,具有内部彼此相互联系、相互印证的一些用法和特点。比如,有3章都出现了"恍惚"这一词或其变化、分离形式:

　　五十七章"是谓无状之状,无物之象,是谓没(惚)芒(恍)。"

　　六十一章"没(惚)旖,其如晦;芒(恍)旖,其无所止。"

　　六十二章"唯訨(恍)唯没(惚)。没(惚)旖訨(恍)旖,其中有象旖;訨(恍)旖没(惚)旖,其中有物旖。"

上述三章的意义因为"恍惚"这个词而建立起了彼此之间的联系,由于这个词在上述三章的存在以及《老子》思想体系的内在联系性,我们在释读其中任何一章都应该注意和其他两章相呼应,也即历代注释者所推重的"以老解老"。然而这三章的密切联系在帛书本出现之前很少有人注意。历代老子研究者常常在王弼本20章"澹兮其若海;飂兮若无止"与传世各个版本的异文面前无所适从。参看下表:

王弼本	澹兮其若海;飂兮若无止。
河上公本	忽兮若海;漂兮若无所止。
想尔注本	忽若晦;寂无所止。
帛书乙本	沕(惚)呵,其若海;朢(恍)呵,若无所止。
北大简本	没(惚)旖,其如晦;芒(恍)旖,其无所止。

　　此句的释读千年来聚讼纷纭,最根本的原因是这个句子在各传世本《老子》中由于传抄错讹已经相对杂乱,上表中王弼本、河上公本、想尔注本已看不出"恍惚"一词在这个句子中的核心地位。而基于错误的文句开展释读,当然得不出一个正确的理解。高明先生评论道:"世传今本此句经文甚为杂乱,无论用字或句型,彼此都各有差异;诸家注释也各持一说,互相抵牾,读者亦难以判断是非。……而且,因今本此文多误,有学者疑其非属本章,谓为错简。如马叙伦谓其为25章文,严灵峰先生谓其为15章文。"①时至今日,许多注本仍未能厘清围绕这一文句的混乱理解。如陈鼓应先生在《老子今注今译》20章的校定文中,依然从王弼本作"澹兮其若海;飂兮若无止"②。高明先生在《帛书老子校注》中,对历代释读的混乱情况有较为详尽的梳理和辨析,他在辨析中注意到帛书乙本"沕(惚)呵,其若海;望(恍)呵,若无所止"因包含"恍惚"一词而揭示了上述三章的相关性,使得我们对这一部分内容的理解进了一大步。但北大简本"没(惚)旖,其如晦"和帛书乙本"沕(惚)呵,其若海"相比又更胜一筹,这是由于就描写"恍惚"而言,"如晦"比"若海"更为贴切。"恍惚"这个词有很多书写形式,亦作"恍忽""仿佛""髣髴"等,通常有"朦胧、迷离"之义,如《史记·司马相如列传》:"于是乎周览泛观,瞋盼轧沕,芒芒恍忽,视之无端,察之无崖。"又如曹植《洛神赋》"仿佛兮若轻云之蔽月"。因此,在表达同一章"沌沌兮,如婴儿之未孩;累累兮,若无所归",以及"我独昏昏""我独闷闷"等状态而言,北大简本"没(惚)旖,其如晦;芒(恍)旖,其无所止"相对其他版本而言是语意贴切融洽的一个本子,同时也与其他两章表达道的初始状态那种混沌不清、时时刻刻变动不居、

---

①高明:《帛书老子校注》,中华书局,1996年,第324页。
②陈鼓应:《老子今注今译》(参简帛本最新修订版),商务印书馆,2012年,第450页。

飘忽不定的特征相呼应。从这一点来看,北大汉简《老子》在用字上清晰地展示了上述三章之间内在的联系。

(8)"其在道也,斜(余)食叕(赘)行"的"叕"。

黄德宽先生在《释甲骨文"叕(茁)"字》①一文中,把 、 等甲骨文字形,和西周以后的"叕"字进行纵向系联。系联的字形材料包括西周金文、战国文字、秦文字、汉代文字。在汉代文字中,黄德宽先生列举的是马王堆帛书《德圣》中的"叕"字和北大汉简《老子》中的"叕"字 等字形。这些典型字形基本反映出"叕"字形体演变的关键环节和过程。

北大汉简《老子》这个"叕"字较为独特,但据黄德宽先生关于该字形体演变的考察,其字形也并非空穴来风。此"叕",想尔注本作"馔",皆可从帛书本读为"赘"。

(9)纶。王弼本25章"有物混成",北大简本作"有物纶成"。

关于这一重要异文,李开先生说:

> 王弼本25章"混成",帛本25章"昆成",郭店《老子》"蟲(蚰)成",昆、蚰(读昆)、混,上古皆文部字,可通。纶,今读 guān,《广韵》古顽切,上古元部,与文部音近旁转。《尔雅·释草》:"纶(guān)似纶(lún),组似组,东海有之。"纶(lún)、组(后字)皆官员系用的青丝绶带,"纶(guān)、组(前字)"皆海藻类植物。纶(guān)布,又写作昆布,可供食用、药用。李时珍《本草纲目·草八·昆布》引吴普《本草》"纶(guān)布,一作昆布,则《尔雅》所谓'纶似纶、东海有之'者,即昆布也。"可知纶(guān)、昆二字可通用甚古老。……今谓以郭

---

① 黄德宽:《释甲骨文"叕(茁)"字》,《中国语文》2018年第6期,第712—720页。

店"蟲(蚰,昆)成"、帛本"昆成",汉简本"纶(昆)成"看,王弼本等作"混成"者于古无据,为后世窜改。①

基于上述四个古本《老子》的证据,李开先生认为"昆成"相对于"混成"是更为本初的用法,其说可信。但"昆成"在此章该如何理解,目前还没有令人满意的论证,有待学界进一步探讨。

(10)"遍行而不殆"的"遍"。

王弼本《老子》25章"寂兮寥兮,独立不改,周行而不殆,可以为天下母",郭店简本、帛书本皆无"周行而不殆"这一句。北大汉简《老子》中此句为"偏(遍)行而不殆"。李若晖先生根据这一则材料辨析了不同文献中河上公注"道通行天地"与"道遍行天地"的差异:

> 北大汉简《老子》此句作"偏(遍)行而不殆",河上公注"道通行天地",旧题顾欢《道德真经注疏》引作"道遍行天地",郑成海《斠理》以为"盖形近而讹也"。由北大本观之,此异文应当颇有来历,表明早期河上公本的正文和注释都极有可能写作"遍"字。②

《庄子·知北游》:"周遍咸三者,异名同实,其指一也。"王弼本"周行而不殆"和汉简《老子》"(偏)遍行而不殆"的差异,有可能是传抄中近义词替换而导致。

(11)"大制无畛"的"畛"。

方勇先生在对北大汉简《老子》"大制无畛"进行了说明,认为简文中"畛"字可不破读,表示界限义:

> 因为此句在今本的二十八章,其作"大制不割",帛书本作"大制

---

① 李开:《西汉竹书〈老子〉下经校勘考述》,华学诚主编:《文献语言学》(第十辑),中华书局,2020年,第46页。

② 李若晖:《"遍"与"通":汉代老学与庄学一瞥》,《学术研究》,2019年第10期,第33—36页。

无割"，所以整理者认为"畍"同"界"，读为"割"。按，实则"大制无畍"的"畍"作本义解释，也可以读通简文。陈鼓应先生在解释"大制不割"这句时，引释德清的意见云："不割者，不分彼此界限之意。"（陈鼓应：《老子今注今译》，商务印书馆，2004年，186页）我们认为此意正可作"无畍"的注脚。①

有界限，就有分别。相对于传世本"大制不割"，汉简本"大制无畍（界）"提供了一个理解老子思想的新视角。《庄子·齐物论》："夫道未始有封，言未始有常，为是而有畛也。""大制"即是"道"，"无畍（界）"即是"未始有封"。

（12）勉。

王弼本"大器晚成"，北大简本作"大器勉成"。帛乙本作"大器免成"，郭店简本作"大器曼成"，传世本多同于王弼本。语音相近的"免""勉""曼""晚"四个不同字形记录的是老子时代的同一个词，从词源角度分析，这个词具有"否定"义②。参照此章"大方无隅、大音希声、大象无形"等内容看，可从帛乙本理解为"大器免成"。

（13）殷。王弼本"道隐无名"北大简本作"道殷无名。"

"道殷无名"的意思是，道盛大而无名号。汤浅邦弘先生说："他本作'隐'。如参考第六十六章（通行本第二十五章）中'吾不智其名、其字曰道、吾强为之名曰大'，则此处可能还是本来为大之意的'殷'字。"③

①方勇：《谈北大藏汉简老子中的"或热或炊"》，《南开语言学刊》，2016年第一期，第75页。

②吴文文：《从同源字角度探讨〈老子〉"大器晚成"等语句的释读》，《吉林师范大学学报》（人文社科版），2020年第3期，第14—19页。

③汤浅邦弘：《北大简〈老子〉的性质——结构、文章及词汇》，韩巍执行主编，北京大学出土文献研究所编：《古简新知——西汉竹书〈老子〉与道家思想研究》，上海古籍出版社，2017年，第139页。

　　王弼本《老子》41 章"大器晚成，大音希声，大象无形，道隐无名"句中的"隐"字，马王堆汉墓帛书《老子》乙本字形为■（179 下；甲本残失）。

　　帛书整理小组原注释谓：

> 道下一字通行本作隐。此作褭，微残，即褭之异构。褭义为大为盛，严遵《道德指归》释此句云："是知道盛无号，德丰无谥"，盖其经文作褭，与乙本同，经后人改作隐。隐，蔽也。"道隐"犹言道小，与"大方无隅"四句意正相反，疑是误字。①

　　帛乙本通常释读为"道褭无名"。"褭"本义为衣服肥大，引申为广大义。王弼本、河上公本皆作"道隐无名"。王弼注："物以之成而不见其成形，故隐而无名也。"

　　然而，受北大汉简《老子》中的这个"殷"字启发，复旦大学出土文献与古文字研究中心陈剑先生依据扎实的秦汉简帛相关资料，对帛书《老子》乙本中的"褭"字字形提出了全新的看法，认为这个字其实应该释为"叚〈殷〉"：

> 我以前一直觉得所谓"褭（褭）"字之释在字形上颇有疑问。读北大简本后，才恍然悟出该字亦应释读为"殷"，但其形实本误作"叚"。……秦汉简帛文字中"殷"与"叚"、"叚"几字字形皆常相乱，将以上字形情况与帛书《老子》之形比较考虑，可知帛书《老子》乙本中这个字释为"叚〈殷〉"绝无问题。所谓"褭/褭"之异文，历史上应并未存在过。前引帛书整理小组据严遵《道德指归》释此句云"是知道盛无号，德丰无谥"，谓"盖其经文作褭，与乙本同，经后人改作隐"之说，如按北大简整理者的意见，将"隐"读为"殷"（二者相通多见）、

---

①国家文物局古文献研究室：《马王堆汉墓帛书〔壹〕》，文物出版社，1980 年，第 93 页注〔八〕。

"殷"亦解为"盛大",也是完全没有问题的。论者或据所谓"褒"字为说,解释为"褒奖、赞扬"或"掩藏"等,现在看来就都失去其根据了。①

"道殷无名"的"殷"在校勘上是一处颇为重要的异文。一方面,如上所述,陈剑先生据此异文纠正了此前已经被很多人认可的帛书《老子》"道褒无名"这一错误释读。这表明,新材料的出土,通常能够为接近《老子》文本的本原形态补充重要证据。另一方面,从整章内容看,"道殷无名"和该章主旨在义理上更为融洽,相反,传世本"道隐无名"放在这一章却略显扞格不通。再考虑到简帛文献有"隐"假借为"殷"的例证(参看本书《上经》第四章注释),传世本"道隐无名"的"隐"也有可能只是"殷"的通假字。然而人们后来将这个"隐"字和老子西出函谷关的活动相联系,赋予老子以遁世隐士的身份,比如司马迁在《史记·老子韩非列传》中说:"老子修道德,其学以自隐无名为务。"太史公对老子学说"以自隐无名为务"的概括并不是很准确,这一概括实际上和老子积极用世的总体思想是背离的。我们还可以由此推测,太史公所看到的《老子》很可能已经是"道隐无名"了,并且此异文在后世版本流传中逐渐占据了上风。

(14)晐。第十二章(王弼本49章):"圣人而皆晐之。"

汉简本此句"晐"字,可释读为周到地包容、涵容。《广韵·哈韵》:"晐,备也,兼也。"这一用法在先秦古籍中也常作"该"。《广韵·哈韵》:"该,备也,咸也,兼也,皆也。"王弼本、河上公本皆作"孩"。严遵本作"骇",傅奕本、范应元本作"咳"。

此章圣人"善者吾善之,不善者吾亦善之;信者吾信之,不信者吾亦信之",申明了圣人涵容宽广的胸怀和大慈悲,北大简本"圣人皆晐之"较

---

①陈剑:《汉简帛〈老子〉异文零札(四则)》,韩巍执行主编,北京大学出土文献研究所编:《古简新知——西汉竹书〈老子〉与道家思想研究》,上海古籍出版社,2017年,第6—8页。

为契合此主题,意思是"圣人包容每一个个体"。

（15）"道者万物之楅"的"楅"。

王弼本第 62 章开头"道者,万物之奥"的"奥"字,帛书甲本、乙本皆作"注"。甲本原注释云:

　　"注",乙本同,通行本作"奥"。按"注"读为"主",《礼记·礼运》:"故人以为奥也",注:"奥,犹主也。"①

高明先生亦引《礼记·礼运》文及注为说,又补充说:

　　《左传》昭公十三年"国有奥主",即谓国之主也。帛书《老子》既然皆作"道者万物之主也",足证今本中之"奥"字当训"主",旧注训"藏"不确,非指室内深隐秘奥,犹若第四章云:"道冲而用之或不盈,渊兮似万物之宗。"从而可见,《老子》原文当犹帛书《甲》、《乙》本作"道者万物之主也","奥"字乃后人所改。②

北大汉简本与"奥"或"注"相当之字为楅（简 68,第二十五章）,此字形未见于其他版本。原释为"楅",视为"畐"声,注释谓"'楅'（章母幽部）、'奥'（影母觉部）音近可通,'楅'应读为'奥'",并引上举帛书原注释为说③。陈剑先生结合楅（简 68）楅（简 36）、楅（《汉印文字征》6.8赵楅之印）等字形,将异文关系和字形结合起来考虑,认为楅字从字形看也完全可以径释为"楅"。此"楅"字可能以音近从帛书《老子》读为"注"或"主","楅"与"注"或"主"应为音近致异④。

---

①国家文物局古文献研究室:《马王堆汉墓帛书〔壹〕》,文物出版社,1980 年,第 8 页注〔二九〕。

②高明:《帛书老子校注》,中华书局,1996 年 5 月,第 127 页。

③北京大学出土文献研究所整理:《北京大学藏西汉竹书》（贰）,第二十五章注〔一〕,上海古籍出版社,2012 年,第 134—135 页。

④陈剑:《汉简帛〈老子〉异文零札（四则）》,韩巍执行主编,北京大学出土文献研究所编:《古简新知——西汉竹书〈老子〉与道家思想研究》,上海古籍出版社,2017 年,第 11—15 页。

（16）老子三宝之"二曰敛"。

传世本《老子》三宝中第二宝为"俭"，对应的北大简《老子》作"二曰敛"。"敛"的意思为"敛藏"。《说文解字·攴部》："敛，收也。"《周礼·夏官》："既射则敛之。"注："敛，藏之也。"引申为"约束，节制"，如《汉书·陈万年传》："郡中长吏，皆令闭门自敛，不得逾法。"帛书本作"检"，也作"约束，限制"义。如《书·伊训》："与人不求备，检身若不及。"孔颖达疏："检，谓自摄敛也。"传世本"俭"亦有"约束、节制"义，如《左传·僖公二十三年》："晋公子广而俭，文而有礼。"杜预注："志广而体俭。"其实各版本三种不同用字"敛、检、俭"属于同源字，这三个字或都由古文字"佥"分化而来，《集韵·合韵》："俭，古作佥。"《玉篇》："佥，巨险切，约也。"

二、老子其人其书

有关老子传记最早的文献是《史记》。司马迁在《史记·老子韩非列传》中提到了三个可能是《老子》一书作者的人物。

第一个是春秋时期的老聃。《史记·老子韩非列传》说："老子者，楚苦县厉乡曲仁里人也，姓李氏，名耳，字聃，周守藏室之史也。"

第二个是老莱子。司马迁说："或曰老莱子亦楚人也，著书十五篇，言道家之用，与孔子同时云。"老莱子为中国民间传说二十四孝人物之一，72岁时，为了讨父母欢心，还经常穿著彩衣，模仿婴儿的动作，所谓彩衣娱亲。据《史记·仲尼弟子列传》："孔子之所严事：于周则老子；于卫，蘧伯玉；于齐，晏平仲；于楚，老莱子；于郑，子产；于鲁，孟公绰。"可知在周任职的老子和在楚国的老莱子是两个不同的人。

第三个是战国早期的周太史儋。《史记》中的《老子列传》《周本纪》

《秦本纪》《封禅书》都提到这位太史儋。孔子逝于公元前479年，而据《史记》"自孔子死后百二十九年，而史记周太史儋见秦献公"等材料可知，太史儋则是在公元前350年左右见秦献公。司马迁说："或曰儋即是老子，或曰非也，世莫知其然否。"司马迁抛出的这个问题，引起后世学者极大的兴趣去考证。比如胡适主张老子是春秋时代的人，《老子》一书也诞生于春秋时期；而梁启超则认为太史儋才是老子，冯友兰、侯外庐、杨荣国等人亦认为老子应是战国时代人，《老子》成书于战国时期。

1993年湖北荆门郭店楚简《老子》的出土，为这一问题的解决提供了有力的实物证据。据碳14测定，墓葬时间约为公元前300年左右，其成书时间应该更早。

裘锡圭先生说："《老子》是春秋晚期思想家老聃的一部语录，现在所能看到的自汉初马王堆汉墓帛书《老子》甲本以下的各种本子，都显然辗转出自同一个祖本。……重见于（郭店楚简《老子》）甲、丙两组的那段内容，彼此文字已经颇有出入，可见我们所说的那个祖本在郭店《老子》简抄写之前应该已经流传了一段时间，以致产生了彼此文字颇有出入的不同本子。据此推测，这个祖本出现的时间应该不会晚于战国早期。"①

王中江先生结合相关材料对《老子》作者、五千言《老子》和郭店《老子》的关系等问题进行了深入探讨：

> 郭店简本《老子》只有1600多字，它是帛书本、北大汉简本或传世本的三分之一多一点。对这一现象我们尝试了不同的解释，但一个主要倾向是将它看成《老子》全本的一部分，认为不能把其他部分都看成是后世附益上的，更不能说是另有作者。一个重要的证据

————————————

① 裘锡圭：《老子今研》，中西书局，2020年，第126—127页。

是，叔向引用《老子》中的话在郭店简本中是没有的。据刘向《说苑·敬慎》篇记载，韩平子曾向叔向请教"刚与柔孰坚"的问题，叔向回答时曾以"老聃有言曰"的形式引用了《老子》中的两段话（即"天下之至柔，驰骋乎天下之至坚。又曰：人之生也柔弱，其死也刚强；万物草木之生也柔脆，其死也枯槁"），但这两段话都不在郭店简本中。……此外，老聃与老子实为一人，《庄子》十分明确地以"老子曰"、"老聃曰"的形式引用《老子》一书中的话是非常有力的证据。除此之外，《韩非子》中也有以"老子曰"、"老聃之言"的方式引用老子的话。这些引用都不是以"书名"出现，但作为老子或老聃所说的话，应出自韩非子当时所看到的《老子》一书。尚未公布的北大西汉简《老子》第一次出现了以《老子上经》和《老子下经》命名《老子》一书的情况，这也证明了老子与《老子》一书的统一性。①

据上述材料，我们赞成《老子》作者即春秋时期的老聃，而非太史儋或老莱子。先秦时期的《墨子》《庄子》《尹文子》《荀子》《韩非子》《吕氏春秋》《战国策》等子书都曾经引述《老子》原文或评论老子思想②，且相关《老子》经文有不少为郭店《老子》所未有，可知五千言《老子》的主体部分至迟在战国早期已经开始流传且产生广泛的影响。

三、《老子》核心概念：道

"道"是《老子》一书的核心概念。梁启超曾经说过，五千言的《老

---

①王中江：《出土文献与先秦自然宇宙观重审》，《中国社会科学》，2013年第5期，第69页。
②陈鼓应、白奚：《老子评传》，南京大学出版社，2001年，第3页。

子》，最少有四千言是讲道的作用①。《老子》中的"道"具有丰富而多重的内涵，在不同文句中，其具体含义往往是不一样的。它可以是指宇宙本原，也可以指秩序法则，还可以理解为道路、方法、境界等等，下面分别加以论述。

1. 作为宇宙本原的"道"

万事万物都有一个终极性的源头，人类对自身以及外部世界相关问题的追问，包括"我是谁？""我们人类从哪里来？"……诸如此类的哲学思考，追根溯源，都汇聚为宇宙本原的问题。徐复观先生认为，老子对宇宙本原问题的思考，发端于人生哲学。他在《中国人性论史》中说："老学的动机与目的，并不在于宇宙论的建立，而依然是由人生的要求，逐步向上推求，推求到作为宇宙根源的处所，以作为人生安顿之地。因此，道家的宇宙论，可以说是他的人生哲学的副产物。"②也有人认为，老子作为史官，观察星象是其职责之一，他对宇宙生成问题的思考，也可能和这类活动有密切关系。

《老子》对宇宙本原问题的回答体现为 42 章的"道生一，一生二，二生三，三生万物"，以及 25 章所说的"有物混成，先天地生"。因为这个"道"是"先天地生"，我们可以称之为"本原之道"或"先天之道"。《老子》第 4 章还说："吾不知其谁之子，象帝之先。"这句话如果结合中国古代神话来帮助理解，就是指有一个事物，好比开天辟地的盘古帝，要先于天地而存在。当然这个"道"并非神话传说中女娲、盘古那样的人格意义上的神。道家典籍《清静经》对"道"及其功用的描写非常贴切："大道无

① 梁启超：《老子、孔子、墨子及其学派》，北京出版社，2014 年，第 30 页。
② 徐复观：《中国人性论史》，华东师范大学出版社，2005 年，第 295 页。

形,生育天地;大道无情,运行日月。"总之,这个"道"是天地万物的本原。

由于这个"道"不易为人所理解,老子还采用"玄牝"来比喻"谷神"这一"本原之道":

> 谷神不死,是谓玄牝。玄牝之门,是谓天地根。绵绵若存,用之不勤。

"牝"在古汉语中是指雌性兽类,"玄"字这一修饰语有"细微而不易觉察"义①,"玄牝"用以比喻"道"这一巨大的"雌兽"绵绵不绝地化生万物。

基于本原之"道",建构起了老子的宇宙观。第42章"道生一,一生二,二生三,三生万物"则进一步阐明了道演化万物的几个重要阶段。

2.作为自然法则和谨严秩序的"道"

《老子》一书中的"道"也有"秩序"和"法则"的内涵。老子哲学体系中,"道"是这个宇宙的终极支配力量,但是这个"道"不是一个人格意义上的神,第5章"天地不仁,以万物为刍狗"就明确地阐述了这一点。也就是说,道虽然生出万事万物,然而它对人类或对任何个体没有偏爱之心,它并不具有人类般的情感,并且这个"道"不因为任何人、任何个体更改它的秩序和法则。然而第79章"天道无亲,常与善人"又表明,只要你遵循其秩序和法则,天道的力量就是站在你这边的。那么,老子哲学体系中,最根本的秩序和法则是什么呢?第40章"反者道之动"以及第25章"大曰逝,逝曰远,远曰反"阐明了这一条基本的法则。第77章对这一秩序和法则展开了进一步的说明:

> 天之道,其犹张弓与!高者抑之,下者举之;有余者损之,不足

①吴文文:《"玄"字造字理据的考察与〈老子〉中"玄"的内涵》,《中国文字学报》(第十辑),商务印书馆,2020年,第182—190页。

者补之。天之道,损有余而补不足。人之道则不然,损不足以奉有余。

在老子所在的春秋时期,"张弓"是指给弓安上弦并且调节弦位的高低。安上并调节弦在古人的语言中谓之"张",松开弦谓之"弛"。《周礼》:"一张一弛,文武之道。"成语"改弦更张"亦可作为旁证。"张弓"的意思明确后,第77章可以理解为:

　　天道岂不就像调节弓弦一样吗?弦位高了,就往下压,弦位低了,就往上升;弓弦过长的,就截掉一些,弓弦过短的,便补足它。

　　可见,天道的法则是损有余而补不足,而人的做法却不一样,反而是掠夺那资财不足的,用来奉养那富贵的人。

老子认识到天道作为一种无形的力量而存在,使万事万物保持一种动态的平衡。自然界生态的平衡、人类社会各阶层的平衡,有天道法则在暗中调节、维系。违背天道的社会状态如同过松或过紧的弓,或是缺乏其应有的活力,或是处于崩裂危险的边缘。

《老子》第42章说:"万物负阴而抱阳,冲气以为和。"描述了天道作为一种力量维系万物内在的和谐。这种万物内在的和谐以及彼此之间的协调,在时间和空间维度则体现为一种谨严的秩序。自然界的日月更替、暑往寒来,人类社会总体上的平衡,都是这种秩序的彰显。

从"道"作为自然法则这一内涵来看,老子哲学亦彰显其理性、冷峻的特点。因而尊道之人,亦往往过着一种秩序井然的生活。

微观地看,"道"作为法则,亦可以理解为内在于万事万物的客观规律。这些如毛细血管网般贯彻于万事万物的客观规则,都由"道"逐级演化、衍生,因此,万物皆有"道",皆以"道"为其内在依据。正如《庄子·知北游》所述:

东郭子问于庄子曰:"所谓道,恶乎在?"

庄子曰:"无所不在。"

东郭子曰:"期而后可。"

庄子曰:"在蝼蚁。"

曰:"何其下邪?"曰:"在稊稗。"

曰:"何其愈下邪?"曰:"在瓦甓。"

曰:"何其愈甚邪?"曰:"在屎溺。"

东郭子不应。

在这则对话中,为了说明"道"内在于一切事物,庄子列举了生命体中的动物(蝼蚁)、植物(稊稗)以及非生命体(瓦甓),最后,为了彻底破除东郭子认为"道"具有某种"特异性"的成见,他还列举了在常人看来离道相去甚远的屎溺。

3."道"的内涵之三:道路、方法及其指向的境界

"道"较为常见的内涵是路径、方法,英文可对应地翻译为 way。这一内涵可以和"道"字一些古文字字形相互印证。比如郭店楚简《老子》"道"字作㳻,字形中间是"人",字形外部为"行"(金文作䜌)字,描绘的正是人行走在路上。《说文解字·辵部》:"讀,所行道也。从辵,从首。一达谓之道。"《易·履卦》九二:"履道坦坦",意思是行走在平坦的道路上。

《老子》中,有不少"道"字用的就是这个本义。比如第 53 章:

使我介然有知,行于大道,唯施是畏。大道甚夷,而人好径。

这句话中,有两个"道"字,都可以理解为老子思想所指引的那条道路,因此称之为大道。和"大道"相对的,是"邪道"和"小路"。清代王念孙解释说:"'施'读为迤,邪也。言行于大道之中,唯惧其入于邪道也。"

《老子》中有些"道"字的字义又由"道路"引申为"方式、方法",比如

王弼本 59 章最后一句"是谓深根固柢,长生久视之道也"。由此章开头的"治人事天莫若啬"可知,践行深根固柢、长生久视的方式和方法,啬术是首要和关键。又如 60 章"治大国若烹小鲜。以道莅天下者,其鬼不神"。此句中的"道"是指清静自然之道,是以无为而治国的方式、方法。

上述 59、60 章中的两个例子,"道"都是指达到特定境界、实现某种价值观或目标的方式、方法。《老子》中"道"的这一内涵在道家乃至在整个中国传统文化中得到了进一步扩展。比如宋代白玉蟾说:"焚香烹茶是道,看远山烟霞亦是道。"在这里,"道"的内涵拓展为借助某种方式和路径得以实现的"道化境界"。

4. 老子之"道"亦含有生命的意蕴

如果"道"用以代表老子思想体系的话,该体系亦蕴含了丰富的生命关切思想。《老子》一书中有不少是论述"生命"这一主题的,比如第 50 章:"出生入死。生之徒,十有三;……盖闻善摄生者,陆行不遇兕虎,入军不被甲兵。兕无所投其角,虎无所措其爪,兵无所容其刃。夫何故?以其无死地。"第 10 章"专气致柔,能婴儿乎?"也是讲求生命层面的炼养。老子所追求的"深根固柢,长生久视",即是崇尚生命长久、生活幸福这一价值观。老子思想尚柔,第 76 章说:"人之生也柔弱,其死也坚强。草木之生也柔脆,其死也枯槁。故坚强者死之徒,柔弱者生之徒。"人出生的时候身体是柔软的,死了之后就僵硬了。草木萌生时的嫩芽是柔脆的,死了之后枝叶就干枯了。可见坚硬的事物属于趋于死亡的一类,柔弱的事物属于富有生机的一类。显然,《老子》中的重要概念"柔"亦包含生命意蕴。《老子》一书中,判断是否遵循天道规律,往往围绕"生命""生机"这一标准而判定。遵道则生,悖道则死。因此第 73 章说:"勇于敢则杀,勇于不敢则活。"综上,老子非常重视生命问题。吴根友先生认为,老子、庄子开创的道家生命哲学,大体上由四个方面的内容构成:生命观、生死观、重生论、养生论①。黄玉顺先生甚至认为"道的形上本体只是被设定来解证生命问题的精神工具。"②老子这一重视生命的思想对后世道家、道教影响深远。如庄子《养生主》《人间世》《达生》等篇,都是以生命问题作为其核心关切。宋代高道白玉蟾有诗:"青山绿水无非道,翠竹黄花有几人。"③这句诗中青山绿水所蕴含的勃勃生机,是道之生命力的显现。白玉蟾还说:"心动神疲,心定神闲。疲则道隐,闲则道生。"④这里的"道生",是指生命的气机萌动、滋生、蓄积;"道隐"则是生命的气机衰减和损耗。此句诗文中的"道",显然也具有"生命"的意蕴。

　　《老子》一书中的"道"具有丰富的内涵,上述四个方面,尚不足以涵盖其全部意蕴。陈鼓应先生《老子注译及评价》对王弼本《老子》出现的全部73个"道"字的含义一一进行了探讨和归纳,可参考。

四、老子政治哲学体系⑤

　　张舜徽先生说:"周秦诸子以帝王术为中心。"⑥《汉书·艺文志》称道家主旨为"君人南面之术"亦表明,《老子》一书以为政治国为核心关切

①吴根友:《老子与庄子的生命哲学、养生思想及其现代启示意义》,《贵州社会科学》,2012年第7期,第9页。

②黄玉顺:《老子哲学:生存之道》,《四川大学学报》(哲学社会科学版),1998年第2期,第25页。

③(宋)白玉蟾:《白玉蟾全集》,宗教文化出版社,2013年,第178页。

④(宋)白玉蟾:《白玉蟾全集》,宗教文化出版社,2013年,第367页。

⑤这部分内容节选自吴文文:《老子政治哲学思想体系的考察——基于北大汉简〈老子·上经〉首章的校释》,《广西师范大学学报》(哲社版),2018年第6期,第16—26页。中国人大书报资料中心《哲学文摘》2019年第2期转载了部分内容。

⑥张舜徽:《周秦道论发微》,人民出版社1982年版,第32页。

内容。现分别从七个方面对老子政治哲学思想进行探讨。

1. 忠信为本

汉简《老子·上经》第一章(对应王弼本38章)在全书具有开宗明义作用,对判定《老子》一书的主旨具有重要参考意义。未见过古本《老子》的林语堂亦敏锐地指出:"本章乃是《老子》最著名的一章。"[1]汤浅邦弘先生说:"为何上经第一章(即通行本第三十八章)在当时被作为《老子》的首章?可以认为有以下两种可能性。第一,作为古代文献的特征,可能并无特别深刻的含义。例如,《论语》的学而篇的首章确有明言,但即使不位于首章对以后各章的理解也无大碍,可以说编辑不太严密。而《老子》也有可能是这样的编辑物。另一种可能性,是该章确实具有象征《老子》全体的深刻含义,还是有放在开头的必要性。"[2]笔者认为《上经》首章的位置不仅仅是一种随机的编排。《老子》首章"上德无为而无以为"强调"上德"作为第一等的"德",遵循的是清静无为之道,其榜样是第51章所描述的"生而不有,为而不恃,长而不宰,是谓玄德"。天道虽然对万物的发生、发展、成熟、繁衍、衰弱、消亡都具有限定性,然而生长万物却不据为己有,成就万物却不居为己功,如长辈般爱护万物却不私自主宰。圣人效法天道,因此也应具备清静无为之"玄德"。

对"清静无为"政治思想较为常见的理解就是顺其自然、不横加干扰。从第60章"治大国若烹小鲜"等表述看,这一理解当然也是清静无为的应有之义。

然而,如果清静无为的内涵仅仅局限于此,则稍显机械且浅显。这

---

①林语堂:《老子的智慧》,湖南文艺出版社,2011年,第179页。
②汤浅邦弘:《北大简〈老子〉的性质——结构、文章及词汇》,韩巍执行主编,北京大学出土文献研究所编:《古简新知——西汉竹书〈老子〉与道家思想研究》,上海古籍出版社,2017年,第129页。

种"简易"的治国方法似乎遗忘了政治活动中的另一主体——百姓。在《老子》一书中，"百姓"虽然多次出现，但不曾作老子言说的对象，他们只是作为治理的对象而默默存在。而作为治理的对象，教化、感化之前的百姓是什么样的一个状况，这就涉及到普遍人性的问题。老子在"上德不德"章强调内在的"忠信"胜于外在的"礼"，隐含了人性中本有的"忠信"可以依靠这一观点。此章"忠信"一词甚少引起注释者注意，王弼、奚侗、朱谦之、林语堂等都没有进行解释，但"忠信"一词又的确关乎整章主题的释读。一些人依现代汉语把"忠"释读为"忠诚"，显然不是老子那个时代的准确内涵。《说文解字·心部》："忠，敬也，尽心曰忠，从心中声。"《广韵》："忠，无私也，敬也，直也，厚也。"《广韵》对"忠"的释义较为宽泛，但其列举的四种品质都出于内在良善的本心。贾谊《新书·道术》："子爱利亲谓之孝，爱利出中谓之忠。"强调孝道在于内心的真情，在于孝顺父母时是否具有内在的诚敬之心。正如《礼记·祭统》所说："夫祭者，非物自外至者也，自中出生于心也。心怵而奉之以礼。"因此，"中"之于"忠"不仅仅是个声符，它也表义。《说文解字·丨部》："中，内也。"从造字角度看，"忠"可视为"中"的分化字，本义是心中本有的内在良知。

　　这种在政治哲学视角下可以依靠的百姓之"忠信"，王弼称之为"敦朴之德"。王弼《老子指略》中使用了相当多的篇幅论述百姓淳朴的本性可以依赖这一观点。比如："夫镇之以素朴，则无为而自正；攻之以圣智，则民穷而巧殷。故素朴可抱，而圣智可弃。"①另外，从文字学角度看，19章"视素抱朴"中的"素"字，字义是尚未染色的丝；"朴"的字义是未经雕琢加工的原木。"视素抱朴"主张效法并谨守这种"素朴态"或本色状态，

----

　　①王弼《老子指略》据楼宇烈：《老子道德经注校释》所附辑佚本，中华书局，2008年，第199页。

这是从另一个角度表明老子对"忠信"的推崇。

　　结合上述"忠信"一词内涵的分析,老子认为根植于人性的"忠信"或"敦朴之德"是可倚赖的。马一浮对"忠信"一词的理解和老子此意相契合,并认识到"忠信"在老子哲学体系中的重要性,他在《老子注》说:"实则忠只是对己负责,己有所不尽便是不忠,今人谓良心上谴责是也。欺人者必自欺,才有一毫不实便是自欺,便是不信。不信于人便是不信于己,因为自己决不能自瞒。人无忠信,万事瓦解,任何事物都建立不起来,故忠信实为万事之根本。"①据马一浮《老子注》的理解,忠信是"万事之根本"。因此,激发、葆有人性中固有的善——忠信,应是为政者所要达成的重要目标。在《老子·上经》首章,摈弃"下德",回复"忠信",是老子对为政者的期盼;老子建议为政者应该拥有一颗悲悯之心,宽宥和教化、感化民众,如第27章"圣人恒善救人,而无弃人",第49章"善者吾善之,不善者吾亦善之,德善也。信者吾信之,不信者吾亦信之,德信也。"这两部分内容都隐含了对人性善的信赖。就此角度看,肯定人性本有的忠信,高扬人性中的善良、光明和慈爱,实为老子政治思想的重要基础。

　　2.清静无为的双重内涵:回归敦朴与因势利导

　　在百姓"忠信"可依,"敦朴之德"可用这一前提下,老子"清静无为"的政治哲学主旨显然不等于高枕无忧式的垂拱而治,它还建立在对"百姓心"乃至每一个个体特性、特点具备清晰了解的基础之上。基于此,清静无为对民众信息量的掌握度、因应措施的灵活度都要求极高。作为一个政治哲学概念,以"辅万物之自然"为目标的"清静"具有动态的意蕴,"无为"也产生了"可为"的方向。"清静无为"由此具有两方面内涵:一

　　　　　　────────

　　①马一浮:《老子注》,崇文书局,2016年,第96页。

方面在于引领百姓归于敦朴;另一方面则是因应民众内在质朴率真的本性以及针对每个个体不同特质的因势利导。

老子清静无为政治思想的第一重内涵在于引领百姓归于敦朴。"敦朴"可大致细分为两方面内容:物质层面的俭约,心性层面的纯真。第57章:"我无为而民自化,我好静而民自正,我无事而民自富,我无欲而民自朴。"严复阐释说:"上之所欲,民从之速也。我之所欲唯无欲,而民亦无欲自朴也。此四者崇本以息末也。"①老子所崇尚的这个"本",即是百姓敦朴之德,所要绝弃的,就是智巧伪诈之"末"。郭店楚简《老子》"绝智弃辨,民利百倍;绝巧弃利,盗贼无有;绝伪弃虑,民复季子。此三者以为史,不足,或命之有乎属:视素抱朴,少私寡欲"(对应王弼本19章)②,正是鲜明地提出这一主张,认为一个社会应崇尚质朴和率真,摒弃奢靡之风、奸巧之习,方能从根本上形成良好的社会生态,提高全社会的道德水准。第58章"其政闷闷,其民淳淳;其政察察,其民缺缺",进一步提出,政令宽厚简易,人民自然淳朴纯真;政令严苛繁琐,人民就变得狡诈。第65章"古之善为道者,非以明民,将以愚之。民之难治,以其智多",认为让民众保持淳朴状态,才能长治久安。虽然,上述复归于敦朴的主张和人类文明发展的方向似乎是相背离的,但老子认为,从整体视野、长远角度看,遵循这一政治哲学是实现国家和谐、人民幸福的较好模式。

老子清静无为政治思想的第二重内涵,在于针对每个个体不同特质

---

①严复:《老子〈道德经〉评点》,载《无求备斋老子集成》影印成都书局壬申校刊,下篇第13页。

②根据本书关于"忠信"概念的探讨,从义理的层面看,围绕郭店本"绝伪弃虑,民复季子"是否应该从传世本读为"绝伪弃虑,民复孝慈"的争论,似乎更应该如裘锡圭、李零、刘信芳、廖名春、刘钊等先生所主张的,"季子"即"稚子"义,不必改读为"孝慈"。(可参考:彭裕商、吴毅强:《郭店楚简老子集释》,巴蜀书社,2011年,第19—24页。)"绝伪弃虑,民复季子"不但和老子推崇的"赤子、婴儿"意义相符合,同时也有使百姓回复"忠信"的意蕴。

的因势利导。《老子》第29章说:"故物或行或随,或歔或吹,或强或羸,或挫或隳。"王弼注:"圣人达自然之性,畅万物之情,故因而不为,顺而不施。"①这种顺应、因势利导的无为策略,亦通过《老子》一书中的"牝(雌性)""水"等意象而得以体现。《易·说卦》:"坤者,顺也。"自然界雌性哺乳动物通常都是对雄性的顺应;水也是在方为方,在圆为圆,随物赋形。第8章"上善若水,水善利万物而又静(汉简本)"所反映的被动和静应,亦并非消极意义,是针对治理对象特点和动态的个性化因应。

太史公曰:"老子所贵道,虚无,因应变化于无为。"②就在位者而言,虽然未必能实现对每一个百姓个性和特质的了解,然而这一政治哲学思想的现实意义在于提醒为政治国者应普遍形成一种围绕民众的因势利导意识。顾实说:"大抵老子本领,尽于首章观妙、观徼二事,妙者虚无也,徼者因循也。故司马谈曰:'道家以虚无为本,因循为用也。'自王弼阴用佛说'群有以至虚为宗,万品以终灭为验'……不知虚无为本,则老佛同也。而因循为用,则老佛一积极,一消极,迥殊也。"③顾实对"妙、徼"的理解有待商榷,但他强调"因循"在老子之学中的重要地位和积极意义,却是十分中肯的。

3. 内圣外王

"具有史官身份的老子不是生活在历史里的人,而是直接生活在当下的政治和权力世界之中。老子说话的对象从来就不是普通的庶民,而是拥有权力的天子或者侯王。"④《老子》一书认为,身处天子、侯王之位意

①(魏)王弼注,楼宇烈校释:《老子道德经注校释》,中华书局,2008年,第77页。
②(汉)司马迁:《史记》,中华书局,2014年,第2622页。
③(汉)班固编撰,顾实讲疏:《汉书艺文志讲疏》,上海古籍出版社,2009年,第116页。
④王博:《权力的自我节制——对老子哲学的一种解读》,《哲学研究》,2010年第6期,第46页。

味着重大的责任,因为国家的兴亡成败,民众的幸福安康,首先取决于治理者的德行。"民之难治,以其上之有为,是以难治。民之轻死,以其求生之厚,是以轻死。"(75章)清末思想家严复注释此章说:"言民之所以僻,治之所以乱,皆由上不由其下也。民从上也。"①严复"民从上也"这一注释点明了君民关系中君王的表率和引领作用。老子"清静无为"为主旨的政治思想并非等同于无所作为,为政者还肩负着"视素抱朴、少私寡欲(19章)"等价值观的塑造,"不尚贤、不贵难得之货、不见可欲(3章)"社会风尚的引领,"朴散则为器,圣人用之则为官长(28章)"所体现的人才选拔等诸多职责。《老子》"天下难事,必作于易;天下大事,必作于细"(63章),"九层之台""千里之行"(64章)等表述亦说明,老子的意图是着眼于建立大功业,显然并非一种使人消极或无所事事的哲学。又如,关于第49章"圣人皆孩之",钱穆阐释道:"盖彼意想之圣人,实欲玩弄天下人皆如小孩,使天下人心皆浑沌,而彼圣者自己,则微妙玄通,深不可识,一些也不浑沌。此实一愚民之圣也。"②钱穆将老子哲学定性为权谋之术和愚民思想,这一观点已有很多学者批驳,此不赘述。但老子把圣人比喻为大人,把百姓比喻为小孩,并且将"慈"列为"三宝"之首,却也表明,为政者承载着"作民父母"的重任。他们必须在学习和修行中使自己人格强大、内心宽容慈悲,具备教化、感化百姓的智慧、胸怀和能力。身心安顿好了,世界观清晰了,精神信仰坚定了,内心世界丰富了,才能进一步承担起为政治国的重任,才具有治理天下的资质。这表明,老子对为政治国者的资格具有近乎严苛的要求:具备多厚重的德,才能承载多大的

---

①严复:《老子〈道德经〉评点》,载《无求备斋老子集成》影印成都书局壬申校刊,下篇第21页。

②钱穆:《庄老通辨》,三联书店,2002年,第14页。

责任。这自然而然使人想到"内圣外王"这一概念。"内圣外王"这个词，最早见于《庄子·天下》："是故内圣外王之道，暗而不明，郁而不发，天下之人各为其所欲焉，以自为方。"钱穆围绕这一概念将老子和庄子进行了对比："在庄周，仅谓此辈内怀圣人之德之智者，才始应帝王。然圣人内心，则并不想当帝王之位，而帝王高位，亦每不及于此辈，则在庄周书中之内圣外王，乃徒然成一种慨然想望而止。至老子书则不然。似乎能为帝王者，必属于圣人，苟非其人内抱圣人之德之智，将不足以成帝王之业。"①钱穆明确地指出，老子政治哲学体系下，执掌帝王权力的人，应具备圣人之德这一必要条件。

在涉及用兵这一类国之大事时，老子对执政者更是提出了心性、智慧等多方面的要求。如第68章："善为士者不武，善战者不怒，善胜敌者不与，善用人者为之下。是谓不争之德，是谓用人之力，是谓配天，古之极。"在此章，老子概括了其用兵之道：一是不唯武力论，不有恃无恐，所以他强调"善为士者，不武"；二是强调不被情绪、情感蒙蔽了理性，所以"善战者不怒"；三是推崇"不战而屈人之兵"，因而"善胜敌者不与"；四是重视人才因素，得到人才的方法就是"善用人者，为之下"。

由此可见，无论是从平民百姓个体的幸福这一"小"的角度，还是从战争这类"国之大事"的角度，都要求为政者的德行与责任必须严格匹配。那么，以何种修行路径超凡入圣，以什么样的方式"脱胎换骨"，从而使自己具备执掌权力的资格呢？老子政治哲学又引出工夫论的内容。

4."重积德则无不克"的工夫论

据《老子》，圣人之德源自"道生一"的"一"，是一种与生俱来的禀

---

① 钱穆：《庄老通辨》，三联书店，2002年，第148—149页。

赋。第39章:"侯王得一以为天下贞（正）。"意思是侯王因为得到这个"一"才得以成为天下的君长①。正如"天得一以清,地得一以宁"一样,这个"一",是天、地、侯王不同于其他事物的内在成因,有独一无二的意蕴。《庄子·天下》:"圣有所生,王有所成,皆原于一。"这显然也是说,圣人的德性和君王能建立功业,归根结底都源自天道禀赋和初始的德性。但这个源自天道的"一"只是提供了一种可能性,"一"还需要在为政治国的实践中落实为"德"并且加以累积。它就像一颗种子:由道赋予,在个体中落实为"德","德"在生长、积累和拓展中成长为参天大树。因此,"德"的累积,是个体修行的第一要素。这一要素在第59章有具体的论述:"治人事天莫若啬。夫唯啬,是谓早服。早服谓之重积德,重积德则无不克,无不克则莫知其极,莫知其极,可以有国。有国之母,可以长久。是谓深根固柢,长生久视之道。""啬"字甲骨文作穑,字形上方是两个"禾"字,下方为"㐭（廪）",这个字形所描绘的意象,是将成熟后的农作物收进谷仓。这一意象,可视为"积德"的隐喻。此外,在论及老子"三宝"时,北大汉简《老子》第31章的表述为"二曰敛";帛书本作"二曰检";传世本作"二曰俭"。"敛、检、俭"从语源学的角度看是同源字,它们共同的"语源义"是"约束、节制、收敛"。因为老子并非只强调物质上的节俭,还包含德性、德行、民力的累积等内容,这一意思和"治人事天莫若啬"中"啬"字的内涵相呼应。由此可见,德性、德行的敛藏和累积,既

---

①王弼本"贞"应读为"正",意思是"君长"。王念孙曰:"河上本'贞'作'正',注云:'为天下平正。'念孙按:《尔雅》曰:'正,长也。'《吕氏春秋·君守篇》:'可以为天下正',高注曰:'正,主也。''为天下正',犹《洪范》言'为天下主'耳。下文'天无以清','地无以宁',即承上文'天得一以清,地得一以宁'言之。又云'侯王无以贵高','贵高'二字正承'为天下正'言之,是'正'为君长之义,非平正之义也。王弼本'正'作'贞',借字耳。"参看（清）王念孙:《读书杂志》,江苏古籍出版社,1985年,第1018页。

是对道之本体的体证以及服事于道的具体体现，也是老子超凡入圣的首要路径。

5. 注重返观内省，强调在虚静中感悟的认识论

老子政治哲学体系，含摄了认识论的内容，并且这部分内容就其体系而言是不可或缺的，因为，很难想象，一个对道的存在没有任何感知的人，如何能生成并建立起对道的敬畏？如何能尊道贵德并进而践行清静无为的政治哲学思想？所以，老子政治哲学的探讨又不得不涉及以何种方式感悟道的存在这一问题。

王弼本第 47 章作"不出户，知天下；不窥牖，见天道。其出弥远，其知弥少。是以圣人不行而知，不见而名，不为而成"，其中的"不见而名"，蒋锡昌认为应该从张嗣成本校改为"不见而明"。陈鼓应赞成此观点，他说："'不见而明'，指不窥见而明天道，《韩非·喻老篇》所引正作'不见而明'，当据以改'名'为'明'。"①

"不见而明"说明圣人在认识上的这种"明"，不是通过视觉为代表的口眼耳鼻等感官而达成，这种认识具有鲜明的体验性质或体悟色彩。虽然 52 章老子又提到"见小曰明"，但实际上"见小曰明"的"见"也并非真正视觉上的"见"，而应该是一种体悟性的"知见"。因此在第 47 章，老子强调了注重内在感悟的认识论：一味地向外追逐，可以获取广博的知识，但同时却也可能因此蒙蔽本心、桎梏性情；有道之人不局限于口眼耳鼻舌等感官层面去感受世界，还应深入到内在的感悟内省层面，开启直觉路径，并以此感知宇宙天道。

又，《老子》第 16 章说："致虚极，守静笃。万物并作，吾以观复。"万

----

① 陈鼓应：《老子注释及评价》（修订增补本），中华书局，2009 年版，第 241 页。

物追溯至其根源,都源于"寂兮寥兮(25 章)"的虚静之道。此"虚静"即是"无",而此"无"是对一切属性、一切规定的消解和否定。万物若上溯至这一本原的"虚静"或"无",都是可以求同、可以相互感知的。因此在认识外在世界时,一个重要途径是通过"观复"进入"虚极静笃",达成对先天本性的静观,达成"归根复命",从而澄澈的照见自我和宇宙万物的本真。这种借助于内在直觉和天人感应等略具神秘色彩的认识论,也是老子哲学的重要特征之一。

6. 性命兼修

宋代李霖对《老子》一书"内则修心养命,外则治国安民"①的概括甚为精炼,其中"修心养命"一语,很明确地指出了老子工夫论性命兼修的特点。身和心乃一体两面,并非两个各自分离的维度,具有交织融合的互摄属性。那种认为《老子》是修炼气功之书,或是认为老子根本没有涉及生命炼养实践的观点,都是失之片面的。《老子》在涉及工夫论或价值观的内容时,也总是将这两方面放在一起论述。比如第 12 章一方面指出沉湎"五色、五音、五味"等感官享受往往导致身体的损害;另一方面又论述了"驰骋畋猎令人心发狂",也即对外在物欲的追逐亦容易导致心性的迷失。又如第 13 章:"宠辱若惊,贵大患若身……贵以身为天下,若可寄天下;爱以身为天下,若可托天下。"强调得宠和受辱都能保持内心的恭谨敬畏,在"宠"或"辱"的外界干扰下仍然能保持内心的从容和宁静。这表明,心性是需要经过磨砺的,"不遇盘根错节,无以别利器",不轻易为外在的得失、成败所左右,破坏内心的澄静自在。这是"心"的层面。与此同时,重视身体好像重视大的祸患一样,能够以珍视身体的恭谨去治理

———————

① 李霖:《道德真经取善集》十二卷,任继愈主编:《道藏提要》,中国社会科学出版社,1991 年,第 513 页。

天下,才可以把天下托付给他;以爱护身体的态度去治理天下,才可以赋予他治国的重任。这是"身"的层面。生命炼养与心性修行对治国者而言缺一不可。

又如,宋代学者林希逸曾经说"老子之学,主于尚柔"①。认为崇尚柔弱是老子学说最主要的一个特点。《老子》中的"柔"亦蕴含生命层面和心性层面的双重意蕴。

为了阐述"柔弱胜刚强"这一道理,老子借助了一些生动的意象加以说明。比如老子由"水"的意象出发,得出对"以柔胜刚,以弱胜强"之道的推崇。在为政治国问题上,第78章"天下莫柔弱于水,而攻坚强者莫之能胜。……受国之诟,是谓社稷主;受国不祥,是为天下王"表明,承担治国重任,往往要遭受种种苦难和屈辱的磨炼,在经历阻碍、曲折之后,如同柔弱之水,内心仍能保持其坚韧不折。这侧重于心性层面。然而亦不能忽略"柔"字生命层面的意蕴。第76章说:"人之生也柔弱,其死也坚强。草木之生也柔脆,其死也枯槁。故坚强者死之徒,柔弱者生之徒。"此处老子所列举的人的身体、草木,都是侧重于生命力的意象。

《老子》中的婴儿意象也包含生命层面和心性层面双重的意蕴。第10章说:"抟气致柔,能婴儿乎?""抟气致柔",大致上是指通过导引、调息等方式,达到类似于婴儿那种气血通畅、身体柔软的状态。老子注意到,看似弱小的婴儿,是充满了生机和活力的。第55章又说:"含德之厚,比于赤子。……骨弱筋柔而握固。未知牝牡之合而峻作,精之至也,终日号而不哑,和之至也。"在生命层面的炼养之后,德性厚重的人,就好

---

①(宋)林希逸:《道德真经口义》,《道藏》第十二册,文物出版社、上海书店、天津古籍出版社,1988年,第723页。

比初生的婴儿。婴儿骨弱筋柔，小拳头却握得很是牢固；不知男女之事，没有欲念，然而气血充足，小生殖器无欲而刚，这是生命力极其旺盛的体现；即使整天啼哭，声音却不会嘶哑，这也是由于他元气充沛到了极致。因此，婴儿的这种生命状态，是修德之人应该追求的境界。

老子推崇的婴儿意象，亦包含心性修行的内容。第28章："知其雄，守其雌，为天下溪。为天下溪，常德不离，复归于婴儿。"这个"复归于婴儿"可以理解为在每次发展、壮大之后，又回复到重新生长、积蓄力量的"婴儿"状态，为新的再一次的提升保持蓬勃的生机和动力。这显然侧重于隐忍、蓄势待发等心性层面的意蕴。

可见，老子的"尚柔"思想不仅仅是一种心性层面的权谋之术，它更强调的是生命力量的凝聚和敛藏，具有生命和心性双重的内涵。

　　肩吾问于孙叔敖曰："子三为令尹而不荣华，三去之而无忧色。吾始也疑子，今视子之鼻间栩栩然，子之用心独奈何？"

　　孙叔敖曰："吾何以过人哉！吾以其来不可却也，其去不可止也，吾以为得失之非我也，而无忧色而已矣。"

上述《庄子·田子方》中描写楚国孙叔敖三为令尹又三去之，始终能宠辱不惊，体现了他在心性层面深厚的修为。肩吾最初对孙叔敖的淡定是否是"装"出来的还心存疑虑，当他观察到孙叔敖鼻间的气息从容悠闲时（"鼻间栩栩然"），方才佩服不已。可见，外在的呼吸这一生命层面的特征和内在心性是彼此联系、互为表里的。这则故事也从一个角度表明生命层面和心性层面的修习如车之两轮、鸟之两翼，不可偏废。一体两面、性命兼修的工夫论，应是老子哲学思想的另一个重要特征。

7. 老子政治哲学体系结构

王博先生说："这个世界建立在君主和百姓双主体结构之上的和谐

与平衡。"①在此双主体结构下，老子一方面对为政者的德行提出特定要求，强调"掌权位者，必具圣德"，并指明了超凡入圣的修德路径，这一路径以性命兼修为其重要特征；另一方面，双主体结构中的百姓似乎也应具备某些条件。这一条件即是百姓本有的"忠信"或"敦朴之德"。

由于这一政治哲学体系是建立在以道为宇宙本原和万物主宰这一世界观基础之上，因此，尊道贵德、道法自然是其必然选择。老子政治哲学体系除了可以从上述君、民两个不同角度去分析，亦可以从"尊道"和"贵德"两个方面去理解。就"尊道"而言，体现为有为、有执之"我"的隐去，形成虚无为本、因循为用的道家为政特色；就"贵德"而言，体现为强调执政者的德行必须和其所肩负的责任相匹配，主张以德厚之圣人（比如，秉持"慈、俭、不敢为天下先"三宝）为核心，教化（"不言之教"）、感化（"执左契而不责于人"）为主要方式，在家、乡、邦、天下的不同空间层级渐次向外拓展，由最初的"修之于身，其德乃真"直至"修之于天下，其德乃溥"。

宋代彭耜评论《老子》说："此经以自然为体，无为为用，治世出世之法皆在焉。""以之治世，则反朴而还淳；以之出世，则超凡而入圣。"②李霖推崇《老子》具内圣外王之道，曰："性命兼全，道德一致。""言不逾于五千，义实贯于三教。内则修心养命，外则治国安民，为群言之首，万物之宗。"③

彭耜、李霖对老子哲学的概括都很准确、全面，然而对"治世"和"出

---

①王博：《权力的自我节制——对老子哲学的一种解读》，《哲学研究》，2010年第6期，第55页。

②（宋）彭耜：《道德真经集注》自序，任继愈主编：《道藏提要》，中国社会科学出版社，1991年，第506页。

③（宋）李霖：《道德真经取善集》十二卷，任继愈主编：《道藏提要》，中国社会科学出版社，1991年，第513页。

世"、"治国安民"与"修心养命"两部分相对的内容只是作为老子哲学思想的组成部分而罗列,没有指出两者不可割裂的内在联系。《老子》一书中,治国为政的政治哲学与超凡入圣的工夫论不是各自独立的版块,老子政治哲学思想包蕴了"掌权位者,应具圣德"、内圣方可外王这一内在要求,同时老子又指明了超凡入圣的路径。这一路径包括重视人的内在本心、认识世界应注重在虚静中返观内省等丰富内容。由上述六个方面可以得出,老子"君人南面之术"呈现层递式的包蕴结构,这一结构也体现了《老子》思想体系内在严密的逻辑性。

上　经

北京大学汉简《老子·上经》

第一章（王弼本 38 章）

●上德①不德②,是以有德;下德不失德,是以无德。上德无为而无以为③,{下德[为]之而无以为。}④上仁为之而无以为,上义为之而有以为⑤。上礼为之而莫之应,则攘臂⑥而乃(扔)⑦之。

故失道而后德,失德而后仁,失仁而后义,失义而后礼。夫礼⑧,忠信⑨之浅而乱之首也。

前识⑩者,道之华而愚之首也。是以大丈夫居其厚,不居其薄;居其实,不居其华。故去被(彼)⑪取此。

【注释】

①上德:相对"下德"而言,指"德"的层次最高的人。

"德",万物根源于道的天性、特质。"德"在西周春秋时期的字义可以从两方面展开探讨。一方面,从古文字字形角度。从造字看,"德"这个词记录的概念和"直"字关系密切。"德"最初就是用"直"字记录的,后来由"直"字加注"心"分化而成"悳"。如郭店楚简《老子》"含德之厚"中的"德"字就作 <svg>,马王堆帛书《老子》甲本卷后佚书有字形作 <svg>,东汉碑刻《北海相景君铭》作惪。《玉篇·心部》:"惪,今通用德。"《广韵·德韵》:"德,德行。惪,古文。""典籍以惪为德,直、惪、德古本一字。"(黄德宽主编:《古文字谱系疏证》,商务印书馆,2007年,第153页)《说文解字·心部》:"惪,外得于人,内得于己也。从直从心。"可知"惪(德)"的造字本义和"直""心"有关,"德"这一概念所指代的品质最初应该包括为人正直、坦荡,内心率直、纯朴等。后来"德"字进一步扩展出"德行""德性""恩德""道德"等内涵。

另一方面,从文献角度看,西周青铜器铭文"德"字通常和周王名号同时出现,多指周王的品质、德行。如《天亡簋》"文王德在上",《大盂鼎》"型禀于文王政德",《毛公鼎》:"丕显文武,皇天引猒氒德,配我有周",等等。战国晚期青铜器《𡎚镋壶》:"呜呼,先王之德,不可复得,潸潸流涕!""不可复得"表明,"德"仿佛是上天赋予贤明先王的一种与生俱来的德性。一些较早的传世文献中,"德"字的使用也多和上述铭文类似。如《尚书·酒诰》:"在昔殷先哲王迪畏天显小民,经德秉哲。"

《老子》一书中的"德"字字义大多包含两层内涵。首先,就"德"和"道"的关系而言,"德"是万物根源于道的天性、特质。《韩非子·解老》:"德者,道之功。"《庄子·天地》:"物得以生谓之德。"陆德明《经典释文》:"德者,道之用也。"范文澜《中国通史简编》:"'德'是宇宙间一切具体事物所含有的特性,它不能脱离具体的事物而独立存在,它所寓的事物称为'德'。"其次,"德"多指为政治国者的秉性、能力或品质。

②不德:不拘泥于"德"的外在形式。

③无以为:没有凭依(任何外在的礼乐法度等规则)去为。

"以",凭借。清华简《子犯子馀》中,重耳问蹇叔说:"天下之君子,欲起邦奚以? 欲亡邦奚以?"《论语·尧曰》:"不知命,无以为君子也。"

"以"之后常省略宾语,"无以为"即"无以(之)为"。成玄英疏:"以,用也。上德无为,至本凝寂,而无以为,迹用虚妙。"

"上德无为而无以为"这种为政状态《史记·秦本纪》曾有描述:"上含淳德以遇其下,下怀忠信以事其上,一国之政犹一身之治,不知所以治,此真圣人之治也。"

下文"上仁为之而无以为"中的"无以为"意思相近,都是强调源于内在的本性,无心向为。宋徽宗注:"尧舜性之,仁覆天下而非利之也,故无以为。"《韩非子·解老》:"仁者,谓其中心欣然爱人也。其喜人之有福而恶人之有祸也,生心之所不能已也,非求其报也。"

④下德为之而无以为:此句帛书本无,应为衍文。

高明说:"帛书甲、乙本无'下德'一句,世传本皆有之。此是帛书与今本重要分歧之一。《老子》原本当如何?从经文分析,此章主要讲论老子以道观察德、仁、义、礼四者之不同层次,而以德为上,其次为仁,再次为义,最次为礼。德仁礼义不仅递相差次,每况愈下,而且相继而生。如下文云:'失道而后德,失德而后仁,失仁而后义,失义而后礼。夫礼者,忠信之薄而乱之首也。'……据帛书甲、乙本分析,德仁义礼四者的差别非常整齐,逻辑意义也很清楚。今本衍'下德'一句,不仅词义重叠,造成内容混乱,而且各本衍文不一,众议纷纭。……由此可见,'下德'一句在此纯属多余,绝非《老子》原文所有,当为后人妄增。验之《韩非子·解老篇》,亦只言'上德''上仁''上义''上礼',而无'下德',与帛书甲、乙本相同,足证《老子》原本即应如此,今本多有衍误。"

⑤有以为:有以(之)为。有凭借(某些外在法则)而为。

⑥攘臂:挽起袖子,露出手臂。

奚侗:"'攘臂',推袖出臂也。"

⑦扔：用手拉拽。

北大汉简《老子》（为节省篇幅，在后面的注释中称"汉简《老子》"或"北大简本"）作"乃"，帛书本同，王弼本作"扔"，河上公本、严遵本、傅奕本皆作"仍"。今从王弼本读为"扔"。

林义光《文源》认为"乃"的本义为"曳"或"引"："'乃'本义为曳，象曳引之形。乃，扔之古文，引也。"王力《同源字典》认为"扔"和"仍"是同源字。《广雅·释诂》："扔，引也。""引"的本义是手勾拉弦，使弓张满，引申义为用手拉。

⑧礼："礼"字甲骨文作𧻚，西周金文作𧻚，字形上部分是"珏"，描绘的是两串玉的形状；字形下方是"壴"，是"鼓"字的初文。字形中玉料以及作为乐器的"鼓"，都是祭祀活动中的重要组成部分。后来"豐"字加注意符"示"，说明"礼"与祭祀有关。《说文解字·示部》："禮，履也，所以事神致福也。"由此可知，"豐（礼）"的造字本义是指祭祀活动中奉献给神或祖先的玉料一类的祭品，以及祭祀过程中鼓乐所营造出的庄严神圣气氛，并进一步引申为祭祀过程中应该遵循的仪轨。礼的目的是达成神与人的沟通、融洽。之后"礼"这个字的内涵由人神沟通的仪轨，进一步拓展为人与人之间交往应遵循的礼仪，其目的是达成和维护社会的良好秩序、各阶层的融洽和谐。《论语·学而》："礼之用，和为贵。"

⑨忠信：内在的本心和诚信。

《说文解字·心部》："忠，敬也，尽心曰忠，从心中声。"

"忠"和"信"在先秦文献中经常成对出现。如《论语·学而》："为人谋而不忠乎？与朋友交而不信乎？""主忠信，无友不如己者。"一个遵循内在"本心"的人，反躬自问则"忠"，与人交往则"信"。

时间和《老子》相近的《左传》有"忠信"一词，《左传·隐公三年》在

周郑双方互相以人质为抵押这一事件的背景下,强调双方内在的"忠信"要胜于外在约束:

> 君子曰:"信不由中,质无益也。明恕而行,要之以礼,虽无有质,谁能间之? 苟有明信,涧溪沼沚之毛,蘋蘩蕴藻之菜,筐筥锜釜之器,潢污行潦之水,可荐于鬼神,可羞于王公,而况君子结二国之信。行之以礼,又焉用质?《风》有《采蘩》《采苹》,《雅》有《行苇》《泂酌》,昭忠信也。"

郭店楚简《忠信之道》:"忠人无讹,信人不倍。"意思是忠信之人没有欺骗,不会背叛。上述材料有助于我们了解春秋战国时期"忠信"的内涵。

⑩前识:脱离当下实际或很久以前形成的"认识"和规定,比如教条化的"礼"。

(南齐)顾欢曰:"无色无象,其道自真。若夫辞说辩赡,仪形焕炳,相好森罗,在前可识,此非至真之实,乃是大道之华,而愚之始。"

⑪彼:北大简本"被"通"彼"。

【校订文及今译】

上德不德,	上德之人(遵循内在本有德行),不拘泥于"德"这个名称,
是以有德;	因此能拥有德;
下德不失德,	下德之人唯恐违背形式上的德,
是以无德。	却因此丧失了德。
上德无为而无以为,	崇尚德的人无为而治,不倚重外在礼乐法度,
上仁为之而无以为,	崇尚仁的人有所作为,也是发自内在仁

	爱本性，
上义为之而有以为。	崇尚义的人有所作为，是倚重外在的法度而实行。
上礼为之而莫之应，	崇尚礼的人希望有所作为，却没有人响应，
则攘臂而扔之。	于是推袖出臂，强迫民众遵守。
故失道而后德，	所以失道之后才实行德，
失德而后仁，	失德之后才实行仁，
失仁而后义，	失去了仁之后才实行义，
失义而后礼。	失去了义之后才实行礼。
夫礼，忠信之浅而乱之首也。	强调"礼"来维护社会秩序、治理国政，是由于人内在的良知泯灭，信用缺失，这是祸乱产生的开端。
前识者，	那些与当下实际脱节的"认识"和规定，
道之华而愚之首也。	是远离道之根本的浮华文饰，是导致愚蠢的端由。
是以大丈夫居其厚，	因此大丈夫谨守敦厚的德性，
不居其薄；	而不盲从浮泛的形式；
居其实，	依凭内在品性的笃实，
不居其华。	而不居于外在繁文缛节的虚华。
故去彼取此。	所以舍弃浮华而躬行厚实。

【章旨】

"上德"所以"有德"，是因为它不依凭外在的繁文缛节之"礼"，倚重的是人的本心和真诚，听从的是内心的引导，因为最持久、最巨大的力量源于人内在的本有德性；"下德"所以"无德"，是因为它过于依靠教条化的"前识"来为政治国。通过"上德"与"下德"的比较，本章强调，为政的要点在于重视人们内在质朴率真的本心，使人性中善的一面得到激励和发扬。

通过对"上德""上仁""上义""上礼"的依次排列，老子在此章申明了他心目中理想的为政模式。上述四种政治模式虽不同，但它们建构的主轴不外乎为政者与百姓的关系。老子将尊道贵德、清静无为的哲学思想引入政治设计，认为这一关系第一等的状态是"太上，下知有之（17章）"，也即"上德无为而无以为"。在这种状态下，为政者和百姓相忘于江湖，"功成事遂，百姓皆曰我自然"；第二等的状态是"上仁为之而无以为"也即"其次亲而誉之（17章）"。这一状态下，为政者施加仁爱而百姓清静自化；第三等的状态是"上义为之而有以为"也即第17章所说的"其次畏之"；最下等是状态是"上礼为之而莫之应"，即第17章"其下侮之"，当政者依靠强权推行其意志，然而民众奋起反抗，势同水火。

《史记·老子韩非列传》中，老子在回答风尘仆仆前来问礼的孔子时说："子所言者，其人与骨皆已朽矣，独其言在耳。"这似乎是告诉孔子，由于时代变迁以及当时礼崩乐坏的现实，"礼"的精髓和本意，已经与当初礼的创制者一同湮灭，几乎只剩下形式的的空壳了。

吴飞先生说：

《左传·昭公四年》里有一个著名的故事：鲁昭公到了晋国，处处做得恰到好处，晋侯就问女叔齐："鲁侯不亦善于礼乎？"女叔齐回答说："鲁侯焉知礼！"晋侯就很奇怪，鲁侯在每个细节上都很讲究，还不算知礼吗？女叔齐就说："是仪也，不可谓礼。"并不是所有的仪式做得恰到好处，为人处世有礼貌，就算懂礼了。孔子更是在这个意义上说:"礼云礼云,玉帛云乎哉?"这种礼的精神,历代礼家称为"礼意"。(吴飞:《探寻礼乐文明的精神》,2015年1月30日《文汇报》)

"夫礼者,忠信之薄而乱之首也",老子对当时的"礼"进行了反思,对那种注重表面礼仪形式、丧失"礼"内在精神的现象进行了批判,提醒为政治国者不应将"礼"教条化、异化为谋取私利的工具和欺骗民众的摆设。然而这类与周公等先圣制礼时的初心背道而驰的问题,已然成为当时的普遍现象,同时也是摆在老子、孔子等希望能力挽狂澜的圣哲面前的大难题。这种有悖"礼意"的异化现象,即使是在当时礼乐制度完备的鲁国也十分明显。据《史记·鲁周公世家》,到周公旦的曾孙辈,就发生了为争夺权力,弟弟杀死兄长的事情:"幽公十四年,幽公弟溃杀幽公而自立,是为魏公。"鲁国自受封的周公旦,到亡国之君鲁顷公共34世,纵观其历史,写满了贪婪、荒淫、纷争、欺骗和仇杀,臣弑其君、兄弟相残的事例比比皆是,让承袭周公一脉的鲁国竟也充满了戾气和血腥。太史公亦感叹:"余闻孔子称曰'甚矣鲁道之衰也!洙泗之间龂龂如也。'观庆父及叔牙、闵公之际,何其乱也? ……至其揖让之礼则从矣,而行事何其戾也!"

因此,要破除春秋末期已经僵化、教条化的"礼"对人的束缚、对时代的阻碍,就应该回归"忠信"、在崇尚内在本心和诚信的基础上重塑世道人心,以上德之"无为"作为为政者治国的基本理念,有针对性地从根源上解决当时社会所面临的一系列问题和难题。这一政治哲学思想,即是本章主旨。

老子所推崇的这种为政模式并非空中楼阁,据《史记·秦本纪》,在春秋时期就存在这样的为政实践。秦穆公时期,戎王派由余出使秦国,

穆公接见由余时,对戎王不以礼乐法度治国感到惊讶:

> 戎王使由余于秦。由余,其先晋人也,亡入戎,能晋言。闻缪公贤,故使由余观秦。秦缪公示以宫室、积聚。由余曰:"使鬼为之,则劳神矣。使人为之,亦苦民矣。"缪公怪之,问曰:"中国以诗书礼乐法度为政,然尚时乱,今戎夷无此,何以为治,不亦难乎?"由余笑曰:"此乃中国所以乱也。夫自上圣黄帝作为礼乐法度,身以先之,仅以小治。及其后世,日以骄淫。阻法度之威,以责督于下,下罢极则以仁义怨望于上,上下交争怨而相篡弑,至于灭宗,皆以此类也。夫戎夷不然。上含淳德以遇其下,下怀忠信以事其上,一国之政犹一身之治,不知所以治,此真圣人之治也。"

第二章（王弼本 39 章）

　　●昔得一^①者，天得一以精（清）^②，地得一以宁，神得一以灵，谷得一以盈^③，侯王得一以为正^④，其致之也^⑤。

　　天毋已（以）精（清）将恐列（裂），地毋已（以）宁将恐发（废），神毋已（以）灵将恐歇^⑥，谷毋已（以）盈将恐渴（竭），侯王毋已（以）贵以高将恐厥（蹶）^⑦。是故必贵以贱为本，必高以下为基^⑧。

　　是以侯王自谓孤、寡、不穀，此其贱之本邪^⑨？非也？故致数舆（誉）无舆（誉）^⑩。不欲禄禄（琭琭）^⑪如玉，［珞珞如石］^⑫。

【注释】

　　①一：道赋予万物初始的、细微的、独一无二的那一份（德）。

　　《老子》中的"一"有多重的内涵。首先，由第42章"道生一，一生二，二生三，三生万物"可知，"一"是"道"化生万物、"无中生有"的变换阶段，处于"有无之间"。其次，作为数字发端，"一"有"初始"义。河上公："道始所生者，一也。"再次，"一"往往又有"简单""细微"义。最后，因为万物"得一"则自足且可彼此区分,"一"又有"独一无二""完整"的内涵。

如何理解此章的"得一"?据第32章"天地相合以降甘露,民莫之令而自均"可知,道赋予万物以德,如同天降甘露,每一个事物都有一份,此所谓"得一"。《管子·内业》中的"精",和《老子》此章的"一"大致对应:"凡物之精,此则为生。下生五谷,上为列星。流于天地之间,谓之鬼神。藏于胸中,谓之圣人。"

②清:清澈澄明。古人认为天为清气所化。

北大简本作"精",汉代"精""清"二字用法常无别,"精"和"清"都有清澈明朗的意思,如《马王堆·相马经》"五色精明,其状类怒",亦作"五色清明,其状类怒"。

③谷得一以盈:王弼本、河上公本、敦煌本此句后有"万物得一以生"。相应地,下文有"万物无以生将恐灭"。帛书本和北大简本皆无。

④侯王得一以为正:帛乙本作"侯王得一以为天下正",王弼本作"侯王得一以为天下贞",河上公本作"侯王得一以天下为正"。

"正",为政的君长。《尔雅·释诂》:"正,长也。"

⑤其致之也:都是由于这个"一"而达成(清、宁、灵、盈、正)。

"其",指代"一"。"致",使达成。《说文解字·攵部》:"致,送诣也。"此句意思是上述五者各自特性不同,但都由"道生一"之"一"而达成。另外,此句的"也"和句首"昔得一者"之"者"遥相呼应,构成判断句。王弼注:"各以其一,致此清、宁、灵、盈、生、贞。"

⑥歇:尽,消失。

《左传·襄公二十九年》:"齐国之政,将有所归,未获所归,难(nàn)未歇也。"杜预注:"歇,尽也。"

⑦侯王毋以贵以高将恐蹶:侯王若不是凭借这高贵的本性则不可避

免要遭受挫败。

"毋已(以)贵以高",传世本多作"无以贵高",严遵本作"无以为正而贵高"。

"贵以高",贵且高。"蹶",跌倒,挫败。《孙子·军争》:"五十里而争利,则蹶上将军。"曹操注:"蹶,犹挫也。"

⑧是故必贵以贱为本,必高以下为基:河上公本作"故贵必以贱为本,高必以下为基"。语意甚为通顺。今从之。帛乙本作"故必贵以贱为本,必高矣而以下为基"。

⑨是以侯王自谓孤、寡、不穀,此其贱之本邪:"孤、寡、不穀"是卑贱之称。侯王的先祖当初之所以能成为侯王,是由于能待人谦卑、礼贤下士,后其身而身先;而后世侯王称孤道寡,是提醒自己不要忘记最初的根本。

⑩故致数(shuò)誉无誉:因此求取过多名誉的,反而会失去名誉。

"致",求得,取得。《论语·子张》:"君子学以致其道。"

"数",屡次,频频。《孙子·行军》:"屡赏者窘也,数罚者困也。"河上公本作"故致数车无车"。

⑪琭琭:玉石美好貌。

《文子·符言》:"故不欲碌碌如玉,落落如石。其文好者皮必剥,其角美者身必杀。"北大简本"禄"通"琭"。

⑫珞珞如石:石和玉相比,在于其质朴。陈景元:"言有道之君,不欲显耀琭琭如玉;冥心韬光,落落如石。""珞珞如石"四字北大简本阙,今据帛乙本补上,并加上[　]以区别。汉简《老子》后面的脱文皆循此例,不再一一注明。

【校订文及今译】

　　昔得一者,　　　　　　远古之时,都从道那里得到了"一",

天得一以清,	天凭借这"一"而清澈澄明,
地得一以宁,	地得到这"一"而厚重安宁,
神得一以灵,	神得到"一"而灵妙,
谷得一以盈,	川谷得到"一"而充盈,
侯王得一以为正,	侯王得到"一",从而成为天下的君长,
其致之也。	(上述五者)因为"一"达成各自本性。
天毋以清将恐裂,	天失去其"清"的本性则不可避免要崩裂,
地毋以宁将恐废,	地失去其"宁"的本性则不可避免要震溃,
神毋以灵将恐歇,	神失去其"灵"的本性则不可避免要消失,
谷毋以盈将恐竭,	溪谷失去其"盈"的本性难免要干涸,
侯王毋以贵以高将恐蹶。	侯王失去其之所以高贵的本性则不可避免要遭受挫败。
是故贵必以贱为本,	所以贵必定以贱为根本,
高必以下为基。	高必定以下为基础。
是以侯王自谓孤、寡、不穀,	因此侯王自称孤、寡、不穀,
此其贱之本邪?	这不正是在名称上提醒自己不要忘记之所以成为侯王的根本吗?
非也?	岂不是吗?
故致数誉无誉。	所以求取过多的荣誉反而会失去。
不欲琭琭如玉,	因此不愿像玉那般晶莹夺目,
珞珞如石。	宁可如石块般朴实。

【章旨】

　　"道生一"。"一"和"道"的不同点在于,它已经是"有",却尚未分化,保有其质朴,具备多维发展的可能性。道借由这个"一"得以内蕴于万物,"一"在万物中落实、显现为"德"。

　　天、地、神、谷、侯王乃至万物,都从"道"那里获得"一",这个"一",是万物质朴纯真的本性,是独一无二的,同时也是完满自足的。"一"还有"细微"的含义,需要通过持久的累积,转化为厚重的德行。

　　道所赋予的这一份德性不可丢失。天、地、神、谷、侯王若偏离道所赋予的德性太远,往往陷入裂、废、歇、竭、蹶等危险境地。处在尊贵的地位,容易遗忘初心,远离淳朴,因而古代贤明的君王以卑下的称呼警醒自己,应该时时不偏离其初始本真。

第三章（王弼本 40 章）

●反者道之动也^①，弱者道之用也^②。

天下之物^③生于有，有生于无^④。

【注释】

①反者道之动也："反"通常有两种理解。一是作"相反"解，意思是道作为一种力量，使异常的、失衡的事物朝着与其原有性状相反的方向运行，以维系宇宙万物的动态平衡。

另一种理解是"反"通"返"，认为道以一种促使万物回返的力量在场，日月星辰的运行、春夏秋冬的变换、兴亡成败的更替等等，因为这一力量呈现为周而复始、循环往复。郭店简本正作"返也者，道动也"。

②弱者道之用也：执守柔弱，是对"反者道之动"规律的运用。

如"柔弱胜刚强"（王弼本 36 章）即是"道之用"。老子所崇尚的水、婴儿等貌似柔弱之物，因其充满生机且能蓄积力量，最后往往能胜过强大的事物。

也有观点认为"弱者道之用"是指道运化时的细微柔弱。如陈鼓应说："道创生万物辅助万物时，万物自身并没有外力降临的感觉，'柔弱'即是形容道在运行时并不带有压力感的意思。"

③天下之物：郭店简本、帛乙本、傅奕本、敦煌本和北大简本一致，皆作"天下之物"。王弼本、河上公本作"天下万物"。查验王弼注："天下之物，皆以有为生。有之所始，以无为本。将欲全有，必反于无也。"可见王弼本"天下万物"原作"天下之物"。

④有生于无：有形的万物源于"无"。

河上公注："天地神明，蜎飞蠕动，皆从道生。道无形，故言生于无。"

唯有"无"，才具备无限可能，才可以生成千变万化、多姿多彩的"有"。王博说："言虚无，必涉及到万有，必讨论无和有的关系。在这个问题上，道家一方面确立无的本原地位，另一方面确立有的世界。两者不仅不可偏废，而且在逻辑上，道家认为只有确立无之本，才能真正确立万有的世界。老子说'有生于无'这是确立无之本；'道生一，一生二，二生三，三生万物'，这是确立万物。王弼讲的更清楚，'夫物之所以生，功之所以成，必生乎无形，由乎无名。无形无名者，万物之宗也。不温不凉，不宫不商……若温也则不能凉矣，宫也则不能商矣。形必有所分，声必有所属。故象而形者，非大象也；音而声者，非大音也。''有'因为其'分'的局限，只能确立某一类'有'，而不能确立万有。要想确立万有，必待无才能达到此目的。"（王博：《虚无的伟大意义：道和德的另外一个方向》，2017 年 5 月 11 日，第四届国际道教论坛主旨演讲）

【校订文及今译】

反者道之动也，	（促使万物）向相反的方面转化，是道运行的趋势，
弱者道之用也。	能持守卑弱，是对大道的运用。
天下之物生于有，	天下的事物萌生于有形的初始，
有生于无。	这有形的初始又源于无形的"道"。

【章旨】

严遵本此章与上章同属一章,章题为"得一篇",可见这两章确实有着相同的主题。在内容上,本章承接上章"侯王自谓孤、寡、不榖""高以下为基,贵以贱为本"等表述,阐明了何以要"清虚以自守,卑弱以自持"(《汉书·艺文志》)的理论基础。这一理论基础在于,"反者道之动"是道运行的根本规律和必然趋势,所以执守向强大转化着的柔弱,是对道根本规律的具体运用。从时间维度看,现在持守卑弱,是将来强大之伏笔。

另外,此章"天下之物生于有,有生于无"明确地点明了宇宙万物源自"无",在逻辑上,唯有"无"才可能是千差万别之"有"的起点,假如"美"是万物的源头,则万物皆美;假如"善"是万物的源头,则万物皆"善";假如万物的源头有"白色"的特征,则万物皆白;假如万物的源头有"坚"的特征,则万物皆坚。而从万物现有的属性看,上述四种假设都不成立,并且将任何"有"作为宇宙万物源头的假设在逻辑上都是不成立的。所以王弼说:"无形无名者,万物之宗也。"

第四章（王弼本41章）

●上士闻道，堇（勤）能行①；中士闻道，若存若亡②；下士闻道，大笑之。弗笑③，不足以为道。

是以④建言⑤有之曰：明（明）道如沫（昧），进道如退，夷道如类（纇）⑥；上德如谷，大白如辱⑦，广德如不足，建（健）德如榆（媮）⑧，桎（质）真如輸（渝）⑨；大方无隅⑩，大器勉（免）成⑪，大音希声，天（大）⑫象无刑（形），道殷无名⑬。

夫唯道，善貣（始）且成⑭。

【注释】

①勤能行：勤勉而践行（大道）。

帛乙本此句作"堇能行之"，多一"之"字指代"道"，亦可从。郭店简本作"堇能行于其中"。传世本多作"勤而行之"。"能""而"古通用。

②若存若亡：摇摆不定的样子。

河上公注："中士闻道，治身以长存，治国以太平，欣然而存之；退见财色荣誉，或（惑）于情欲，而复亡之也。"

帛乙本及传世本同，郭店简本作"若闻若亡"。

③弗笑：不嘲笑（所闻之道）。

郭店简本作"弗大笑"。

④是以:传世本多作"故"。

"是以"或"故"都是用来说明下士"大笑之"与"明道若昧……"的前后逻辑关系。遵道而行,具有光明前景、能使人不断前进且前行路途平坦宽阔,下士限于自身见识,只看见其暗昧不清、倒退和坎坷不平的表象,因此"大笑之"。

⑤建言:高亨、奚侗等认为"建言"是《老子》所引之典籍。高亨说:"'建言'殆老子所称书名也。《庄子·人间世》篇引《法言》,《鹖冠子》篇引《逸言》,《鬼谷子·谋》篇引《阴言》,《汉书·艺文志》有《谰言》。可证名书曰'言',古人之通例也。"

⑥夷道如纇(lèi):平坦宽阔的大道,却好像坎坷不平。

"夷",平坦。《韩非子·外储说右下》:"椎锻者所以平不夷也。"北大简本十六章(王弼本53章)有"大道甚夷,而民好径"。"纇",本义是丝线上的结,此处为"坎坷不平"义。《说文解字·页部》:"纇,丝节也。"引申为不光滑的突起,如《淮南子·泛论训》:"明月之珠,不能无纇。"高诱注:"若丝之有结纇也。"

北大简本"类"通"纇"。

⑦辱:污,黑。

《广雅·释诂》:"辱,污也。"《仪礼·士昏礼》:"今吾子辱",郑注:"以白造缁曰辱。"贾公彦疏:"谓以洁白之物造置于缁色器中,是污白色。"傅奕本作"黩",是"辱"后起的分化字。《玉篇》:"黩,垢黑也。"

⑧健德如婾(yú):刚健之德好像萎靡不振的样子。

北大简本"建"通"健","榆"从傅奕本读为"婾",《广韵·虞韵》:"婾,靡也。""榆"王弼本作"偷"。

⑨质真如渝：质朴纯真却好像多变的样子。

北大简本作"桎真如輹"，王弼本作"质真若渝"，今从之。"渝"，改变，变更。《尔雅·释言》："渝，变也。"《诗·郑风·羔裘》："彼其之子，舍命不渝。"

⑩大方无隅：大的空间没有角落。

⑪大器免成：大器一直在完善中，不轻言完成。

北大简本作"大器勉成"，帛乙本作"大器免成"，郭店简本作"大器曼成"，传世本作"大器晚成"。

语音相近的"免""勉""曼""晚"四个不同字形记录的是老子时代的同一个词，从词源角度分析，这个词具有"否定"义。参照此章"大方无隅、大音希声、大象无形"等内容看，可从帛乙本读为"大器免成"。

许抗生："这一章的文字作'……大方无隅，大器勉（应作免）成，大音希声，天（大）象无形，道殷无名。'无隅、希（'听之而弗闻，名之曰希'）声（即无声）、无形、无名，可见在'大器勉成'的前后文字中都强调的是'无'字，亦可见'勉成'应作'免成'即无成（不用人为勉强而成），而是自然而成的。由此可见，读作'大器免成'也是可以的，而且更是符合老子的崇尚'自然'基本思想的。"

汤漳平、王朝华："'大器'与'大方''大音''大象'一样，都是道的化身，道不成不坏，大器也无所谓成与不成，故曰无成。"

⑫大：北大简本作"天"，郭店简本、帛乙本同，皆可从传世本读为"大"。吴其昌《殷虚书契解诂》认为"天"与"大"皆状人正立之形，是同源字，在文献中，"天"和"大"常互用。如《尚书大传·无逸》的"登之天子"，郑玄注："天子当为大子。"《庄子·德充符》的"独成其天"，即"独成其大"。

⑬道殷无名：道虽盛大，却没有名称。

"殷"和"大"意义相近，如《庄子·秋水》："夫精，小之微也；郛，大之殷也。"《庄子·山木》："此何鸟哉，翼殷不逝，目大不睹？"王弼本、河上公本皆作"道隐无名"。王弼注："物以之成而不见其成形，故隐而无名也。"

简帛文献有"殷""隐"相通的例证，如北大汉简《妄稽》："鬼颧低准，坚根隐（殷）轸。"

帛乙本整理者释读为"道褒无名"，"褒"本义为衣服肥大，引申为盛大义。陈剑认为这一释读有误，帛乙本残损的"褒"字字形实为"段"字，是"殷"的讹写。详参本书绪言。

⑭善始且成：善于创始且善于成就。

北大简本作"善貣且成"，传世本多作"善贷且成"。"弋"和"贷"在文献中常通假。如战国包山楚简 105："宜阳司马强貣（贷）郧邑黄金。"《九章算术·衰分》："貣（贷）人百钱，息八。"

帛乙本作"善始且善成"，意谓善始且善终，今从之。于省吾《老子新证》："按敦煌本贷作始，当从之。始从台声，与贷声近，且贷、始并之部字。"

本章反复出现的"大""广"等词，正体现了老子推崇善于创始、善于成就功业的整体观。

【校订文及今译】

上士闻道，勤能行；	上士听闻大道，勤勤恳恳去体验、践行；
中士闻道，若存若亡；	中士听闻大道，将信将疑，践行时不够坚定；
下士闻道，大笑之。	下士听闻大道后，觉得太荒谬，因而大声嘲笑。

弗笑,不足以为道。	不被人所非笑,也不足以称得上大道。
是以建言有之曰:	所以《建言》这部书说过:
明道如昧,	大道光明,看似幽昧,
进道如退,	大道前进,看似倒退,
夷道如颣;	大道平坦,看似坎坷;
上德如谷,	德行崇高,却好像山谷般低下,
大白如辱,	最洁净的白,却好像染有黑污,
广德如不足,	广博之德,看似不足,
健德如媮,	刚健之德,看似松懈,
质真如渝;	质朴纯真之德,看似善变;
大方无隅,	最广大的空间没有角落,
大器免成,	最大件的器物不轻言完成,
大音希声,	最洪大的乐音没有什么声响,
大象无形,	最恢弘的物象反而看不见其形状,
道殷无名。	道伟大却本无名。
夫唯道,善始且善成。	这道啊,善于创生并成就万物。

【章旨】

此章"大""广""上"等形容词多次出现,反映了老子宏大的格局和恢弘的气象。这种大格局、大视野也是老子思想的鲜明特点之一,在后文我们统一称之为老子的整体观。这一整体观及其辩证思维表明,遵道者往往在模糊晦暗的历程中实现其光明前景;以暂时倒退的方式实现其前进方向;在状似坎坷的路径中走上坦途大道。下士限于自身狭小的视野和局促的格局,如《庄子·逍遥游》中描述的蜩与学鸠一般,只看见其浅层表象,所以"大笑之";中士看不清表象与其内在本质的联系,所以也是半信半疑、"若存若亡";只有上士认识透彻且有所体证,从而深信不疑,所以"勤能行"。

"大音希声,大象无形",道无声无息、无形无象,却因此具备无限可能,充满创造力,富于创生性。

"道殷无名"。道的伟大,和虚浮的名号无关。如果将老子之道视为谈玄说妙,就难以体会到其朴实无华的属性和真实不虚的效用。《老子》之道和日常生活密切相关,需要我们实实在在地在生活中践行。道殷无名思想,和此章开头"上士闻道,勤能行"遥相呼应。

"夫唯道,善始且善成",道不但创生万物,又往往能"无心插柳柳成荫",善于因其玄德在不经意间成就万物。

第五章（王弼本 42 章）

●道生一^①，一生二^②，二生三^③，三生万物。万物负阴抱阳，中（冲）气^④以为和。

人之所恶，唯孤、寡、不穀，而王公以自命也^⑤。是故物或损而益^⑥，或益而损。

人之所教，亦我而教人^⑦。故强梁（梁）^⑧者不得死^⑨，吾将以为学父^⑩。

【注释】

①一：（化生万物的）元气。

各家注释中，汉代严遵得其精义："道虚之虚，故能生一。有物混沌，恍惚居起。轻而不发，重而不止，阳而无表，阴而无里。既无上下，又无左右，通达无境，为道纲纪。怀壤空虚，包裹未有，无形无名，芒芒颍颍，混混沌沌，冥冥不可稽之，亡于声色，莫之与比。指之无向，搏之无有，浩洋无穷，不可论谕。潢然大同，无终无始，万物之庐，为太初首者，故谓之一。"

②二：阴、阳。

③三：阴阳相搏、交互感应的和合之气。

④冲气:阴阳之气相冲相搏。

北大简本、帛甲本皆作"中气","中"从传世本读为"冲"。

⑤而王公以自命也:然而王公把孤、寡、不穀作为自己的名号。

"命",命名,给自己取名号。帛甲本作"而王公以自名也",王弼本作"而王公以为称",傅奕本作"而王侯以自称也"。

⑥或损而益:"或",不定代词,有时候,有些情形下。"或损而益"是指有时候减损反而带来助益。比如"孤、寡、不穀",皆是自损之词,却有助于王公谦抑。

⑦人之所教,亦我而教人:王弼本作"人之所教,我亦教之"。傅奕本作"人之所以教我,亦我之所以教人"。今从王弼本。

⑧强梁:强横。

《孔子家语·观周》:"强梁者不得死,好胜者必遇其敌。"

帛甲本作"强良",传世本多作"强梁"。北大简本"梁"通"梁"。

⑨不得死:死于非命,得不到寿终正寝。

北大简本、帛甲本皆作"不得死",传世本多作"不得其死"。吴澄:"不得其死,谓不能善终。"《论语·先进》:"若由也,不得其死然!"杨伯峻《论语译注》说:"得死,当时俗语,谓得善终。《左传·僖公十九年》:'得死为幸';《哀公十六年》:'得死,乃非我'。"

⑩学父:即"教父",意思是训教的根本。

"学"和"教"同源通用。这两个词的古文字字形同源,最初是用同一个字来表示,如《书·盘庚》:"盘庚敩于民"即"盘庚教于民";《礼记》:"凡学世子及学士"应读为"凡教世子及教士"。两个例句用"教"或"学"来记录"教"这个词。

北大简本、帛甲本、傅奕本、敦煌甲本作"学父",王弼本、河上公本、严遵本皆作"教父",正是两字分化前后在不同时期文本形成的差异。因此"学父"可从传世本读为"教父",意思为"训教的根本"。

吴澄:"教父,犹言教之本。父,谓尊而无出其上者也。"

【校订文及今译】

道生一,	道化生出"一",
一生二,	"一"化生出阴阳,
二生三,	阴阳二气激荡融合为和合之气,
三生万物。	在和合之气中萌生万物。
万物负阴抱阳,	万物负阴抱阳,
冲气以为和。	其内部阴阳二气相搏相冲,保持动态平衡的和谐。
人之所恶,唯孤、寡、不穀,	人们所厌恶的,是孤、寡、不穀,
而王公以自命也。	然而王公把这些作为自己的名号。
是故物或损而益,	因此,有时候事物的情势是自我贬损反而带来助益,
或益而损。	自我增益反而导致减损。
人之所教,我亦教之。	别人教导我的,我也用来教诲别人。
故强梁者不得死,	所以强横的人往往不得善终,
吾将以为教父。	我将把这个道理作为施教的根本。

【章旨】

本章在内容上可分为两部分,前一部分描述道如何生成、演化出万物;后一部分"人之所恶……吾将以为学(教)父"与前一部分在内容上并不相属,历来不少学者疑是他章错简。如蒋锡昌注意到"上下文词似若不接",高亨、陈柱等人认为这些内容与第39章有联系。

"道生一,一生二,二生三,三生万物"这13个字,描述了万物生成的源头以及在逻辑顺序上的三个不同阶段。

第40章:"天下之物生于有,有生于无。"对应"无"的是宇宙万物所从出的逻辑起点——"道",这一逻辑起点,赋予万物以"虚空"的属性,同样,道所化生的万物,在经历"一、二、三"这些不同阶段时,又分别具备相应阶段的属性。

如"昔之得一"章所述,"一"是道赋予天地、万物的初始本性,是一种细微的"实有"。或者说,"一"代表"无"向"有"转化的阶段。这个"一"在王弼本第14章得到集中描绘:"视之不见,名曰夷;听之不闻,名曰希;搏之不得,名曰微。此三者不可致诘,故混而为一。其上不皦,其下不昧。绳绳兮不可名,复归于无物。是谓无状之状,无物之象,是谓惚恍。迎之不见其首;随之不见其后。"这一阶段,赋予万物以"恍惚""模糊""不确定性"等属性。严遵说:"至道至虚,至虚至清,至清生精,故能生一,至一至始,至始至元……混混沌沌,无终无始,万物之庐,太初之首,不视不听,抱和以静,神明生息,形容自正。"

"一生二"表明,阴和阳有共同的源头。所以阴中有阳,阳中有阴。阴可以转化为阳,阳也可以转化为阴。到了"二"这个阶段,万物内部都有了阴阳的区分。

到了"三"这个阶段,万物都包含相互对立的阴和阳,阴和阳又在运动变化中和对方交互融合。《素问·阴阳应象大论》:"清阳为天,浊阴为地;地气上为云,天气下为雨。"阴阳和合之气是万物萌生的"场域"。陈鼓应《老子注译及评介》说:"'三'应是指阴阳两气互相激荡而形成的一种适匀的状态,每个新的和谐体就在这种状态中产生。"

"万物负阴而抱阳,冲气以为和。""和"即万物内部阴阳双方在对立中交互融合且保持动态平衡的状态。而达成这一状态的途径,是通过物质中最细微、最流动的"气"在虚空中的运动。如《乐记》:"地气上跻,天气下降,阴阳相摩,天地相荡,鼓之以雷霆,奋之以风雨,动之以四时,暖之以日月,而百物化兴焉,如此则乐者天地之和也。""气"的这一运动形式微妙且缓慢,不易为人所觉察,一如杜甫《望岳》"白云回望合,青霭入看无"所描绘,是一种类似于云气变幻流转的动态演化。

第六章（王弼本 43 章）

●天下之至柔^①，驰骋于天下之至坚^②。无有入于无间^③。吾是以知无为之有益也。不言之教，无为之益，天下希及之矣。

【注释】

①至柔：最柔软的事物。这类事物具备道之虚空属性，内部呈现最精微的"气"的状态。

②至坚：最坚硬的事物。

③无间(jiàn)：最微小的间隙。"间隙"微小到极限，近似于"无"。

【校订文及今译】

天下之至柔，	天下最柔软的，
驰骋于天下之至坚。	能胜过最坚硬的。
无有入于无间。	（这是因为柔软的事物中）精微、流动的物质能渗入最细微的间隙。
吾是以知无为之有益也。	（因为这种道之运化的存在）我于是知道无为的益处。
不言之教，无为之益，	潜移默化的教化方式，无为带来的助益，

天下希及之矣。　　　　　　天下很少能够达到这种境界啊。

【章旨】

承接上章"冲气以为和",此章对"冲气"也即道的运化进行了描述。万物中"至柔"一类比如水、气、光、电磁波乃至人的心念等等,相对于"至坚"一类比如筋骨、石头、金属等等而言,更接近于道之虚空,所以在"至柔"状态中,最细微的流动物质(也即气之最微小状态"无有")可以在最微小的间隙(也即"无间")中运行,道微妙的力量得以施展,万物得以生生不息;"至坚"状态中,最细微的流动物质处处受限,道的运化无法施展,因而接近灭亡。

"不言之教,无为之益,天下希及之矣"表明,应创造条件激发事物启动其天性内在的力量发生改变,注重身体力行的示范作用和潜移默化环境的熏陶。这种不施加外在人力、因应自然的治人事天方式,有其难以超越的高明之处。

第七章（王弼本44章）

●身与名^①孰亲？身与货孰多？得与亡孰病^②？

是故甚爱必大费，多藏必厚亡^③。故智（知）^④足不辱，智（知）止不殆，可以长久。

【注释】

①身与名：郭店、帛书及传世诸本皆作"名与身"。

②得与亡孰病：在名利和身体两者之间如何权衡？

此句还是强调"贵身"。王弼注："得名利而亡其身，何者为病也？"

③多藏必厚亡：传世本亦作"多藏必厚亡"；郭店简本作"厚藏必多亡"，"多"与上句"甚爱必大费"之"大"相对，今从郭店简本校改。

④知：北大简本"智"读为"知"。

【校订文及今译】

身与名孰亲？	身体和名位相比，哪一样更值得爱惜？
身与货孰多？	身体和财货相比，哪一样分量更重？
得与亡孰病？	得到名利丧失身体，与放弃名利却保全身体，哪一种选择更有害？
是故甚爱必大费，	因此，过分贪求名利就必定会极大地耗费精神、

	损害身心,
厚藏必多亡。	积藏丰厚的财货,必定会招致惨重的损失。
故知足不辱,	所以知足的人不会遭受屈辱,
知止不殆,	知止的人不会招致危险,
可以长久。	这样才可以保持长久。

【章旨】

理解此章应结合老子所处的时代背景。孟子描述那个时代说:"世道衰微,邪说暴行有作,臣弑其君者有之,子弑其父者有之。孔子惧,作《春秋》。"(《孟子·滕文公下》)西周时一千多诸侯国,春秋时只剩一百来个,春秋242年间,有36名君主被杀,52个诸侯国被灭,发生大小战事480多起。

"天下无道,戎马生于郊。"老子所处的时代,就是一部天下各诸侯国君主为满足内心的贪欲你争我斗、打打杀杀的乱世。在一个人人贪婪的时代,身边的人都虎视眈眈,如果德行不够,占有的财富越多,地位越高,反而越是危险。所以老子在此章告诫说:"身与名孰亲?身与货孰多?得与亡孰病?是故甚爱必大费,多藏必厚亡。"他又在第9章强调说:"金玉满堂莫之能守。富贵而骄,自遗其咎。功成名遂身退,天之道。"

《史记·老子韩非列传》:"老子之子名宗,宗为魏将,封于段干。"从老子之子曾在魏国为将(梁启超在《论老子书作于战国末》一文曾对此记载表示怀疑)并受封这一事实推测,老子并不反对寻求功名利禄。他在此章强调,在名利等外惑面前不迷失本真,持守贵身的价值观,时时保有充满活力的身体和澄静的内心,知足知止,反而可以长久地享有简单而质朴的快乐。

此章"知足不辱,知止不殆"的教诲也可促使当代人反思:是不是在追求物欲和浮名的道路上走得太远了,是不是把我们最基本的快乐都丧失了。"紫绶纵荣争及睡,朱门虽富不如贫。"(陈抟《归隐》)世人向往的富贵,若要以损害本真为代价,那还不如选择粗茶淡饭的生活方式。作为自然的人,天地、父母赋予我们的本真,是我们足够的财富与骄傲。健康自在的身体、宁静丰富的内心和外在的物质、空泛的虚荣相比较,是更为基本的快乐源泉。

第八章（王弼本 45 章）

　　大成如缺,其用不敝。大盈如冲^①,其用不穷。大直如诎(屈),大巧如拙,大盛如绌^②。

　　趮胜寒,静胜热^③,清静为天下政(正)。

【注释】

　　①冲:中空。"冲"的这一字义可与第四十八章(王弼本 4 章)"道冲而用之,又弗盈"中的"冲"互证。

　　帛甲本作"盅",河上公本作"冲"。

　　《玉篇》:"冲,冲虚。"《淮南子·原道》:"原流泉浡,冲而徐盈。"高诱注:"冲,虚也。"

　　②大盛如绌:郭店简本此句与北大简本用字相近,作"大成若诎",传世本多作"大辩若讷"。

　　"大盛如绌"和传世本"大辩若讷"之间可能存在两种关系。一是两者可通。廖名春论证了郭店简本"诎"与"讷"义同:"《广韵·物韵》:'诎,辞塞。'朱骏声《说文通训定声·履部》:'诎,字从言,当与口吃同意。'《史记·李斯列传》:'轻财重士,辩于心而诎于口。'《说文·言部》:'讷,言难也。'《贾子·道术》:'明辩谓之辩,反辩为讷。'可见'诎'、'讷'

义同。"

赵建伟说:"成、平古通互作,平同辩,《汉书·叙传下》集注'平字当为成',《诗·采菽》疏'平、辩义通而古今之异耳'。诎可释读为讷。"

第二种可能是出自两个不同的版本系统。如北大汉简整理者认为:"传世本'大辩若讷'一句,亦见于《韩诗外传》卷九引《老子》,或为与简帛本并存的另一版本系统,不一定是'大赢(盛)若绌'所改。"

按:传世本"大辩若讷"已经成为耳熟能详的成语,加之上述学者亦论述"大成如诎"与"大辩若讷"可通,今从之。另,北大简本本章"如"和传世本"若"记录的是语言中同一个词,两者可通,今从传世本。

③趮胜寒,静胜热:急速运动可以克服寒冷,清静可以克服内心的燥热。

"趮"有运动迅速义。《说文解字·走部》:"趮,疾也。"

【校订文及今译】

大成若缺,	最完美的,却好像有欠缺的样子,
其用不敝。	这"缺"的妙用永不枯竭。
大盈若冲,	最盈满的,却好像处于虚空状态,
其用不穷。	这"冲虚"的妙用无尽无穷。
大直若屈,大巧若拙,大辩若讷。	大直若屈,大巧若拙,大辩若讷。
趮胜寒,	急速跑动可以克服寒冷,
静胜热,	内心清静亦能抵御燥热,
清静为天下正。	遵循清静原则治国,则天下安宁。

【章旨】

此章共出现了5个"大":大成、大盈、大直、大巧、大辩。"大",是从宏大视野、战略眼光来观察、评价事和物,反映的是老子的整体观和对趋势的把握。具有这种整体观的人,往往以一种迂回曲折的方式(大直若屈)、尚存缺憾的方式(大成若缺)、笨拙的方式(大巧若拙),甚至是以退为进的方式最终实现大战略。

首句"大成若缺,其用不弊;大盈若冲,其用不穷"和第 40 章的"弱者道之用"、第 11 章"有之以为利,无之以为用"等,都强调了"道"在生活中的具体运用。这些多次出现的"用"字表明,老子哲学是一种重实用、重体验的哲学。如何发挥老子哲学中这种重实用的智慧呢? 从动态和变化的角度看,老子强调的不是最完美,而是"更"完美;不是最圆满,而是"更"圆满。所以抱残守缺、守弱用柔,反而能使自己实现大成、大盈。

司马迁在《史记·老子韩非列传》中把"清静无为"作为老子思想的主旨:"李耳无为自化,清静自正。"为什么如此突出"清静"二字? 清静中可以安顿身心,清静中可以滋长生命力,清静中可以萌生智慧。《清静经》说:"人能常清静,天地悉皆归。"

第九章（王弼本 46 章）

●天下有道,卻(却)^①走马^②以粪^③;天下无道,戎马产于鄁(郊)^④。

故罪莫大于可欲^⑤,祸莫大于不智(知)足,咎莫憯(憯)^⑥于欲得。故智(知)足之足,恒足矣^⑦。

【注释】

①却:退回。

《广雅·释言》:"却,退也。"北大简本作"卻",是"却"的异体字。

②走马:善于奔跑的马,也即战马。

"走"字在老子时代的意思是"奔跑",甲骨文字形作卜,像一个人双臂一前一后摆动,奋力奔跑的样子。西周金文作卜,战国金文作卜、小篆作卜,字形下方为"止"(像脚趾形)。可见,"走"的造字本义即"奔跑",《孟子》:"弃甲曳兵而走。"

③粪:肥田,施肥。

《礼记·月令》:"(季夏之月)可以粪田畴,可以美土疆。"

④戎马产于郊:军马在边境的战场产仔。

古时候战马一般由雄性的马承担。连母马也被军队征用,且在战场产仔,这说明国与国之间战争频繁且时间漫长。《韩非子·喻老》:"天下无道,攻击不休,相守数年不已,甲胄生虮虱,燕雀处帷幄,而兵不归,故曰:'戎马生于郊。'"

北大简本原文作"戎马产于鄁","鄁"为"郊"的异体字,吴澄注:"郊者,两国相交之境。"

⑤可欲:使人产生贪欲、邪心的诱惑。

《韩非子·解老》:"祸难生于邪心,邪心诱于可欲,可欲之类,进则教良民为奸,退则令善人有祸。……故曰:'祸莫大于可欲。'"老子也说:"不见可欲,使心不乱",主张治国者营造一个物质上素朴知足、民心淳朴的环境。

魏宜辉认为"可欲"的"可"很可能是传抄过程中由"甚"字讹变而来。参看魏宜辉:《楚系简帛文字形体讹变分析》,2003年南京大学博士学位论文,第114页。禤健聪进一步论证了今本《老子》第四十六章"可欲"原当作"甚欲"。详参禤健聪:《〈老子〉"罪莫大于可欲"校读》,《中山大学学报》(社会科学版),2021年第5期,第43~46页。

⑥憯(cǎn):惨痛。

北大简本"灊"通"憯"。《说文解字·心部》:"憯,痛也。"傅奕本作"憯",王弼本、河上公本作"大"。

⑦故知足之足,恒足矣:此句中的"知"可以理解为对自己身体和心灵状态的"感觉"或"觉知","知足"即内在的自我完整感。唯有觉知、持守这种感觉,内心没有匮乏感,才能实现"恒足"。"恒足"是稳定的、全面的满足。

《墨子·亲士》:"非无安居也,我无足心也,非无足财也,我无足心也。"一个人是否满足,不能单纯依据外在拥有多少物质而判断,而关键要看这个人内在的超越境界。这也从一个角度体现了老子注重"向内求",强调应以内在感觉作为评价幸福的标准。

另,郭店简本此章作"罪莫重乎甚欲,咎莫憯乎欲得,祸莫大乎不知足。知足之为足,此恒足矣。"前后皆有分章符号,无"天下有道,却走马以粪;天下无道,戎马生于郊。"似乎是单独的一章。另外,在句子顺序上,郭店简本和北大简本不同,其"祸莫大乎不知足"与下文"知足之为足,此恒足矣"紧密承接,语义连贯,今从郭店简本。

【校订文及今译】

天下有道,却走马以粪;	天下有道时(国与国之间长期无战事),战马被退回百姓用于耕田;
天下无道,戎马产于郊。	天下无道时,战争频繁、漫长,母马在边境的战场产仔。
故罪莫大于可欲,	最大的罪过莫过于让人产生邪心和贪欲的诱惑,
咎莫憯于欲得。	最惨痛的教训莫过于贪得无厌。
祸莫大于不知足,	最大的祸患莫过于不知足,
知足之为足,此恒足矣。	觉知(内在生理层面和心性层面的)自足感,才能恒常稳定地处于满足状态。

【章旨】

此章对比了马的两种用途:一是用于农业生产,一是用于战争。这一细节,折射出两种截然不同的为政方式:前者致力于本国的发展,休养生息、清静自足;后者妄图攫取他国利益,长年陷入纷争。

无道之天下,每个人、每个国家都在为各自永不知足的贪欲而攫取、争斗,激发出来的是人性中的恶;有道之天下,人们甘于简单、素朴的物质生活,内心安宁愉悦,国家之间彼此尊重、和谐共处、少有纷争,培育出来的是人性中的善。

老子点明,这个世界祸患的根源,一是使人产生贪欲、邪心的外在诱惑;二是人心中欲得之而后快的内在贪婪;由此,老子洞察了内外交攻之下人性的脆弱。但同时,老子也找到了解决这一关于人类幸福重大问题的化解方案。他希望能唤醒那些在物欲和感官享受的追逐中迷失自我的人们,回撤到内在完满自足感的觉察和持守,以获得恒常稳定的幸福。

第十章（王弼本 47 章）

●不出于户,以智（知）天下；不规（窥）于牖,以智（知）天道①。其出彊（弥）②德〈远〉③,其智（知）④彊（弥）少。是以圣人弗行而智（知）⑤,弗见而命⑥,弗为而成⑦。

【注释】

①不出于户,以知天下；不窥于牖,以知天道:这两句强调的是通过内在觉知感悟的方式去认识世界万物的本质。经过历代传抄,"以"字脱失,如王弼本作"不出户,知天下；不窥牖,见天道"。这个介词所指向的把握世界万物以及天道本质的认识论方法也被大大弱化,整个句子容易被误解为先知先觉论。如吴澄说:"天下万事万物之理皆备于我,故虽不出户而遍知。"

此两句构成互文,相当于"不出于户,不窥于牖,以知天下,以知天道"。意思是天下事以及天道本质都无法单纯通过眼睛等外在感官去把握,而需要通过返观内省去体察、感悟。

另,《文子·精诚》引文与北大简《老子》相同:"神之所用者远,则所遗者近,故不出于户以知天下,不窥于牖以知天道,其出弥远,其知弥少。此言精诚发于内,神气动于天也。"帛甲本此句亦作"不出于户,以知天下；不窥于牖,以知天道"。傅奕本作"不窥户,可以知天下；不窥于牖,可以知天道"。

②弥:更加。

北大简本"璽"通"弥"。

③远:北大简本"德"应为抄手笔误,各本皆作"远"。

④知:此句中的"知"不是指知识,而是一种感知能力。

逐物者被外在炫目的事物所牵引主导,逐渐遗忘了对内在自我身心的感知和把握,反而不能达成身心的和谐宁静从而有所体悟,所以"其出弥远,其知弥少"。

⑤弗行而知:即指代上文"不出于户,以知天下"。

⑥弗见而命:即指代上文"不窥于牖,以知天道"。汉简《老子》中"命"多指给事物命名,这一命名过程,也是一个概括、把握事物本质的过程。传世本作"不见而名"。王弼注:"识物之宗,故虽不见,而是非之理可得而名也。"

⑦弗为而成:王弼本作"不为而成"。王弼注:"明物之性,因之而已,故虽不为,而使之成矣。"

【校订文及今译】

不出于户,以知天下; 不追逐外物,以内省的方式感悟天下事;

不窥于牖,以知天道。 不望窗外,向内求以体悟天道。

其出弥远,其知弥少。 越是向外追逐,能感知、洞察的反而越少。

是以圣人弗行而知, 所以圣人不远行,也深知天地万物之情理,

弗见而命, 不借助眼睛等感官,直接把握事物的本质,

弗为而成。 他因应万物天性而无为,一切自然成就。

【章旨】

本章主要谈认识方法问题。相对于外在的直接经验和知识,由直觉

或内在感悟而产生的智慧是认识世界的另一重要路径。这种认知外界的方式具有重体验、注重向内求的特征，并笼罩着一定的神秘主义色彩。正如严遵所言："足不上天而知九天之心，身不入地而知九地之意。阴阳进退，四时变化，深微隐匿，窅冥之事，无所遁之。何则？审内以知外，原小以知大，因我以然彼，明近以喻远也。"

这一章对个体实践的意义在于：不可局限于眼睛、耳朵等感官层面去感受世界，应深入到内在的感悟自省层面，体会在虚静中观照涌现的灵感和顿悟。

第十一章（王弼本48章）

●为学者日益，为道者日损^①。[损]之有（又）损之^②，至于无[为。无为而无不为。取^③天下者恒以]无事，及其有事，有（又）不足以取天下。

【注释】

①为学者日益，为道者日损："益"，增加；"损"，减少。

傅奕本与北大简本同；郭店简本作"学者日益，为道者日损"；帛乙本作"为学者日益，闻道者日损"；王弼本、河上公本作"为学日益，为道日损"。

②损之又损之：减少又减少。指思虑、贪欲越来越少，逐渐趋向于简单、宁静、清虚。

③取：治理。河上公注："取，治也。"

【校订文及今译】

为学者日益，	为学的人思虑和意欲一天比一天增加，
为道者日损。	为道的人思虑和意欲逐渐减损。
损之又损之，至于无为。	减损又减损，一直到无为的境界。
无为而无不为。	无为则事事可为。
取天下者恒以无事，	治理天下的人应该能时常清虚无为以处事，

及其有事，	如果总是内心躁动、肆意干扰民众，
又不足以取天下。	就还不具备治理国家的素养。

【章旨】

上章"弗为而成"即此章"无为而无不为"。这一章阐明了"无为而无不为"的方法在于"为道"，在于"损之又损之"。为道者通过"损之又损之"，得以进入无为境界，这也是他们治理国家、解决问题的重要思维方式之一。

那么，"为学者日益"，增加的是什么？"为道者日损"，减损的又是什么？

"为学者"追求博学多闻，增加的是见闻、知识，同时也可能增加了自身的思虑和欲求；"为道者日损"，正如《史记·老子韩非列传》中老子告诫孔子所说的，"去子之骄气与多欲，态色与淫志，是皆无益于子之身"。老子强调减损个人的傲慢、贪欲、我执、杂念，减损后天习染形成的成见和教条化思维方式，回复到素朴纯真的赤子状态，涵养内心的从容、简单和宁静。

"为学者"具有"向外求"的特征，虽知识广博，却可能蒙蔽本心、桎梏性情。现实中有时候知识、财富越多，社会地位越高，对身心造成的压迫反而越重，这是由于他们追求这些事物的过程往往伴随着纷争，是一个日趋紧张的过程。因此，如果在追求知识和外在物质的过程中造成个体思虑烦杂，身心失衡，则应减损这一向外追慕的活动，回复纯朴和清静。相比较之下，"为道者"具备"向内求"的特征，他注重减损如转轮一般的欲念和繁琐的思虑，向往并追求内心的澄澈和闲适，但凭本心和天性中的趣味指引（相当于梁启超所说的"无所为"），在清静中获得对道的体验。在此身心状态下做事情则"无为而无不为"。

第十二章（王弼本 49 章）

●圣人①恒无心②，以百生（姓）之心为心。

善者虗（吾）{亦}善之，不善者虗（吾）亦善之③，直（得）善也。信者虗（吾）信之，不信者虗（吾）亦信之，直（得）信也。

圣人之在天下也，匼匼然④，为天下浑［心］。而百姓皆属其耳目焉，圣人{而}皆晐之⑤。

【注释】

①圣人：这里指体道、尊道的为政者。

陈鼓应："圣人为道家最高的理想人物，其人格形态不同于儒家。儒家的圣人是典范化的道德人；道家的'圣人'则是体认自然，拓展内在的生命世界，扬弃一切影响身心自由活动的束缚。道家的'圣人'和儒家的'圣人'，无论对政治、人生、宇宙的观点均不同，两者不可混同看待。"

②恒无心：消解主观意欲，恒常处于无念乃至无我境界。

帛乙本也作"恒无心"。景龙碑、敦煌本、顾欢本作"无心"。当以"恒无心"为优。传世本则在历代传抄中将字的顺序抄错且避汉文帝刘恒的名讳，写成"无常心"。

王安石："圣人无心，故无思无为。虽然，无思也未尝不思，无为也未尝不为,以吉凶与民同患故也。"

③不善者吾亦善之:老子虽然没有正面谈人性善恶问题,但从此句可侧面得知老子主张人性淳朴,不善之人可以被感化。不像法家那样认为人性本恶,需要严刑峻法加以震慑。

④屃(qiè)屃然:帛乙本作"欿欿焉";王弼本作"歙歙",傅奕本作"歙歙焉",上述叠音词描摹的是圣人"为天下浑心"那种自我敛啬,却又涵容万物的玄同境界。

⑤咳(gāi):周到地包容、涵盖。

《广韵·咍韵》:"咳,备也,兼也。"

严遵本作"骇",傅奕本、范应元本作"咳"。王弼本、河上公本皆作"孩"。河上公注:"圣人爱念百姓如孩婴赤子,长养之而不责望其报。"

【校订文及今译】

圣人恒无心,	圣人不执着于一己之见,
以百姓之心为心。	常常遵从民意,以百姓之心为心。
善者吾善之,	善人,我对他友好,
不善者吾亦善之,	不善之人,我也对他慈爱,
得善也。	有足够的包容心,才能成就大善。
信者吾信之,	守信的人,我信任他,
不信者吾亦信之,	不守信的人,也不妨信任他,
得信也。	如此,可感化人,使人人诚信。
圣人之在天下也,	圣人治理天下,
屃屃然,为天下浑心。	往往归复到道之浑然无别状态,内心淳朴慈爱。
而百姓皆属其耳目焉,	任百姓施展其耳目聪明,

| 圣人皆咳之。 | 圣人把每一个个体都包容、涵盖在内。 |

【章旨】

上章"为道者日损""损之又损之",通过减损思虑、欲念和贪求,回复道心、进入无为境界;此章将这一主张进一步落实在为政治国层面,使为政者的主观意欲和个体私心退隐,以至于"恒无心,以百姓之心为心"。

"圣人不仁,以百姓为刍狗。"从道的视角看,这个世界的万物皆是道、天地所化生,无高低贵贱之分。因此,站在道的高度观照万物,就好比一个慈爱的母亲看待众多的孩子一样,无偏爱之心。这种少私无我、民胞物与的认识和情感,或可以有助于化解众人为贪欲所主宰,心中唯有自我和私利这一现实问题。

梁启超说:"老子是最热心肠的人。"老子坚信人性淳朴,所以"善者吾善之,不善者吾亦善之,得善也。信者吾信之,不信者吾亦信之,得信也。"圣人具有广博的包容度和强大的影响力,能感化不善者、不诚信者,化魔境为道场。这一过程以有道之人为核心,呈同心圆扩散,由最初的"修之于身,其德乃真"直至"修之于天下,其德乃溥"。但同时,圣人只是一种处于浑沌状态的核心,谓之"为天下浑心"。他不放任自己的私欲,不过于彰显自己的存在。

综上,此章阐明了圣人为政之道三条原则:无为、慈爱和感化。

第十三章（王弼本50章）

●出生入死[①]。生之徒[②]十有三，死之徒十有三，而民[③]姓（生）生[④]焉，动皆之死地{之}十有三。夫何故也？以其姓（生）生也[⑤]。

盖闻善聂（摄）生者[⑥]，陵[⑦]行不避[⑧]眔（兕）[⑨]虎，入军不被兵革[⑩]。虎无所错（措）其蚤（爪），眔（兕）无所椯[⑪]其角，兵无所容其刃。夫何故也？以其无死地焉。

【注释】

①出生入死：（人的一生就是）从出生走向死亡。

“出”字商代甲骨文作，字形上部分是脚的形状，下部分是古人所居住的洞穴。脚趾方向朝外，描绘的是人离开他藏身的洞穴或住所往外走。所以“出”字有“离开、出发”的意思，常与“入”相对，如《九歌·国殇》：“出不入兮往不返。”

②徒：一类人。

甲骨文是“徒”的初文，会意字，字形上部象土块形，三个小点表示道路泥泞不平，下为止，象足形，表示徒步行走，但往往和乘车、骑马相对而说。《易·贲》：“贲其趾，舍车而徒。”又如《礼记·王制》：“君子耆老

不徒行。"徒"字原指跟随在兵车后面的步兵队伍,后来引申为"一群人""一类人",这里用的正是此义。

③民:帛书本、严遵本、傅奕本亦作"民",王弼本、河上公本作"人"。

④生生:过度地奉养生命。

北大简本此章两处作"姓生","姓"通"生"。

帛书本作"生生"。传世本多作"生生之厚"。高明说:"'生生'是一动宾结构之短语,译成今语则谓'过分地奉养生命'。韩非释此文云:'凡民之生,生而生者,固动,动尽则损也;而动不止,是损而不止也;损而不止,则生尽,生尽之谓死。'……老子用'生生'一词,即表达厚自奉养之义,后人不解,故妄增'之厚'二字。实属画蛇添足、多此一举,当据帛书甲、乙本订正。"

⑤以其生生也:帛书本同,传世本多作"以其生生之厚"。

⑥善摄生者:善于保养生命的人。

北大简本"聂生","聂"通"摄"。帛书本作"执生",传世本多作"摄生"。

⑦陵:高山。

《说文解字·自部》:"陵,大阜也。"《楚辞·天问》:"释舟陵行。"

帛书本亦作"陵",传世本均作"陆"。

⑧避:躲避。

严遵本亦作"避",帛乙本作"辟",王本作"遇"。

⑨兕:犀牛。

北大简本"㺊",帛乙本同,帛甲本作"矢",传世本多作"兕",㺊、兕为异体字。

⑩兵革:帛乙本同,帛甲本、王弼本均作"甲兵"。

⑪楇(duǒ):(用犀角)刺,戳。

《说文解字·木部》:"樹,剟也。"《史记·张耳陈馀列传》:"吏治榜笞数千,刺剟,身无可击者,终不复言。"司马贞索隐:"剟亦刺也。"帛甲本同,传世本多作"投"。

【校订文及今译】

出生入死。	人的一生,就是从出生走向死亡。
生之徒十有三,	保持身体康健且长寿的一类人占十分之三,
死之徒十有三,	早夭的一类人占十分之三,
而民生生焉,	还有一类人本来可以活得长久,
动皆之死地十有三。	却由于过于讲究养生反而速死,这一类也占了十分之三。
夫何故也?	原因是什么呢?
以其生生也。	这类人享福太尽、奉养过度了。
盖闻善摄生者,	听说那善于摄生的人,
陵行不避兕虎,	在山中行走无须避开犀牛和老虎,
入军不被兵革。	在乱军中不会受到刀剑杀伤。
虎无所措其爪,兕无所樹其角,兵无所容其刃。	老虎的利爪、犀牛的尖角、兵器的锋刃都对他不构成威胁。
夫何故也?	为什么呢?
以其无死地焉。	因为他能确保自己不进入危险境地。

【章旨】

《老子》一书无轮回思想,注重今生今世,直面生死问题。

在优裕的环境中,由于贪欲和缺乏自制力的原因,有大约三成的人因为过分地沉溺感官之欲,不能遵循节制的生活而"动之于死地",过早地戕害了自己原本可以更长久的生命。这或许是针对当时穷奢极欲的大贵族一类人而言。当代人在物质享受的某些方面已经和春秋时期的侯王相当。所以,这一章所蕴含的养生思想在当代的运用,首先在于不可厚自奉养,也即俗语所说的"福不可享尽"。

在恶劣的环境下,所谓兕虎、甲兵,分别指代潜伏着危险的自然界和社会,也暗指躯体因不善于摄生而带来的病痛和烦忧。最凶险的虎兕,深藏于我们的内心。冯道《偶作》:"但教方寸无诸恶,狼虎丛中也立身。"善摄生者心存敬畏而尊道贵德,不为物欲主宰,常常能逢凶化吉,顺利通过一道道难关。《庄子·山木》:"人能虚己以游世,其孰能害之?"王安石:"惟善摄生者,则能无我;无我,则不害于物,而物亦不能害之矣。"静观世事,风起云涌、变幻不定的表象中是恒常有序的天道。人若能尊道贵德,则远离死地,"虎无所措其爪,兕无所椯其角,兵无所容其刃",自可不忧不惧。

第十四章（王弼本51章）

●道生之，德^①畜^②之，物刑（形）之，热（势）^③成之。是以万物奠（尊）道而贵德^④。

道之奠（尊），德之贵，夫莫之爵而恒自然^⑤。

{故}道生之畜之^⑥，长之逐（育）之^⑦，亭（成）之孰（熟）之^⑧，养之复之^⑨。故生而弗有，为而弗持（恃）^⑩，长而弗宰，是谓玄德^⑪。

【注释】

①德：万物从道那里得到的、与生俱来的禀赋和天性。可参考第一章注释①。

②畜：畜养，化育，使之壮大。

《管子·心术》："化育万物谓之德。"

③势：环境、时代等因素所形成的外部格局和趋势。

帛书本作"器"。高明认为应以"器"为本字："旧注皆以'势'为本字，解释为形势、趋势、气候或环境等多种意义。……按今本'势'字注释，恐皆未达《老子》本义。按物先有形而后成器，……今本中之'势'应假借为'器'，当从帛书甲、乙本作'器成之'。夫物生而后则畜，畜而后形,形成而为器。其所由生者道也,所畜者德也,所形者物也,所成者器也。"何晋:"《老子》全书在论述道德时用'器'字很常见,而'势'字却仅此一见,还是作为异文存在。要言之,在《老子》此句中,道→德→物→器,乃无中生有、从抽象到具象的一个层递过程,万物为道所萌生,为德所蓄养,因物而赋形,终由器而功成。表达语义层递的这种修辞方式,在《老子》中很常见。此句中不仅'道→德→物→器'为一层递,而且其中相对应的动词'生→蓄→形→成'亦为一层递。"(何晋:《读北大汉简〈老子〉札记一则》,韩巍执行主编:《古简新知——西汉竹书〈老子〉与道家思想研究》,上海古籍出版社,2017 年,第 23 页。)可备一说。

④是以万物尊道而贵德:所以万物都尊崇道,珍视道赋予的德。

王弼本作"是以万物莫不尊道而贵德"。王弼注:"道者,物之所由也;德者,物之所得也。由之乃得,故曰不得不尊;失之则害,故不得不贵也。"

冯友兰说:"老子认为,万物的形成和发展,有四个阶段。首先,万物都由'道'所构成,依靠'道'才能生出来("道生之")。其次,生出来以后,万物各得到自己的本性,依靠自己的本性以维持自己的存在("德畜之")。有了自己的本性以后,再有一定的形体,才能成为物("物形之")。最后,物的形成和发展还要受周围环境的培养和限制("势成之")。在这些阶段中,'道'和'德'是基本的。没有'道',万物无所从出;没有'德',万物就没有了自己的本性;所以说:'万物莫不尊道而贵德'"。

⑤夫莫之爵而恒自然:"莫之爵",没有谁授与它们(指道和德)这种尊贵的地位。"爵",本指爵位,如《礼记·王制》:"任官然后爵之,位定然后禄之。"孔颖达疏:"谓堪任此官,然后爵命之。""莫之爵"即"莫爵之","爵"做动词,指赐与(道和德)尊荣的地位。王弼本、河上公本作

"莫之命"。

"恒自然"，表示道和德的尊崇"地位"是一直如此且永远延续。

陈徽："今学者或谓'自然'义为道、德不干涉万物而'任其自化'或'顺任自然'，乃误会了经文。"

⑥故道生之畜之：帛甲本、乙本皆作"道生之畜之"，且帛甲本此句前有墨点符号，从语义看，与上文似无因果联系，"故"字或衍。严遵本作"道生之，德畜之"。其他传世本多作"故道生之，德畜之"。与此章首句重复。

⑦长之育之：使（万物）成长，得到养育。

北大简本"逐"通"育"。帛书本作"遂"，或是"逐"的讹写。

⑧成之熟之：北大简本"亭"通"成"，"孰"通"熟"。帛乙本、王弼本、傅奕本皆作"亭之毒之"。河上公本作"成之孰之"。

⑨养之复之：有两种理解。

一种理解是将"复"理解为回复，和"养"构成万物推陈出新的一个循环。帛乙本亦作"养之复之"。

另一种理解是根据傅奕本、范应元本"盖之覆之"，解释为使万物覆灭、消亡。高亨："作盖是也。"这一理解考虑到上文"畜""育"两字已有"养"义，此处若还作"养育"解，语义太繁复。今从之。

王弼本、河上公本作"养之覆之"，较为接近第二种理解。

⑩恃：北大简本作"持"，帛甲本作"寺"，皆从传世本读为"恃"。

⑪玄德：幽微久远之德。

"玄德"用来形容道以一种时时刻刻存在、细微而不易觉察的力量显现、作用于万物。范应元说："道生之而不以为己有，为之而不自恃其能，长之而不为之主，是谓玄远之德也。有德如此，而人莫能知，莫能见，故口玄。"

【校订文及今译】

道生之,德畜之,	道化生万物,德畜养万物。
物形之,势成之。	万物具备了初始物质形态后,由道流布宇宙而形成的格局、运势成就万物。
是以万物尊道而贵德。	所以万物皆尊道而贵德。
道之尊,德之贵,	道和德的这种尊崇地位,
夫莫之爵而恒自然。	不依凭谁的恩赐获得,而是恒常如此。
道生之畜之,长之育之,成之熟之,养复之。	道虽然参与天地万物演化的每个环节,它对万物的产生、发展、成熟、繁衍、衰弱、消亡都具有限定性。
故生而弗有,	然而道生长万物却不据为己有,
为而弗恃,	成就万物却不居功自恃,
长而弗宰,	如长辈般引领万物却不私自主宰。
是谓玄德。	这就是深远幽妙的"玄德"啊。

【章旨】

道限定了生命的产生、发展、成熟、繁衍、衰弱、消亡,其地位尊崇自不待言,然而却具有"生而不有,为而弗恃,长而弗宰"的"玄德"。这种因应自然的玄德,是尊道的为政者——圣人,应珍视和效法的。

老子用"道"和"德"这两个核心概念分别统摄生命的先天和后天阶段。相应地,老子认为,追求生命的长久和生活的幸福,需落实在日常生活中的尊道贵德上。"尊道"强调了对作为规则、秩序之"道"的遵从,"贵德"则突出了对个体天性的培植。遵循秩序、法则之"道",必须持守戒律;培植、蓄养天赋禀性,应知雄守雌,积善成德。

第十五章（王弼本 52 章）

●天下有始①,可以为天下母②。既得其母,以智(知)其子。既智(知)其子,复守其母③,殁(没)身不殆④。

塞其脱(兑),闭其门⑤,终身不僅⑥。启其脱(兑),齐(济)其事,终身不来(救)⑦。

见小曰明(明)⑧,守柔曰强⑨。用其光,复归其明(明)⑩,毋遗身央(殃)⑪,是谓袭常⑫。

【注释】

①天下有始:天下万物都有一个最初始的源头。

张岱年《中国哲学大纲》:"在老子以前,似乎无人注意到宇宙终始问题;到老子乃认为宇宙有始,是一切之所本。"

②母:(孕育万物的)母体,也即道。

③复守其母:回复并持守道的虚静和无为。

④没(mò)身不殆:"没",北大简木作"殁",从帛书本、传世本读为"没"。"没身",终身。"殆",危险。

⑤塞其兑,闭其门:堵塞萌生贪欲的通道;关闭耗散精神的门户。

王弼注:"兑,事欲之所由生。门,事欲之所由从。"奚侗说:"《易·说卦》:'兑为口',引申凡有孔窍者皆可云'兑'。《淮南子·道应训》:'王者欲久持之,则塞民于兑。'高诱注:'兑,耳目鼻口也。'《老子》曰'塞其兑',是也。'门'谓精神之门。'塞兑''闭门',使民无知无欲,可以不劳而理矣。"

⑥终身不僅:终身都不会陷入困境。

"僅",差,少。《广韵·震韵》:"僅,劣也,少也。"帛书本作"冬(终)身不堇";郭店简本作"冬身不孟",李零释作"终身不侮";传世本多作"终身不勤"。

⑦启其兑,济其事,终身不救:开启贪欲的孔窍,忙于解决纷扰的事端,终身都得不到救治。

王弼注:"不闭其原,而济其事,故虽终身不救。"

⑧见小曰明:能感受到道细微的运化可称之为明智。

另一说认为"见小曰明"即见微知著。如韩非子《喻老篇》举例说:"昔者纣为象箸而箕子怖。以为象箸必不加于土铏,必将犀玉之杯;象箸玉杯必不羹菽藿,则必旄象豹胎;旄象豹胎必不衣短褐而食于茅屋之下,则锦衣九重,广室高台。吾畏其卒,故怖其始。居五年,纣为肉圃,设炮烙,登糟丘,临酒池,纣遂以亡。故箕子见象箸以知天下之祸。故曰:'见小曰明。'"

⑨守柔曰强:持守柔弱才是(真正的)强大。

韩非子以勾践、周文王为例证来说明,弱小者能隐忍蛰伏并暗中蓄积力量,最终成为强大的一方,谓之"守柔曰强"。《解老篇》:"勾践入宦于吴,身执干戈为吴王洗马,故能杀夫差于姑苏。文王见詈于王门,颜色不变,而武王擒纣于牧野。故曰:'守柔曰强。'"

⑩用其光,复归其明:"光",甲骨文作🔥,会意,字形上部为火,下部为

人,人看到熊熊燃烧的火,感受到了光。这一意象,也被用来表示"光"的概念。

"明",西周金文作⊙，会意字,由"囧(象窗户形)"和"月"组成,字形描绘的是皎洁的月光透过窗户照进来,室内一片光明。(西周金文也有字形作⊙,由日和月组成。)从造字看,光和明的细微区别在于"光"是在黑暗中强烈的光,"明"是人在窗边看见月亮所感受到的柔和的光。

据此,"用其光,复归其明"可以理解为精气神的使用不能一直处于强烈的状态。

⑪毋遗(wèi)身殃:不给自身带来祸殃。

传世本多作"无遗身殃"。

⑫袭常:因袭恒常的道。

帛甲本、傅奕本、严遵本同,王弼本、河上本作"习常"。

【校订文及今译】

天下有始,	天下万物都有其初始的根源,
可以为天下母。	这根源就好比天下万物的母亲,
既得其母,	把握这初始根源,
以知其子。	就可以洞察万物(的本原属性)。
既知其子,	既然已洞察纷繁的万物,
复守其母,	就应回复、持守这(至简的)初始根源,
没身不殆。	这样终身都没有危险。
塞其兑,闭其门,	堵塞感官贪欲的通道,关闭耗费精神的门户,
终身不勤。	终身都不会陷入困境。
启其兑,济其事,	开启贪欲的孔窍,为解决纷纷扰扰的事务而疲于奔命,

终身不救。	终身也无法安宁。
见小曰明，	能感知、洞察细微的道之运化叫作"明"，
守柔曰强。	能暂时持守柔弱才能始终趋于"强"。
用其光，	运用精气神像烈火燃烧时，
复归其明，	要使能量复返归藏，就像柔和的月光，
毋遗身殃，	如此就不会给自己带来灾殃，
是谓袭常。	这样叫做承袭恒常的道。

【章旨】

老子强调，人作为宇宙万物中的一分子，应该遵循其所从出的母体（包含多重层次，如天地、道）的规则，这样才不会悖道而陷入险境。也即"既知其子，复守其母，没身不殆"。此章以母子关系比喻个体与天道的良好互动：道作为宇宙本原，化生出个体；个体觉知、感受到了道的存在之后，又能够有意识地去感应、归复这一母体。这一哲学思想，是在天人合一视阈下对单一个体的重新观照，关怀的是那些孤立、割裂的人，引导他们结束流浪生涯，谨守天道以获得庇护。

"见小曰明"意味着能感知道在万物中细微玄妙的运化，从而具备一定的洞察力和预见力，得以在外界纷扰中游刃有余地接应外物。"用其光，复归其明"是指有意识地归复清静，以此滋养生命力、生发智慧，能"无遗身殃"，常葆平安吉祥。

第十六章（王弼本53章）

●使我介有智（知）①，行于大道，唯蛇（施）②是畏。大道甚夷③，而民④好街（径）⑤。

朝甚除⑥，田甚芜，仓甚虚。服文彩，带利剑，厌［饮］食⑦，资货有馀，是谓盗竽⑧，非道也！

【注释】

①介有知：对道有明确坚定的认识。

"介（然）"，耿介不拔，坚定不动摇。《荀子·修身篇》："善在身介然，必以自好也。"杨倞注："介然，坚固貌。"

北大简本作"介有智"，"智"通"知"。帛乙本作"介有知"。传世本多作"介然有知"，今从之。

②施（yí）：邪路。

王念孙《读书杂志馀编上·老子》说："'施'读为迤，邪也。言行于大道之中，唯惧其入于邪道也。"

北大简本作"蛇"，从传世本读为"施"，帛乙本作"他"。

③夷：平坦。参第四章"夷道如纇"注释。

④民：各本唯景龙本作"人"。有学者认为此处应如景龙本作"人"，

指人主、君王。奚侗说:"'人'指人主言。各本皆误作'民',与下文谊不相属。盖古籍往往'人''民'互用,以其可两通。"可备一说。

⑤径:小路。

《说文解字·彳部》:"径,步道也。"段玉裁注:"此云步道,谓人及牛马可步行而不容车也。"北大简本作"街",帛甲本作"解",帛乙本作"俙",传世本作"径"或"迳",今从传世本读为"径"。

⑥朝甚除:宫殿十分整洁。

王弼注:"'朝',宫室也。'除',洁好也。""除",本义指宫殿的台阶。如《史记·魏公子列传》:"赵王扫除自迎,执主人礼。"后来引申出"整洁"义。

⑦厌饮食:饱餐美味。

《汉书·鲍宣传》:"今贫民菜食不厌,衣又穿空,父子夫妇不能相保。"颜师古注:"厌,饱足也。"帛乙本同于北大简本作"厌食"。传世本多作"厌饮食",从此段文字多三字一句看,此处北大简本、帛乙本或脱"饮"字,今补足。

⑧盗竽:大盗。

北大简本作"盗竽",《韩非子·解老》引文也作"盗竽",王弼本作"盗夸"。《韩非子·解老》曰:"竽也者,五声之长者也。故竽先则钟瑟皆随,竽唱则诸乐皆和。今大奸作则俗之民唱,俗之民唱则小盗必和。故服文采,带利剑,厌饮食,而资货有馀者,是之谓盗竽矣。"严灵峰说:"'盗夸',大盗也;犹'盗魁'也。"

【校订文及今译】

使我介然有知,　　假使我对道有坚定的认识和确实的体验,

行于大道,　　　　我将遵循大道而行,

唯施是畏。	唯恐踏上邪路。
大道甚夷,	大道很平坦,
而民好径。	但是有人却喜欢走小路。
朝甚除,田甚芜,	宫殿十分整洁,然而农田非常荒芜,
仓甚虚。	粮仓非常虚空。
服文彩,带利剑,	穿着锦绣的衣服,佩带锋利的宝剑,
厌饮食,资货有馀,	遍尝美味佳酿,积聚大量财货,
是谓盗竽,非道也!	这无异于强盗头子的行径,(这样为政)是违背大道的!

【章旨】

"行于大道,唯施是畏"表明,和商代、西周以来普遍存在的以天帝、天命、祖先、神鬼为敬畏的对象不同,老子更强调对"道"的遵循和敬畏。这是老子所在的春秋时期理性主义上升的体现。

上章"既知其子,复守其母"是强调个体对道的依归。此章承接"行于大道"这一主题,列举在为政治国层面"非道"的例证,并呼吁为政者应遵循对道的信仰和坚守。老子以"强盗头子"这一称号,激烈抨击了以一己之私凌驾于百姓之上的为政者,具有鲜明的民本主义色彩。

第十七章（王弼本54章）

●善建不拔,善抱不脱①,子孙以其②祭祀不绝。

修③之身,其德乃真④;修之家,其德有馀⑤;修之乡,其德乃长⑥;修之国,其德乃逢(丰)⑦;修之天下,其德乃薄(溥)⑧。

以身观身⑨,以家观家,以乡观乡,以国观国,以天下观天下。吾何以智(知)天下然⑩哉？以此。

【注释】

①善建不拔,善抱不脱：《韩非子·喻老》引文同作"善建不拔,善抱不脱"。郭店简本、各传世本多作"善建者不拔,善抱者不脱"。林希逸说："建德而抱朴,则不拔不脱矣。"建德即立德,抱朴即抱道。

②其：指代"善建不拔,善抱不脱"。郭店简本作"元",其他各本无此字。

③修：践行(道),培育(德)。

④真：郭店简本作"贞"。其他各本与北大简本同。

⑤修之家,其德有馀：王弼本作"修之于家,其德乃馀。"

林希逸："修诸家,则积而有馀庆。"

⑥长(zhǎng)：尊。

林希逸:"长,尊也。修诸乡,则为一乡之所尊。"

⑦修之国,其德乃丰:贯彻到一个国家,他的德行可称得上丰沛。

北大简本作"修之国,其德乃逢","逢"从傅奕本读为"丰"。《论衡·自纪》:"忧德之不丰,不患爵之不尊。"郭店简本作"攸之邦,其德乃奉",帛乙本作"修之国,其德乃夆"。傅奕本作"修之邦,其德乃丰",不避刘邦之讳,且"邦"和"丰"上古音同属东部,符合此章各句独立押韵的体例。(身、真同属真部;家、馀同属鱼部;乡、长同属阳部;邦、丰同属东部;下、溥同属鱼部。)唐初学者傅奕(555—639)校订的《古本老子》相传为北齐后主高纬武平五年(574)彭城人开项羽妾冢所得,因而在一些用字方面得以存古存真,此处即为一例。

⑧溥:广博、全面。

北大简本作"薄",帛乙本作"愽",傅奕本作"溥",其他传世本多作"普"。《诗·小雅·北山》:"溥天之下。"今从傅奕本。

⑨以身观身:以我身观他人之身。推己及人之意。

蒋锡昌说:"'以身观身',言以修道之身,观不修道之身,孰得孰失,孰存孰亡也。下四句文谊,依此类推。"

之所以能以身观身,是由于人性相通。林希逸说:"即吾一身而可以观他人之身;即吾一家而可以观他人之家;即吾一乡而可以观他人之乡;推之于国于天下皆然。言道之所用皆同也。"

⑩然:如此,指修道者昌、"祭祀不绝"这一事实。

河上公说:"老子言,吾何以知天下修道者昌,背道者亡? 以此五事观而知之也。"

【校订文及今译】

善建不拔,　　　　善于建立起"道"的,不会轻易拔除此信仰,

善抱不脱,	善于抱持"道"的,时时不脱离此信仰,
子孙以其祭祀不绝。	凭借上述两点,子孙后代的祭祀不会断绝。
修之身,	将道的信仰和修行落实到个人,
其德乃真;	他的德就真实不伪;
修之家,	个人的德行带动全家,形成良好家风,
其德有餘;	他的德可以称得上富餘;
修之乡,	拓展至整个乡里,
其德乃长;	他的德行值得一乡的尊崇;
修之国,其德乃丰;	贯彻到一个国家,他的德行可称得上丰沛;
修之天下,其德乃溥。	流布于天下,他的德行可称得上广博圆满。
以身观身,	所以可以从我这一个个体观照其他个体,
以家观家,	从我这一个家庭观照其他家庭,
以乡观乡,	从我所在的乡里观照其他乡里,
以国观国,	从我所在的国家观照其他国家,
以天下观天下。	从我眼中的天下观照其他人眼中的天下。
吾何以知天下然哉?	我是如何知道天下"修道则兴"这一事实呢?
以此。	就是依据上述五个层面。

【章旨】

此章进一步论述尊道贵德的主题。"善建不拔"是建立起对"道"这一思想体系的认可乃至信仰,"善抱不脱"是在现实生活中持守这一精神信仰。具体言之,是指时时遵循道的法则,累积、拓展上天赋予的德性。在个人身上实行、体现"道",则是真正的修德之人;若家庭、乡里、国家、天下的每个成员以及成员之间都尊道贵德,是谓有德之家、有德之乡、有德之国、有德之天下。

"善建不拔，善抱不脱"则可以"子孙以其祭祀不绝"，从而实现了古人极其崇尚、向往的家族血脉香火的恒久延续，而这种时间维度上的延续以及在精神上为后人世世代代所景仰、缅怀，也达成了特定视角下生命的永恒。

但仅仅实现个体的道化还不够，尊道贵德之人，还应使其对道的认识和信仰在更大的空间维度上得以传播。这就需要将个体的修行拓展至家、乡、邦乃至于整个天下。这种履道和弘道的过程，是一个点状辐射的模式，其核心就是有道之人及其对道的认识和信仰。

第十八章（王弼本 55 章）

●含德之厚者①,比于赤子②。蠭(蜂)虿虺蛇弗赫(螫),猛兽攫(攫)鸟弗薄(搏)③。骨弱筋柔而抠(握)固④。未智(知)牝牡之合⑤而狨(朘)怒⑥,精之至也。终日号⑦而不幽(嗄)⑧,和之至⑨也。和曰常⑩,智(知)和曰朙(明)⑪,益生曰详(祥)⑫,心使气曰强⑬。

物壮⑭则老,谓之不道⑮,｛不道蚤(早)已｝⑯。

【注释】

①含德之厚者:德行厚重且敛藏不露的人。

宋常星说:"含者,藏蓄而不露。厚者,纯全而不薄。"郭店简本、帛乙本及傅奕本同,传世本多作"含德之厚"。

②赤子:初生的婴儿。

《书·康诰》:"若保赤子,惟民其康乂。"孔颖达疏:"子生赤色,故言赤子。"

③蜂虿(chài)虺(yuán)蛇弗螫,猛兽攫鸟弗搏:"虿",蝎子一类,长尾为虿,短尾为蝎;"虺",蝾螈、蜥蜴一类的爬行动物。"攫鸟",指雕鹗鹰隼一类用利爪攫取猎物的鸟。

此句郭店简本、帛书本和北大简本类似,都作两个并列的句子,只是个别用字略有差异,如帛乙本作"蜂虿虫蛇弗螫,据鸟猛兽弗捕";传世本多作三个并列的句子,如河上公本作"蜂虿不螫,猛兽不据,攫鸟不搏"。

④握固:抓东西很牢固。

"握固"后来演变为道教专有名词。赵志坚《道德真经疏义》曰:"以四指握拇指为握固。""握",北大简本作"抠",郭店简本作"捉",帛书本、传世本皆作"握",今从之。

⑤牝牡之合:异性之间的交合。"牝"为雌,"牡"为雄。

⑥朘(zuī)怒:婴儿的生殖器勃起。表示赤子虽然未有欲念,然而气血充足,无欲而刚。

北大简本"㲋"通"朘"。《玉篇》:"朘,赤子阴也。"帛乙本作"朘怒",傅奕本作"朘作"。

⑦号(háo):大声哭喊。

⑧嗄(shà):嗓音嘶哑。

《广韵·夬韵》:"嗄,声败。"《庄子·庚桑楚》:"见子终日号而不嗄。"司马彪注曰:"楚人谓啼极无声曰嗄。"北大简本作"幽",从王弼本、严遵本读为"嗄"。河上公本作"哑"。

⑨和之至:元气醇和,处于最平衡的状态。

⑩和曰常:"和"这种平衡融洽状态,是道化生万物的正常状态,因为"万物负阴而抱阳,冲气以为和"。

帛书本同,郭店简本作"和曰景"。今本皆作"知和曰常",应是蒙下文"知常曰明"而衍"知"字。

⑪知和曰明:知道"和"这一状态的可以称之为"明智"。传世本多作"知常曰明"。

⑫益生曰祥："益生"，一味地贪求物质以自我奉养，不知节制。王弼注："生不可益，益之则夭。"《庄子·德充符》："常因自然而不益生也。"

"祥"，此处释读为"不祥"，属于"反训"，如《左传·僖公十六年》："是何祥也？吉凶焉在？"杜预注："恶事亦称为祥。"

郭店简本作"賹生曰羕"，河上公本作"益生日祥"，"日"当为传抄过程中"曰"字讹变而来。

⑬心使气曰强：劳心苦思从而耗费过多精气、元气，这是悖道的逞强行为。河上公本作"心使气日强"，郭店简本作"心使㶴曰𤯍"。吕惠卿《道德真经传》、宋董思靖《道德真经集解》皆作"心使炁曰强"。董思靖："益生、使炁皆失自然之道，是徒速其衰老也。苟知不合于道，宜早已之。""炁"是郭店简本"㶴"的简写异体字，在道教文献中多指人的元气或精气。如《玄宗直指万法同归》："炁是添年药，心为使炁神。"

⑭物壮：郭店简本作"勿壐"。

⑮不道：不合于道。

⑯不道早已："已"，终止，完结。

各本唯独郭店简本无此句。从用韵判断，"不道早已"四字可能是后世传抄者将注掺入经文而衍。朱谦之《老子校释》一书中论及江有诰等古音学家关于《老子》此章用韵的研究：

> 江氏《韵读》："常、明、祥、强"韵（阳部），"老、道、已"韵（之、幽通韵，老，卢叟反，已叶音酉）。谦之按："老、道，幽部，已，之部，此之、幽通韵。姚文田、邓廷桢同，惟'嗄'作'哑'，'已'字无韵。"

可见，江有诰《老子韵读》用"'已'叶音酉""之幽通韵"来解释"老、道、已"三字押韵，以解释最后一句"不道早已"和前面几句在用韵上的不协调。古音学家姚文田、邓廷桢大概认为此处"之幽通韵"这种说法太牵强，干脆用"'已'字无韵"来处理这一问题。

上述研究传世本《老子》用韵的学者用"叶音""通韵"或"无韵"等方法来处理"不道早已"在用韵上的突兀。这是他们那时尚无郭店楚简《老子》材料。如果他们知道郭店《老子》中根本没有"不道早已"这一句，那么，他们也就不必勉为其难地提出上述说法以自圆其说。

因此，从本章整体用韵精严、句式整齐以及郭店简本"是谓不道"后面有明确的分章符号等证据判断，"不道早已"四字是传抄者将注释误抄入经文。今据郭店简本删。

【校订文及今译】

含德之厚者，	德行厚重且藏蓄不外露的人，
比于赤子。	就好比初生的婴儿。
蜂虿虺蛇弗螫，	蜜蜂、蝎子不蜇他，毒蛇不咬他，
猛兽攫鸟弗搏。	猛兽、鹰隼不用利爪伤害他。
骨弱筋柔而握固。	婴儿骨弱筋柔，小拳头却握得很牢固。
未知牝牡之合而朘怒，	不清楚男女之事，小生殖器自然勃起，
精之至也。	这都是由于他精气充沛到了极致。
终日号而不嘎，	婴儿即使整天号哭，声音却不会嘶哑，
和之至也。	这是由于其元气淳和到了极致。
和曰常，	这种淳和是内在平衡的正常状态。
知和曰明。	能认识"和"的机理可谓明智。
益生曰祥，	放纵贪欲、厚自奉养就会招致灾祸，
心使气曰强，	思虑损耗过多元气，是（在道的面前）逞强，
物壮则老，	生命壮大到顶点必然趋于衰败，
谓之不道。	这些情况可以说都不合于道。

【章旨】

上章谈到德之真、德之馀、德之长、德之丰、德之溥,境界一层高出一层,然而这些境界都比较抽象。在这一章,老子用一个生动、具体的形象来描述德厚之人。他以赤子为喻,阐述养生修德之要。赤子内心纯朴,思虑专一,精神内敛,正是养生、修道所要达到的状态。"含德之厚,比于赤子。"德厚之人,具备类似于婴儿的两方面特征:一是"精之至也",二为"和之至也"。

所谓"精之至",是指很好地保有了道所赋予的一脉元气、精气。老子从婴儿虽不知男女交媾之事,其生殖器却自然勃起这一现象悟出,元气是生命之所以区别于非生命事物的根本,是上天的恩赐,是"德"的体现。这一丝精气,也即人类生生不息,人类之所以有所追求、有所热爱的最初根源。有道之人不甘平庸、追求卓越、创造力勃发、生命力顽强乃至精神强大丰沛,都源于此一脉元气。

所谓"和之至",是指"万物负阴而抱阳,冲气以为和"之"和"达到了完善的境界,此"和"在上一章五个层面可分别体现为个体身心的平衡、家庭的兴旺(家和)、乡村邻里的和睦、国家各阶层的动态平衡、天下各种文明的和谐共处。而德厚之人,正是能促使、保持上述各种"和之至"状态的因素。

含德之厚者如何时常保持"精之至""和之至"?老子提出了"益生""心使气""物壮"这三种应该戒除的"不道"状态。

含德之厚者虽然具有赤子气象,但又不同于赤子。他们经历了生命层面和心性层面的勤修苦练,并因此获得了身心的安顿,具备了对宇宙人生的洞察力,拥有坚定的信仰、悲悯的情怀和丰富的精神世界。

第十九章（王弼本 56 章）

●智（知）者弗言，言者弗智（知）①。

塞其脱（兑），闭其门；和其光，同其畛；挫（挫）其兑（锐），解其纷②，是谓玄同③。

故不可得而亲，亦不可得而疏④；不可得而利，亦不可得而害⑤；不可得而贵，亦不可得而贱⑥。故为天下贵。

【注释】

①知者弗言，言者弗知：有感受、体验的人不轻易言说；言说者未必有切身体验。

"知"，感知，体验。《榖梁传·僖公十六年》："石，无知之物，鹖，微有知之物。"《庄子·天道》："故视而可见者，形与色也；听而可闻者，名与声也。悲夫，世人以形色名声为足以得彼之情！夫形色名声果不足以得彼之情，则知者不言，言者不知，而世岂识之哉！"

郭店简本作"知之者弗言，言之者弗知"。

②塞其兑，闭其门；和其光，同其畛；挫其锐，解其纷："塞其兑，闭其门"，这两句在第十五章（王弼本 52 章）已出现一次，参看该章注释⑤。

"和其光"，使耀眼的光芒变柔和。参考第十五章（王弼本 52 章）"用其光,复归其明"释义。与第二十二章(王弼本59章)"光而不耀"的意思类似。

　　"同其畛",存在两种理解。第一种理解,"畛"读如本字,"同其畛"的意思是消解了物与物之间的畛域。"畛",《说文解字·田部》:"畛,井田间陌也。"本义指田间阡陌小路,又引申为界限。"同其畛"传世本多作"同其尘",并且"和光同尘"已经成为一个汉语中常用的成语。但"和光同尘"的形成也存在以讹传讹,最后约定俗成的可能。证据有二:一则北大简本作"畛",郭店简本作"飪(慎)",帛甲本作"堥",帛乙本作"尘",从语音看,古本的四个不同用字中,前三个语音更为接近。廖名春《郭店楚简老子校释》也认为:"'慎'字本从'参'得声,故'飪'可作'堥'。"第二,从文义看,"同其畛"所表达的"混同界限"义和下文"故不可得而亲,亦不可得而疏;不可得而利,亦不可得而害;不可得而贵,亦不可得而贱"是遥相呼应的。在先秦时期,"畛"表示"界限"则是常用用法。如《庄子·齐物论》:"夫道未始有封,言未始有常,为是而有畛也。请言其畛:有左,有右;有伦,有义;有分,有辨;有竞,有争;此之谓八德。"成玄英疏:"畛,界畔也。"《庄子·秋水》:"泛泛乎其若四方之无穷,其无所畛域。"

　　"同其畛"的第二种理解从传世本读为"同其尘"。"同其尘"的释读比如河上公注:"常与众庶同尘垢,不当自别殊。"然而,根据文献,老子所在的春秋时期,是否产生了用"尘"指代"俗世尘垢"概念这一用法?对先秦文献中的"尘"字进行全文检索,"尘"字通常都是用作"尘土"义,没有发现明确用"尘"比喻为"俗世"的用法。将"尘"比喻为"俗世",到汉代才比较常见,较早的例子如西汉时期严遵《老子指归》将"同其尘"释读为"与世混沌,与俗玄同"。在这类注释的影响下,"同其尘"渐渐取代"同其畛"成为定型的经文。不能排除《老子》祖本本意存在"同其畛"之可能。

"挫其锐",北大简本作"挫其兑",帛甲本作"坐亓阅",帛乙本作"铧亓兑",郭店简本作"劙其籲",今从传世本读为"挫其锐"。

另,这三个句子古本和今本在顺序上不一致。郭店简本、帛书本与北大简本句序同,传世本句序多如王弼本作"塞其兑,闭其门;挫其锐,解其纷;和其光,同其尘"。

③玄同:玄妙的、与道同一的境界。玄同状态下,名号未起,无所分别。

④故不可得而亲,亦不可得而疏:因此没有亲疏之心。

⑤不可得而利,亦不可得而害:不患得患失,没有得失心。

⑥不可得而贵,亦不可得而贱:无分别贵贱之心。

【校订文及今译】

知者弗言,	对道有所感应、有所体验的,不会轻易用语言去描述道,
言者弗知。	夸夸其谈的,未必是对道有切身体验的人。
塞其兑,	塞住贪欲的孔窍,
闭其门;	关闭耗费精神的门户;
和其光,	含敛耀眼的光芒,
同其畛;	混同物与物之间的畛域;
挫其锐,解其纷,	打磨锋锐,消解纠纷;
是谓玄同。	如此才称得上进入了玄同境界。
故不可得而亲,	(在玄同境界,)内心没有
亦不可得而疏;	亲疏之别,

不可得而利，亦不可得而害；	没有利害之分，
不可得而贵，亦不可得而贱。	万物也没有贵贱高低。
故为天下贵。	因而这种境界为天下人所尊贵。

【章旨】

《韩非子·喻老》："王寿负书而行，见徐冯于周涂。冯曰：'事者，为也；为生于时，知者无常事。书者，言也；言生于知，知者不藏书。今子何独负之而行？'于是王寿因焚其书而舞之。故知者不以言谈教，而慧者不以藏书箧。"事物的本然状态一旦用语言加以描述，就必然损失其某一方面的性状。语言，只是指着月亮的那个手指。因此真正明智的人不轻易用语言去描述事物的本然状态和对道的感悟、体验，"知者弗言，言者弗知"即表明了这一点。这一句中的"知"和"如人饮水，冷暖自知"中的"知"类似，是一种内在的感受、体验。下一句"塞其兑，闭其门"亦是暂时关闭追慕纷纭外界的感官通道，返观内视，将注意力和感知转向内在，回复、谨守清静以修性体道。

此章主题"玄同"境界高妙，老子也对其进行了比较详细的描述。"锐、纷、光、畛"都是造成物物之间、物我之间差异或界限的不同体现形式。要达到"玄同"，不但要消解物与物的区别，而且要混同物与我的界限，使个体与宇宙万物交互融合，进入类似于天人合一的玄妙境界。

道体虚空，万物以此冲虚之道为宗。两个事物在接触并融合之前，都是能相互区别的"有"，存在彼此之间的差异性。要融合，首先应消解各自的区别与对立，也即所谓"挫其锐，解其纷，和其光，同其畛"的过程。这也是两个事物朝道之初始状态方向逆行，让原先的两"有"消失，成为两"无"的过程。道之初始状态具有类似于混沌、恍惚的特征，此状态下万事万物混同，名号未起，无亲疏、利害、贵贱之别。

"玄同"是基于对宇宙万物演化的洞察而形成的观照万物的方式。《庄子·田子方》形容这是一种至美至乐的境界:

老聃曰:"吾游心于物之初。……"

孔子曰:"请问游是。"

老聃曰:"夫得是,至美至乐也,得至美而游乎至乐,谓之至人。"

孔子曰:"愿闻其方。"

曰:"草食之兽不疾易薮,水生之虫不疾易水,行小变而不失其大常也,喜怒哀乐不入于胸次。夫天下也者,万物之所一也。得其所一而同焉,则四支百体将为尘垢,而死生终始将为昼夜,而莫之能滑,而况得丧祸福之所介乎!"

第二十章（王弼本57章）

●以正①之〈治〉国②，以倚〈奇〉③用兵，以无事取天下④。吾何以智〈知〉其然也？夫天多忌讳而民璺〈弥〉贫⑤；民多利器而固〈国〉家兹〈滋〉昏⑥；人多智而苛〈奇〉物兹〈滋〉起；澦〈法〉物兹〈滋〉章〈彰〉⑦而盗贼多有。

故圣人之言云："我无为而民自化；我无事而民自富；我好静而民自正；我欲不欲而民自朴。"⑧

【注释】

①正：清静无为。

"以正治国"的"正"存在两种理解。一种观点认为用作"政"义，如奚侗曰："正，政也。"林希逸说："以正治国，言治国则必有政事。"王弼也持这种理解，并把"以政治国"和"以道治国"对比："夫以道治国，崇本以息末。以正治国，立辟以攻末。"

第二种观点认为"正"在《老子》一书中具有特定的含义，作"清静无为"解（应该由"端正、不偏不倚"引申而来），如释德清："天下国家者，当以清静无欲为正。"高明亦持此观点："'正'是老子的惯用语，指清静无为，书中多见。如第八章'正善治'，乃谓清静无为是治国良策。又如第四十五章'清静为天下正',再如本章'以正治国','我无为而民自化,我好静而民自正'皆言以清静无为治国,本义相同。"

按:本书采用第二种观点。此处"正"与"奇"相对而言,"奇"有"偏、邪"义,并且下章有"正复为奇",因此,此"正"字释作"中正不偏"义引申出来的"清静无为"更令人信服。

《老子》中"正"字颇多,各句中含义有所不同,此处对其源流做一梳理。"正"字甲骨文作 𝕺,字形上部像城池形,下部为"止",像足,𝕺描绘的,是兵临城下的意象。"正"的本义即征伐,后来分化出"征"字承担"正"的这一义项。攻下城池后,需要用政令法度来治理,因此又分化出"政"字来表示政治、政令等。除了这两个分化义之外,"正"字主要表示"端正、不偏不倚"义,这一用法如《论语·乡党》:"割不正,不食;席不正,不坐。""正"字这一"端正、不偏不倚"义在《老子》中常引申为相对抽象的"清静"义。总之,"正"是"征""政"的初文,在古文献不同语境中,可分别表示"正""征""政"这三个概念。

②治国:北大简本作"之国","之"通"治",帛乙本同,郭店简本和帛甲本作"之邦",传世本多作"治国"。

③奇:奸邪诡诈。

吴澄曰:"奇者,权谋诡诈,谲而不正。"高亨《老子正诂》说:"下文'奇物滋起'。五十八章曰:'正复为奇。'七十四章曰:'若使民常畏死,而为奇者,吾得执而杀之,孰敢?'诸奇字皆邪义也。今发其义例于此。"

北大简本"倚"通"奇"。

④取天下:治理天下。

河上公注:"取,治也。"《广雅·释诂》:"取,为也。"可参考十一章(王弼本48章):"取天下恒以无事,及其有事也,不足以取天下。"

⑤夫天多忌讳而民弥贫："忌讳",不可违背的约束或律令。《楚辞·谬谏》:"恐犯忌而干讳。"王逸注:"所畏为忌,所隐为讳。"

此句帛书本和各传世本皆作"天下多忌讳,而民弥贫",唯独郭店简本作"天多忌讳,而民弥畔(叛)"。彭浩《郭店楚简〈老子〉校读》:"'畔'借作'叛',这两句意为:人主的禁忌越多,而人民多背叛。与下文的'邦滋昏'为对文。"按:"忌讳"和"叛乱"存在明显的因果关系,似应以郭店简本为优,今从之。

⑥国家滋昏:北大简本作"固家兹昏","国"讹写为"固"。"兹"通"滋",下文两例同。

⑦法物滋彰:奢华珍巧之物越来越泛滥。

北大简本作"瀍物兹章","瀍"是"法"的异体字,"兹"通"滋","章"通"彰"。郭店简本也作"瀍物滋彰",河上公本作"法物滋彰"。王弼本、傅奕本、严遵本作"法令滋彰",应是传抄者所改动,因为是"法物"多了,才导致"盗贼多有",并且上文中"忌讳"已经有法令禁忌的意思,此处不应重复。

河上公注:"'法物',好物也。珍好之物滋生彰著,则农事废,饥寒并至,故盗贼多有也。"

⑧我无为而民自化;我无事而民自富;我好静而民自正;我欲不欲而民自朴:这段话采用了互文修辞的方法,相当于"我无为、无事、好静、欲不欲,则民自化、自富、自正、自朴"。这四个句子的句序,各版本有差异,如郭店简本作"我无事而民自富,我无为而民自化,我好静而民自正,我欲不欲而民自朴"。"欲不欲",传世本多作"无欲"。

【校订文及今译】

以正治国,　　　　　以中正清静之道治国,

以奇用兵，	以奇诈诡谲的方法用兵，
以无事取天下。	以不轻易扰攘百姓的原则来治理天下。
吾何以知其然也？	我为什么知道应该这样呢？
夫天多忌讳而民弥叛；	令人恐惧畏忌的律令越多，民众越容易叛乱；
民多利器而国家滋昏；	民众手上锐利的武器越多，国家越容易陷于动荡；
人多智而奇物滋起；	人们的智巧越多，一些违背常情常理的事情就容易滋生；
法物滋彰而盗贼多有。	贵重浮华的珍好之物越来越多，盗贼的数量也随之泛滥。
故圣人之言云：	所以圣人说过：
"我无为而民自化；	"我无为，人民自然生息化育；
我无事而民自富；	我不随意干扰，人民自然衣食富足；
我好静而民自正；	我好静，人民自然持中守正；
我欲不欲而民自朴。"	我无贪求，人民自然淳朴纯真。"

【章旨】

《四库全书总目提要》将老子一书的内容概括为"养生、修德、治国、用兵"四个方面。而此章用"以正治国，以奇用兵"这八个字，对《老子》一书的两个重要主题"治国"和"用兵"的策略进行了比较。相对而言，用兵往往是一时一地之事，人的智巧奇谋有时能出奇制胜；而治理国家非一时一地之事，起支配作用的，还是天地运转、道生德畜而推动的大趋势，因而，治国为政应以清静无为、尊道贵德为基调。

此章"多忌讳""多利器""多智""法物"之所以引起老子警惕和批

评,源于上述事物都围绕着人心中的贪欲而产生,并由此产生无尽的纷争,导致整个社会陷入狂狂汲汲。"利器""伎巧""法物"的滋生,只是为了满足人心不断增长和花样翻新的欲求;"忌讳"、律令、赏罚等手段,只是为了维护社会各阶层利益分配的秩序。妄图满足人们所有欲望进而实现人民幸福和国家长治久安的为政理念,无异于抱薪救火,是一条注定要失败的途径;只有少干扰,不折腾,让百姓清静自化,注重内心的安宁和物质上的素朴、知足,才能釜底抽薪,找准国家治理和人类前行的正确方向。

第二十一章（王弼本 58 章）

●其正（政）昏昏①,其民萅萅（蠢蠢）②；其正（政）计计（察察）③,其国④夬夬（缺缺）⑤。

福,祸之所倚；祸,福之所伏⑥。夫孰智（知）其极⑦？其无正！正复为倚（奇）⑧,善复为芺（妖）⑨。人之废（迷）,其日固久矣⑩。

【注释】

①其政昏昏:为政宽厚不刻薄。

北大简本作"其正昏昏","正"后来分化出"政"字。传世本多作"其政闷闷",傅奕本作"其政闵闵"。

②蠢蠢:痴愚的样子,这里用来形容百姓淳朴纯真、无思无虑。

北大简本"萅萅"通"蠢蠢"。这个叠音词各本用字不同,分别作"淳淳""醇醇""偆偆""蠢蠢",但这些不同的文字形式,记录的都是当时语言中的同一个词。

③察察:清清楚楚的样子。在这里指政令严苛繁杂。

王弼注:"立刑名,明赏罚,以检奸伪,故曰'察察'也。"

北大简本作"计计",传世本多作"察察",傅奕本作"詧詧"。《玉篇·言部》：“詧,与察同。”“计”读为“察”。

　　④国:北大汉简整理者:“'国',帛甲本作'邦',帛乙本缺,传世本皆作'民',《淮南子·道应》引文亦作'民',可见西汉时已并存两种版本。”

　　⑤狭(jué)狭:狡诈的样子。因政令严苛,则百姓日益狡诈。

　　北大简本、帛甲本作“夬夬”,传世本多作“缺缺”。蒋锡昌:“缺缺,机诈满面貌。”高亨曰:“'缺、夬'均借为'狭'。'狭'与'猰'同。《说文》:'猰,狡猰也。'猰猰,诈也。”

　　⑥伏:埋伏、隐藏。

　　⑦极:(祸福相互转化的)界限。

　　《说文解字·木部》:“極,栋也。”本义即房屋最高处的栋梁。如《后汉书·蔡茂传》:“茂初在广汉,梦坐大殿,极上有三穗禾,茂跳取之。”房屋大殿往往以栋梁为界,分为前后两部分,房顶的工匠越过栋梁,就到了另一边。因此,“极”有“界限”义。

　　⑧奇:邪,与“正”相对。

　　⑨妖:祸患。

北大简本作“芺”,是“笑”的异体字。楚简“笑”字多为此结构。今从王弼本、严遵本读为“妖”。河上公本作“訞”。

　　⑩人之迷,其日固久矣:人们(因为祸福转化、正复为奇、善复为妖这些问题)陷入困惑已经很久了。

　　一般人认为,福就是福,祸就是祸。这种机械、片面认识世界的方式可称之为“迷”。老子用整体观观照上述问题,洞悉它们的变化。

　　“迷”,北大简本作“废”,今据王弼本校改。

【校订文及今译】

　　其政昏昏,其民蠢蠢;　　政令宽厚简要,人民自然淳朴纯真;

其政察察,其国狭狭。	政令严苛繁琐,这个国家的人民就变得狡诈。
福兮,祸之所倚;	福的后面隐藏着祸;
祸兮,福之所伏。	同样,祸也包含福的机缘。
夫孰知其极?	谁知道祸福之间的界限呢?
其无正!	它们的转化并没有一个固定的模式!
正复为奇,	正有时转变为邪,
善复为妖。	善有时转变为恶。
人之迷,	人们因祸福的转化而陷入困惑,
其日固久矣。	已经很久了。

【章旨】

本章有两个主题。第一个主题,承接上章治国理念的探讨,强调让百姓清静自化的重要性,反对政令严苛繁琐。

第二个主题,老子用"孰知其极"设问:如何破解福祸转化的玄机?老子阐述了福祸这对矛盾转化的必然性:"正复为奇,善复为妖。"此复字表明,"正"原本是由"奇"转化而来;"善"原本是由"妖"转化而来,这种循环往复,是福祸转化必然性的体现。

韩非子对祸福转化的这一界限有过分析。《韩非子·解老》:"人有祸则心畏恐,心畏恐则行端直……故曰:'祸兮福之所倚。'以成其功也。人有福则富贵至,富贵至则衣食美,衣食美则骄心生,骄心生则行邪僻而动弃理。行邪僻则身死夭。……故曰:'福兮祸之所伏。'"可见,韩非子认为,福祸转化的界限和机枢,在于人心,在于"心畏恐",还是"骄心生"。正所谓"福祸无门,惟人自召",人若心存敬畏,有助于转祸为福;反之,人如果骄慢放纵,福也易于转化为祸。

道教经典《太上感应篇》说:"夫心起于善,善虽未为,而吉星已随之;或心起于恶,恶虽未为,而凶神已随之。其有曾行恶事,后自改悔。诸恶莫作,众善奉行,久久必获吉庆,所谓转祸为福也。"

第二十二章（王弼本 59 章）

●方而不割，廉而不刿（刿）①，直而不肆，光而不燿（耀）。

治人事天②，莫如啬③。夫唯啬，是以蚤（早）服④。蚤（早）服是谓重⑤积德，重积德则无不克⑥，无不克则莫智（知）其极⑦，莫智（知）其极则可以有国⑧，有国之母⑨，可以长久。是谓深根固抵（柢）⑩，长生久视⑪之道也。

【注释】

①廉而不刿(guì)：棱角分明但不至于伤害外物。

北大简本作"廉而不刿"。《九章算术》："边谓之廉。"《广雅·释言》："廉者，棱也。""刿"是古代一种砍掉脚的刑罚，此处从王弼本、傅奕本读为"刿"。《说文解字·刀部》："刿，利伤也。"

②治人事天："治人"对应下一章的"治大国"，即"治理人民"；"事天"对应下一章"莅天下"，即"事奉天"。

老子"治人事天"把人时时放在与天（天道）的关系中去探究应该如何安排生活。"治人"者虽位高权重，但在与天道的关系中，必须顺应天道所固有的自然情理。

③啬:敛藏节制。

甲骨文作𠶼,字形上方是两个"禾"字,代表很多农作物,字形下方为"亩(廪)"字,义为圆形的谷仓。𠶼所描绘的意象,是将粮食收进谷仓。《说文解字·啬部》:"啬,从来,从亩。来者亩而藏之,故田夫谓之啬夫。"

《韩非子·解老》:"啬之者,爱其精神,啬其智识也。故曰:'治人事天莫如啬。'众人之用神也躁,躁则多费,多费之谓侈。圣人之用神也静,静则少费,少费之谓啬。"

④早服:尽早遵循(道)。

北大简本"蚤"通"早"。郭店简本作"早备",其他各本皆作"早服"。相应的,相关观点主要有两种。一种看法认为,"早服"意思是祸患尚未萌芽时就遵循于道。如劳健说:"'早服'犹云早从事。"张家山汉简《盖庐》:"循天之则,何去何服?……申胥曰:'循天之时,逆之有祸,顺之有福。'"据《盖庐》此段文字,"服"可理解为"顺从"或"遵循"(道)。

另一种观点如任继愈认为:"服"通"备","早服"意思是早做准备(储备)。

郭店简本正作"早备"。魏启鹏《楚简〈老子〉柬释》说:"(郭店)简本'备'殆为本字。周人治国,和殷代一样重视'有备无患'(《尚书·说命中》)。

按:《吕氏春秋·先己》:"乐备君道",《吕氏春秋集释》引王念孙曰:"备,读为服。"《诗·小雅·大田》:"既备乃事",马瑞辰《传笺通释》:"备者,服之假借。"结合上述材料,采用"早服"说。

⑤重(zhòng):厚重,厚重地。

⑥克:战胜、超越。河上公注:"克,胜也。"

⑦极:终极、尽头。参考上一章"孰知其极"之"极"字注释。

⑧可以有国:可以承担为政治国的重任。

⑨母:指本原,根基。

⑩深根固柢:使根基更深、更牢固。此句和下句"长生久视"都采用了互文的修辞方法。

"柢",树的主根。高亨说:"树根向四边延伸的叫根,向下扎的叫柢。"北大简本"抵"通"柢"。

⑪视:活,生存。

《吕氏春秋·重己》:"莫不欲长生久视。"高诱注:"视,活也。"

【校订文及今译】

方而不割,廉而不刿,	方正却不割伤外物,棱角分明却不刺人,
直而不肆,光而不耀。	直率而不恣肆,光亮而不耀眼。
治人事天,	治理人民和事奉上天,
莫如啬。	没有什么比敛啬更为重要的了。
夫唯啬,是以早服。	敛啬乃是尽早遵循天道。
早服是谓重积德,	尽早遵循天道就是厚重地积累德,
重积德则无不克,	厚重地积累德就没有什么不能超越,
无不克则莫知其极,	没有什么不可超越就无从估量他影响力的边界,
莫知其极则可以有国,	影响力不可限量,就可以承担治国重任,
有国之母,可以长久。	掌握"啬"这一治国的根基,就可以长久安泰。
是谓深根固柢,长生久视之道也。	"啬"可以说是深根固柢、长生久视的基本方法。

【章旨】

"方而不割"四句,王弼本中属于上一章。这四句,说的是在保有自己率真天性的同时,不对外在的人和环境造成伤害,主题是个体和外界的关系;另一主题是在使用民财、精神时,其程度不至于过极,也即"光而不耀"。光,作为一个符号,指代精气神能量的外放,也可指代民力的耗费。"耀"则是这种外放和耗费已经达到了危险的境地。"治人事天莫如啬"所主张的敛藏、节制等内涵也正是对"方而不割"四句的进一步论述。两部分内容存在义理上的相关性。

"方而不割"四句是遵道之人的一种品质。"方、廉、直、光"代表个体天性和禀赋的自由展现,老子主张我们应跟随自己的内在德性,倾听自己内心的声音,充分实现自己的禀赋。每个人都可以并且应该是一颗璀璨的星,释放出自己独特的光芒。但在释放自己天性、彰显自己个性的同时,应该与外界自然、与周围的人、环境协调融洽。

此章另一主题的核心字为"啬"。"啬"字字形所描绘的意象,是将粮食收进谷仓。对注重养生者而言,这一意象表明,对上天赐予我们的生命以及"精气神"等要素须加以珍惜,善于敛藏,不可让贪欲泛滥,从而戕害到生命赖以存在的根基。宋代邵雍说:"人之精神贵藏而用之,苟炫于外,则鲜有不败者,如利刃,物来则剚之,若恃刃之利而求割乎物,则刃与物俱伤矣。"(《邵雍集》,中华书局,2010 年,第 169 页)

"啬"的内涵不仅仅在于生命层面精气神的敛藏,同时也应包含智慧在个体生命中的内化。人是灵性的存在,爱智慧,求真理是本有的德性和品质,是"重积德"的应有之义。

人能宝惜精神,尽早遵循天道,体现为生命力、智慧等等的德性因此得以持续累积,"苟日新,日日新,又日新",可以承担起治国为政的重任并实现道家"深根固柢,长生久视"的价值观和愿景。

第二十三章（王弼本 60 章）

●治大国若亨（烹）小鲜①。

以道位（莅）②天下，其鬼不神③。非④其鬼不神，其神不伤人⑤。非其神不伤人也，圣人亦弗伤⑥。夫两不相伤，故德交归焉⑦。

【注释】

①治大国若烹小鲜：治大国如烹煎小鱼。

《韩非子·解老》："烹小鲜而数挠之则贼其泽，治大国而数变法则民苦之。是以有道之君贵虚静而重变法，故曰：'治大国者若烹小鲜。'"

"鲜"，河上公注："鲜，鱼也。"范应元本作"鳞"，遂州本作"腥"。

②莅：临视，治理。

北大简本作"位"，帛乙本作"立"，皆从王弼本读为"莅"。作"临视、治理"义，如《礼记·文王世子》："成王幼，不能莅阼。"《易·明夷》："明夷，君子以莅众。"孔颖达疏："君了能用此明夷之道以临于众。"

③其鬼不神：鬼神（对遵道者而言）不起效用。

《朱子语类》卷一："行正当事人，自不作怪。弃常则妖兴。"

关于"鬼"和"神"的本质，《正义通》说："阳魂为神，阴魄为鬼。气之伸者为神,屈者为鬼。"朱熹说:"以二气言之,则鬼者,阴之灵也;神者,阳之灵也。以一气言,则至而伸者为神,反而归者为鬼,其实一物而已。"

④非:高亨认为,此"非"字为"不唯"二字之合音。

⑤其神不伤人:这鬼神之力不会使人受伤害。

王弼:"神不害自然也。物守自然,则神无所加;神无所加,则不知神之为神也。"

⑥圣人亦弗伤:圣人也不伤害(遵道者)。

帛书本同,传世本作"圣人亦不伤人"。高亨认为《老子》言"圣人"者凡三十许处,皆有位之圣人。

⑦夫两不相伤,故德交归焉:圣人和神鬼这两者都不使遵道之人受伤害,于是其德性得以蓄积。"德交归"亦可以理解为上章"重积德"的体现之一。

王弼:"圣人不伤人,神亦不伤人,故曰'两不相伤'也。神圣合道,交归之也。"

亦有一些学者将"两不相伤"解释为人鬼互不伤害、君民互不伤害,如沈一贯:"夫鬼为厉则鬼伤人,人驱禳则人伤鬼;民犯令则民伤君,君刑戮则君伤民,是两相伤而不已也。乃幽明上下,两不相伤,故称至德者,交归于圣人之世焉。"

【校订文及今译】

治大国若烹小鲜。	治大国如烹煎小鱼,(切忌频频翻动。)
以道莅天下,	遵循道而安身立命、治理天下的人,
其鬼不神。	魑魅魍魉一类的鬼神对他不起效用。
非其鬼不神,	并非鬼神不灵验,
其神不伤人。	而是鬼神之力祸害不到这些人。

非其神不伤人也，	不只是鬼神之力不伤害这些人，
圣人亦弗伤。	圣人也不会使遵道者受到伤害。
夫两不相伤，	圣人和鬼神之力都伤害不到他，
故德交归焉。	因此德性得以汇聚、归往。

【章旨】

老子用一个十分形象生动的比喻，阐释其清静无为治国的主张。烹煎小鱼时反复挠拨，往往导致鱼肉不成形；为政者政令繁琐、朝令夕改，方方面面干涉过多，也会致使整个国家无所适从、一片狼藉。

"以道莅天下者，其鬼不神。"结合上句"治大国若烹小鲜"可知，这个用来治理天下的"道"是清静无为之道。老子强调，为政者若能遵循"道"这一精神信仰而安身立命、治国为政，则可以正道直行，无所畏惧，并达成与古人意识中超自然界(比如鬼、神灵)的和谐，德性亦因此得以增长、积累，能力日益强大。

老子没有明确否认鬼神的存在，但清晰地表明，人若遵道而行，则鬼神之力于我何加焉。基于此，这一章所包蕴的思想，给清静无为、遵道而行的人以极大的信心和力量。

第二十四章（王弼本 61 章）

　　●大国者下游也^①，天下之牝也^②，天下之交也^③。牝恒以静胜牡^④，以其静也，故为下^⑤。

　　故大国以下小国，则取小国；小国以下大国，则取于大国。故或下以取，或下［而取。大国不过欲兼畜人，小国不过欲入事人。夫各得其欲，则大者宜］^⑥为下。

【注释】

　　①大国者下游也：大国好比处在江河的下游。

　　严遵本作"大国者，天下之所流"。与北大简本意思相近。帛甲本作"大邦者下流也"。王弼本、河上公本作"大国者下流"。各本"国"最初应作"邦"，汉以后避刘邦讳，改为"国"。

　　②天下之牝也：（大国是天下各个国家共同关注的焦点，）好比是雄兽共同追逐的雌兽。意思是大国持静守柔，天下自然归往。"牝"，雌性的牛、马、羊等兽类。

　　③天下之交也：天下交会、归往的地方。

　　吴澄说："犹江海善下而为众水之交会也。"

　　④牝恒以静胜牡：母兽往往以静御动，处于支配地位，对公兽具有巨

大的吸引力和一定的选择权。"牡",雄性的牛、马、羊等兽类。

⑤以其静也,故为下:傅奕本作"以其靖,故为下也"。帛乙本作"以其静也,故宜为下也"。王弼本、河上公本作"以静为下"。

肖天石:"此阴阳之妙化,推之而以一'下'制万物,以一'静'制万动,此自然之道也。"

⑥此处[　]内的脱文据帛甲本、王弼本而补充。整理者:"'或下'之后遗失完整竹简一枚,当有二十八字。"

【校订文及今译】

大国者下游也,	大国好比居于江河的下游,
天下之牝也,	处在天下所追逐归往的地方,
天下之交也。	处在天下交汇融合的地方。
牝恒以静胜牡,	雌兽通常以安静柔和被雄兽追逐,
以其静也,故为下。	也因为它们安静柔和,所以适宜处在下面。
故大国以下小国,	所以大国凭借雌柔这一策略对小国谦下,
则取小国;	可以获得小国的拥护;
小国以下大国,	小国以雌柔的策略对大国谦下,
则取于大国。	也往往能见容于大国。
故或下以取,	所以大国因谦下获得小国拥护,
或下而取。	小国因谦下而见容于大国。
大国不过欲兼畜人,	大国不过是要联合小国以扩大势力,
小国不过欲入事人。	小国追求的,无非就是为大国所容纳。
夫各得其欲,	这样大国小国都可以实现愿望,
则大者宜为下。	因此,大国尤其应该谦下。

【章旨】

春秋时期,诸侯众多,见诸经传的大小诸侯国凡 128 个(亦有说 170 多个),各诸侯国之间的关系也是错综复杂。就此问题,老子强调一个"下"字,建议国君应该在德行厚重的基础上,姿态谦卑,身段柔软,以强大的向心力、亲和力,成为其他国家、其他人追随、归附和汇聚的目标。这也是"柔弱胜刚强"在国际关系或人际关系中的运用和体现。如《史记·周本纪》:"西伯曰文王,遵后稷、公刘之业,则古公、公季之法,笃仁,敬老,慈少。礼下贤者,日中不暇食以待士,士以此多归之。伯夷、叔齐在孤竹,闻西伯善养老,盍往归之。太颠、闳夭、散宜生、鬻子、辛甲大夫之徒皆往归之。"

老子倡导"处下"的外交策略,这和当时一些诸侯国一味凭恃武力强争蛮夺的方式截然不同。

第二十五章（王弼本62章）

●道者,万物之梂〈椫〉(主)^①也。善人之葆(宝),不善人之所葆(保)也^②。美言可以市,奠(尊)行可以贺(加)人^③。人之不善,何弃之有?

故立天子,置三公^④,唯(虽)有共(拱)之璧以先四(驷)马^⑤,不如坐而进此^⑥。古之所以贵此者,何也^⑦? 不曰求以得,有罪以免虖(乎)^⑧? 故为天下贵。

【注释】

①道者,万物之主也:道,是万物的主宰。

传世本此句多作"道者,万物之奥也",相应的理解主要有两种。

第一种理解是:道是万物之主宰者、尊贵者。吴澄说:"奥,室之西南隅。寝庙之制,有堂有室,室在内,故室为贵。室中之制,东南隅曰突(yào),东北隅曰窔(huàn),西北隅曰屋漏。奥,尊者所居,故奥为贵。道之尊贵犹寝庙堂室之奥。"室内幽深隐秘之处具有较大的安全感,通常为尊者所居,故"奥"引申出"尊贵"义。

第二种理解把"道者,万物之奥也"释读为:道如同港湾,庇护世间万物。"奥"在先秦文献中可指"水边深曲之处",也即"港湾",如《诗·卫风·淇奥》："瞻彼淇奥,绿竹猗猗。""奥"亦指"洞内深处"。如《淮南子·时则训》："凉风始至,蟋蟀居奥。"可见"奥"有"幽深"之义,"道者,万物之奥也"或是用来说明"道"的幽深隐秘和抽象性,或是用来形容"道"如港湾涵容庇护万物。通览全书,老子似乎喜欢用常见自然意象来形象地描摹他的哲学概念,同时结合下句"善人之葆(宝),不善人之所葆(保)也"所彰显的主题,将"奥"理解为港湾意象亦可通。

"奥"字,帛书本作"注",帛书《老子》整理者读为"主"。《礼记·礼运》:"人情以为田,故人以为奥也。"郑玄注:"奥犹主也。田无主则荒。"

陈剑《汉简帛〈老子〉异文零札(四则)》则根据汉印等同时期字形认为北大简本的"㮚"字可以释读为"槄"。一方面,真正从"帚"声之"㮚"字不见于字书和其他出土文献,很可能本来并无其字;另一方面,"㮚"与"槄"形显然颇为接近,或者说二者的写法有密切关系。从语音上分析,此"槄"字可从帛书《老子》读为"注"或"主","槄"与"注"或"主"音近可通。另一种可能是"槄"字读为"耑/端",训为"始"。"万物之槄(耑/端)"犹言"万物之始"。今从其第一说,将"㮚"读为"主"。

②善人之宝,不善人之所保也:(道是)善人的珍宝,不善人也因之得以保全。

宋常星说:"善人道与身合,而身即是道,无一事不赖道以为持行,无一时不本道以为运用,故曰善人之宝。"

吴澄说:"不善人向道而改悔,亦可以自保其身。"

北大简本此句作"善人之葆,不善人之所葆也"。前一"葆"通"宝"。《史记·留侯世家》:"从高帝过济北,果见穀城山下黄石,取而葆祠之。"裴骃集解引徐广曰:"《史记》珍宝字皆作'葆'。"后一"葆"帛乙本、传世本皆作"保",从之。一篇文献中,同一个字假借为不同的两个字的现象,亦见于汉碑和金文。

③美言可以市,尊行可以加人:"美言",善言。如《国语·周语下》:"夫耳内和声,而口出美言,以为宪令,而布诸民。""市",交易。如《战国策·秦策四》:"王不如留之以市地。""加",施及。《孟子·尽心上》:"古之人得志,泽加于民;不得志,修身见于世。"

"美言可以市,尊行可以加人",各本同。《淮南子·道应训》和《淮南子·人间训》引文均作"美言可以市尊,美行可以加人"。劳健《老子古本考》认为两句"尊"和"人"为韵,《淮南子》所引无误。可备为一说。

④三公:司徒、司马、司空。

帛甲本作"三卿"。

⑤虽有拱之璧以先驷马:虽有巨大的玉璧在先、一乘车马在后的礼仪。

"拱",指两手合围的径围。如《左传·僖公三十二年》:"尔何知?中寿,尔墓之木拱矣。""拱之璧",巨大的玉璧。《左传·襄公二十八年》:"与我其拱璧,吾献其柩。"孔颖达疏:"拱,谓合两手也,此璧两手拱抱之,故为大璧。"沈一贯《老子通》:"拱璧,合拱之璧。驷马,一乘之马。古者进物,必有以先之驷马陈于外而执拱璧以将命。故曰拱璧以先驷马。"

⑥坐而进此:"此",指"道"。马其昶曰:"古者,三公坐而论道,故曰坐进。"

⑦古之所以贵此者,何也:由此句可知,老子所宣扬的道,并非老子首先倡导,而是有所传承。

⑧乎:北大简本"虖"通"乎"。

《集韵》:"乎,古作虖。"

【校订文及今译】

道者，万物之主也。	道是庇荫万物的主宰。
善人之宝，	它是善人的法宝，
不善人之所保也。	不善之人也可以依靠道得以保全。
美言可以市，	美好真诚的语言有助于促成贸易，
尊行可以加人。	高尚的行为可以利益他人。
人之不善，何弃之有？	即使是不善之人，为何要抛弃他呢？
故立天子，置三公，	所以无论是天子继承大位，还是任命三公，
虽有拱之璧以先驷马，	虽有巨大的玉璧在先，一乘车马在后的礼仪，
不如坐而进此。	还不如献上这（天下最尊贵的）道。
古之所以贵此者，何也？	古时候为什么尊崇这道呢？
不曰求以得，有罪以免乎？	还不是说它有求必应，有罪可免吗？
故为天下贵。	因此为天下人所尊贵。

【章旨】

这一章主题有两方面。

其一，道不远人，道不弃人，认识并遵循道，可给人以坚定的信心。作为一种精神信仰，一种包含价值观、世界观的人生智慧，"道"具有普世价值。善者遵道而行，则有美言、尊行；不善之人若能及时从道，改过自新，亦可逐渐免除此前恶言恶行所造之罪孽而得以保全。

其二，道为天下贵，道的价值是超越于物质之上的。"故立天子，置三公，虽有拱之璧以先驷马，不如坐而进此。"老子还点明，道的价值之所以如此尊贵，在于人若遵道而行，则有求必应、转祸为福。天子、三公所急需者，乃此无上之道。

第二十六章（王弼本63章）

● 为无为^①，事无事^②，味无味^③。小大多少^④，报怨以德^⑤。

图难虖（乎）其易也，为大虖（乎）其细也。天下之难事作^⑥于易，天下之大事作于细。是以圣人终不为大，故能成大。

夫轻若（诺）必寡信^⑦，多易者必多难^⑧，是以圣人犹难之，故终无难。

【注释】

①为无为：以"无为"的方式去"为"。"无为"在这里可以理解为一种超然的心境。下文"事无事"和"味无味"则是具体说明这一心境。

苏辙注："圣人为无为，故无所不为……其于大小多少，一以道遇之而已。世人莫不畏大而侮小，难多而易少，至于难而后图，大而后为，事常不济矣。圣人齐大小，一多少，无所不畏，无所不难，而安有不济者哉！"

②事无事：（遇见难事、大事）能以"无事"的气度去处理。可理解为敢做大事的气魄和每临大事有静气的沉稳。

③味无味：在"无味"中品出滋味。"无味"，指代平凡、简易的事物。

④小大多少：北大简本作"小大多少"，今从传世本作"大小多少"，意思是"以小为大，以少为多"，在处理简单的事情时也能细心谨慎。

⑤报怨以德：以德行包容、化解怨恨。

宋常星说："深为修道之人，广其有容人之量，化其藏宿之私也。"

⑥作：兴起、发端。

"作"的初文为"乍"，甲骨文字形为𠂤，像以耒耜一类的农具耕地松土，本义为耕作、劳作，耒耜松土是一年农事的发端，因此"作"引申出"兴起、发端"义。

⑦轻诺必寡信：轻易许诺的人没有预料一些潜在的困难，这折射出这类人大意的办事态度，必然导致其信用难以兑现。

⑧多易者必多难：把事情想象得太容易的人，必然会遇到很多困难。

轻诺者、"多易者"是一类人。明白了这个道理，圣人面对问题的态度，通常是在战术上重视，谨小慎微，把它当作一件难事来处理。抱有这种态度，往往能顺利完成。

焦竑："不以世俗所谓大者分其心，故难者、大者当处寂然，了无留碍，而大道自此全矣。此所谓成其大者也。嗟乎，此非特起大丈夫见理明、用心刚者，不能信、不能守，而可与轻诺多易之流道哉！"

【校订文及今译】

为无为，	保持无为的冲淡，
事无事，	做大事举重若轻，
味无味。	在平凡和简易中品出趣味和意义。
大小多少，	以小为大，以少为多，
报怨以德。	以德行包容、化解怨恨。
图难乎其易也，	解决难题，从容易的小事入手，

为大乎其细也。	追求卓越,要从细微处下功夫。
天下之难事作于易,	天下难事,必定发端于容易的事情,
天下之大事作于细。	天下大事,必定发端于细微的事情。
是以圣人终不为大,	所以圣人始终不贪做大事,
故能成大。	反而能因此成就宏伟的事业。
夫轻诺必寡信,	轻易许诺的人可信度肯定不高,
多易者必多难,	把事情想象得太容易,必然会遇到很多困难。
是以圣人犹难之,	圣人做事恭谨敬畏,
故终无难。	所以总是没有难事。

【章旨】

此章对难易、大小辩证关系的分析,是老子辩证思维和整体观的体现:专注于细微,才能成就伟大;专注于局部,才能把握整体;着眼于当下,才能把握未来。

老子说过:"难易之相成。"(王弼本2章)因此,所谓的难与易,是相比较而产生的,圣人认识到这一点,对于难易之事不生分别心,常人看来容易的事情,也是认认真真完成;常人看来极难的事情,也可以内心平淡、无所畏惧,遵循由小到大,积少成多的原则,全过程慎终如始,因而"终无难矣"。

一般人遇到大事、难事慌张忙乱,滋生畏难情绪,遇到小事、容易事则麻痹大意,不够谨慎。老子针对一般人具有的这种习气,主张以一种冲淡无为的心境化解,超越这种分别。

罗丹说:"对于我们的眼睛,不是缺少美,而是缺少发现。"此章"味无味"也体现了一种在平凡人生和细微事物中感受人生趣味的审美眼光。

第二十七章（王弼本64章前半部分）

　　●其安易持也①,其未兆易谋也②,其脆(脆)易判也,其微易敝(散)也③。为之其无有也,治之其未乱也④。

　　合抱之木,作于豪(毫)末⑤;九成之台⑥,作于絫(累)土⑦;百仞之高⑧,始于足下。

【注释】

　　①其安易持也:"其",指代事情。"安",安稳。"持",把握,掌控。

　　林希逸曰:"方其安时,持之则易;及至于危,则难持矣。"

　　②其未兆易谋也:"兆",征兆,苗头。"谋",谋划,处理。

　　③其脆易判也,其微易散也:"脆",脆弱。北大简本"脆"是"脆"的异体字,郭店简本作"毳",遂州本作"毳",皆从王弼本读为"脆"。"判",分开。《说文解字·刀部》:"判,分也。"河上公本、严遵本作"破",与"判"义同。"微",微小。"散",消散。

　　④为之其无有也,治之其未乱也:郭店简本作"为之于其无有也,治之于其未乱"。

　　⑤作于毫末:"毫",意为动物纤细的毛;"末",顶端、末梢。"作于毫末"指(合抱之木)萌生于纤细的幼芽。传世本多作"生于毫末",今从之。

⑥九成之台：九重之台。泛指高峻的楼台。

《吕氏春秋·音初》："有娀氏有二佚女，为之九成之台。"《文选·马融〈长笛赋〉》："托九成之孤岑兮，临万仞之石礚。"李善注："郭璞曰：'成，亦重也。'言九者，数之多也。"

郭店简本、帛书本、傅奕本同，严遵本作"九重之台"；王弼本、河上公本作"九层之台"。

⑦作于累土：肇始于小土堆。

传世本多作"起于累土"。北大简本"纍"同"累"，是"累"的异体字。高亨认为"累"当读为"虆"，"虆"是古时盛土的筐。虆土者，一筐土也。《集韵》："虆，盛土笼，或作蔂。"帛甲本作"羸"，帛乙本作"纍"，皆可读为"虆"。

⑧百仞之高：形容高峻的山峰。

"仞"，古代长度或高度单位，八尺为一仞。《说文解字·亻部》："仞，伸臂一寻，八尺。"

【校订文及今译】

其安易持也，	局面安稳时容易掌控，
其未兆易谋也。	事变没有出现征兆时易于谋划。
其脆易判也，	脆弱的事物容易分割，
其微易散也。	细微的事物易于消散。
为之其无有也，	事情要解决在没有发生之前，
治之其未乱也。	祸乱要处理在还没有萌生的阶段。
合抱之木，生于毫末；	合抱的大树，由嫩芽生长而成；
九成之台，作于累土；	高峻的楼台，肇始于小小的土堆；
百仞之高，始于足下。	要登上百仞的山峰，始于脚下的第一步。

【章旨】

在老子哲学体系中,道以一种细微到不易为人所觉察的力量作用于万物,这种力量持久贯彻万物发生、发展的全过程。本章主题是基于这一宇宙观基础之上的方法论。"为之其无有也,治之其未乱也"和《中庸》"凡事豫则立,不豫则废"所强调的道理是一致的,是老子战略思维在事情初始阶段的运用。

"九成之台、百仞之高"则表明老子着眼于建立大功业,其思想并非一种使人消极的哲学。老子对成就功业的全过程有一个战略的把握,也即未雨绸缪阶段的"为之其无有也,治之其未乱也";落实阶段的"图难于其易,为大于其细";收尾阶段的"慎终如始"。

第二十八章（王弼本64章后半部分）

● 为者败之，执者失之。是以圣人无为，故无败也；无执，故无失也。

民之从事也，恒于其成事而败之①。故慎终如始，则无败事矣②。

是以圣人欲不欲③，不贵难得之货；学不学④，而复⑤众人之所过；以辅万物之自然，而弗敢为⑥。

【注释】

①民之从事也，恒于其成事而败之：人们做事情，通常在快要成功的时候失败了。

帛甲本和北大简本相同；郭店简本丙组作"人之败也，恒于其且成也败之"；傅奕本作"民之从事，常于其几成而败之"；王弼本作"民之从事，常于几成而败之"。

②故慎终如始，则无败事矣：此句强调做事情时始终保持恭谨的态度。"豫兮若冬涉川；犹兮若畏四邻"（王弼本15章）即是对这一态度的描述。《荀子·议兵》："虑必先事，而申之以敬。慎终如始，终始如一，夫是之谓大吉。凡百事之成也，必在敬之；其败也，必在慢之。"

郭店简本甲组作"临事之纪,慎终如始,此无败事矣"。丙组作"慎终若始,则无败事矣",并且处于上句之前。

③欲不欲:是一种专注于自己既定目标,不为外在诱惑所干扰,从而不外慕、不贪求的"清静"境界。"欲不欲"是无为的体现。

④学不学:学习时注重自然天性。王弼:"不学而能者,自然也。"

⑤复众人之所过:"复",还原,回复。"复众人之所过"意思是还原众人所犯过错的前因后果,以免自己再蹈覆辙。

⑥弗敢为:不敢人为造作。

郭店简本丙组亦作"弗敢为",甲组作"弗能为"。

【校订文及今译】

为者败之,	那些见出主观人为痕迹的,往往会失败,
执者失之。	那些执念和操控欲太强的,往往会失去。
是以圣人无为,故无败也;	圣人无为而为,所以没什么可失败;
无执,故无失也。	不为执念左右,所以也谈不上什么丧失。
民之从事也,	人们做事情,
恒于其成事而败之。	通常在快要成功的时候失败了。
故慎终如始,	如果能一直保持初始的热情和谨慎,
则无败事矣。	就不会半途而废。
是以圣人欲不欲,	因此,圣人追求(无为无执的)"不欲"境界,
不贵难得之货;	不贪图稀有的财货;
学不学,	学习时重视源自天性的内生动力,
而复众人之所过;	还原众人所犯过错的前因后果并从中汲取教训;

以辅万物之自然，	辅助万物实现其自然天性，
而弗敢为。	不敢施加主观意欲而人为造作。

【章旨】

本章主题是无为、无执，辅万物之自然。如何做到无为、无执呢？"为者败之"，是因为添加了主观意欲于事物本有的自然情理之上，而个体的"意欲"是源自"我"的，因此，"无我"就能达成"无为"；"执者失之"，这个"执"也是"我执"，"无我"同样也能达成"无执"。

主观意欲或是体现为对他人的掌控，或是体现为内在天性中感官至上的、甚至是动物性的欲求。这是由于我们作为人类生物种群的一个普通个体，必然存在这一种群亿万年来为自我保存、发展壮大而根植于我们人性中的一些弱点，比如贪婪、不知节制。正是这些特征，标记着群体性的平庸。然而这些"弱点"又或许是有利于人类种群得以保存的要素，原本无所谓是与非，但作为一个觉醒了的个体，在认识清楚这些庸常的习气之后，就应认真加以超越。本章"欲不欲"就是希望达到一种觉知并化解主观意欲的状态，进而在致虚极、守静笃的观复练习中确立起不受外物沾染、应无所住而生其心的境界。

第二十九章（王弼本65章）

●古之①为道者,非以②明(明)民③也,将以愚④之也。民之难治,以其智也⑤。故以智智(治)国⑥,国之贼也;不以智智(治)国,国之德⑦也。恒智(知)此两者⑧,亦楷式⑨。恒智(知)楷式,是谓玄德。玄德深矣,远⑩[矣,与物反矣⑪,乃至大顺⑫。]

【注释】

①古之:各本唯独帛甲本作"故曰"。北大汉简整理者:"帛乙、传世本同;帛甲作'故曰',承上启下,说明帛甲此章与上章有可能是合为一章。"

②以:依凭(道)。下文"将以愚之也"中的"以"同此义。

③明民:使百姓变得巧诈多伪。

河上公注:"明,知巧诈也。"王弼注:"明,谓多见巧诈,蔽其朴也。"北大简本"明"是"明"的异体字。

④愚:使……质朴、纯真。

王弼注:"愚,谓无知守真,顺自然也。"

⑤智也:这里的"智"和上文"愚"的状态相对,指"智巧伪诈"。

王安石:"愚则无知,智则多诈。民多智诈,巧伪滋生,所以难治。"

帛书本作"知也",王弼本等作"智多",傅奕本作"多知",严遵本作"知之"。

⑥治国:北大简本作"智国",据传世本读为"治国"。帛甲本作"知邦",帛乙本作"知国",高明《帛书老子校注》认为"知"从传世本读为"治"。

⑦德:福德。

帛书本、敦煌本亦作"德"。传世本多同王弼本作"福",有学者认为以"福"为正,如易顺鼎:"《文子·道原篇》引'不以智治国,国之德',或后人不知此'贼'与'福'为韵而改之。"朱谦之:"易说是也。此宜作'福',《荀子·大略篇》:'天子即位,上卿进曰:如之何忧之长也!能除患则为福,不能除患则为贼。'亦'福'、'贼'并举为韵。"今据王弼本校改。

⑧知此两者:"两者",指上文"以智治国,国之贼也;不以智治国,国之德也"。

⑨楷式:(治国的)法则。

河上公本、严遵本同,帛书本、王弼本及傅奕本作"稽式"。朱谦之:"虽'稽'、'楷'古混,《庄子·大宗师》篇'狐不偕',《韩非子·说疑》作'狐不稽','稽式'即'楷式',但楷为本字。稽,《字林》:'留也,止也。'《玉篇》:'留也,治也,考也,合也,计当也。'在此皆无义。《玉篇》:'楷,式也。'《礼记》曰:'今世之行,后世以为楷。'《广雅·释诂》:'楷,法也。'是'楷式'即'法式',义长。"

⑩整理者:"'远'下遗失整简一枚,此据帛书本补。"

⑪与物反矣:帮助万物回复(淳朴)。"与",帮助。相同用法如"天道无亲,常与善人(79章)"。又《国语·齐语》:"桓公知天下诸侯多与己

也。""反",通"返",返回。

⑫大顺:为政者及百姓顺应天道,整个国家、社会回复到淳朴、本真
状态,是为大顺。

【校订文及今译】

古之为道者,	从前以道治理国家的人,
非以明民也,	不是运用道使人民变得智巧多伪,
将以愚之也。	而是使人民质朴、纯真。
民之难治,	人民所以难治,
以其智也。	乃是因为他们运用智巧心机(谋取私利)。
故以智治国,	所以崇尚智巧而治理国家,
国之贼也;	会给国家带来残害;
不以智治国,	不崇尚智巧去治理国家,
国之福也。	可以给国家增添福德。
恒知此两者,	时常了解这两种治国理念的差别,
亦楷式。	就明白治国的法则。
恒知楷式,	时刻铭记践行这一法则,
是谓玄德。	就具备了所谓的玄德。
玄德深矣、远矣,	玄德的作用微妙而深远,
与物反矣,	引领、辅助整个国家、社会回复质朴、纯真,
乃至大顺。	这就达到了大顺的境界。

【章旨】

在民风淳古的社会,人们只要最基本的需求得到满足,就易于知足

常乐。然而伴随着物质文明的发展,人的欲望也不断膨胀,这导致人与人之间的纷争不可避免且永远难以解决。从这个角度看,"民之难治,以其智多"是反映人类社会发展的真实情况的。老子意识到人类由淳古社会向文明社会突飞猛进带来的一系列弊端以及这种转型可能带来的治理上的困境。所以他认为更好的治理方式是让民众保持淳朴状态,形成"视素抱朴、少私寡欲"的价值观风尚,如此才能长治久安。虽然,这一思想和人类文明发展的方向似乎是相背离的,但相对而言,这是实现国家和谐、人民恒久幸福的较为可靠的"楷式"。

有人据此章认为老子宣扬愚民政策。对这个问题的认识,关键在于领会"愚"在《老子》一书中的真切内涵。老子曾自嘲说:"我愚人之心也哉!沌沌兮!俗人昭昭,我独昏昏;俗人察察,我独闷闷。"(王弼本20章)所以,他不但主张"愚民",同时也是以"愚人"自居。他注意到当时各国为政者崇尚智巧,却导致诈伪百出,民风败坏。所以此章"非以明民也,将以愚之也",是希望一个国家从上到下都保持朴素、纯真,处于保有天性和良知的"愚"状态。

因而,此章核心概念"智"和"愚",分别代表两种相对的价值观和治国理念。"智"指人们为贪婪所控制,不惜运用一切智巧伪诈手段谋取私利。"愚"代表敦朴纯真、少私寡欲,"小国寡民"章正是这一治理模式的生动描写。

第三十章（王弼本 66 章）

●江海之所以能为百谷王者，以其善下之也^①，故能为百谷王。

是［以圣］人之欲高民也，必以其言下之^②；其欲先民也，必以其身后之^③。是以居上［而］民弗重，居前而民弗害也，是以天下乐推而弗厌也。不以其无争邪？故天下莫能与之争。

【注释】

①江海之所以能为百谷王者，以其善下之也："百谷"，泛指山间的溪流河川。《说文解字·谷部》："泉出通川为谷。"

"王"，归往。《说文解字·王部》："王，天下所归往也。"朱谦之："'百谷王'，谓为百川之所归往，故能为百谷长也。"

郭店简本此句作"江海所以为百谷王，以其能为百谷下"。

②必以其言下之：必须在言辞上体现谦卑。

《左传·哀公二十七年》："郑驷弘曰：'知伯愎而好胜，早下之，则可行也。'""早下之"即先示弱、展示谦卑的意思。

③其欲先民也，必以其身后之：要想在前面率领民众，必须把自身的利益摆在民众之后。

【校订文及今译】

江海之所以能为百谷王者，	江海之所以能为溪流河川所归往，
以其善下之也，	是由于它们处在地势较低的位置，
故能为百谷王。	因此能成为百川汇聚的地方。
是以圣人之欲高民也，	所以圣人身居高位治理百姓，
必以其言下之；	必须在言辞上体现谦卑；
其欲先民也，	处在前面率领人民，
必以其身后之。	必须把自身的利益摆在人民之后。
是以居上而民弗重，	所以圣人居于上位，人民不感到负累；
居前而民弗害也，	在前面率领，人民也不认为有什么损害。
是以天下乐推而弗厌也。	所以天下人乐于推戴而不厌弃。
不以其无争邪？	不正是因为他不与人争吗？
故天下莫能与之争。	所以天下反而没有人能争得过他。

【章旨】

北大简本和传世本"是以圣人欲上民，必以言下之；欲先民，必以身后之"中都有两个"欲"字，似乎带着目的性和功利心去"言下之""身后之"，已经堕入"有为"；相对而言，郭店简本"圣人之在民前也，以身后之；其在民上也，以言下之"。强调的是圣人虽已身处高位，仍能谦卑下民、后己利人。两相比较，格局、境界立见高下，结合"上善若水，水善利万物而又静"等内容，当以郭店简本的表述为优。

这一章所描写的理想为政状态中，君民水乳交融，为政者以厚德载物，得民拥戴因而其领袖地位坚如磐石，"故天下莫能与之争"。老子通过对人性的深刻洞察，认为对民众若能谦卑处下，涉及到利益能先人后己，百姓必然会把为政者看成是可以信赖托付的对象。为政者的进步和提升,人民也会乐见其成,也即此章所说的"天下乐推而不厌"。

　　这一章有以民为本的思想,但主要还是提出了对为政者的希冀。治国为政者唯有跳出谋取私利的小格局,站在悲天悯人的高度,产生引领民众共同营造幸福社会的觉悟,富于奉献、创造的情怀,才能实现其最大的人生价值。

第三十一章（王弼本67章）

●天下皆谓我大^①，以（似）不宵（肖）^②。夫唯大，故不宵（肖）。若宵（肖），久矣其细也夫！

我恒有三葆（宝），侍（持）而葆（宝）之^③：一曰兹（慈），二曰敛^④，三曰不敢为天下先。兹（慈），故能勇；敛，故能广^⑤；不敢为天下先，故能为成器长^⑥。今舍其兹（慈）且勇，舍其敛且广，舍其后且先，则死矣^⑦！夫兹（慈），以陈则正（征）^⑧，以守则固。天之救之，若以兹（慈）卫之^⑨。

【注释】

①我大："我"指代"我"遵循的"道"或思想体系。

帛乙本、河上公本同，傅奕本作"吾大"，王弼本作"我道大"。

②似不肖：似乎不像（任何一个具体的事物）。

帛书本作"且不肖"。传世本多作"似不肖"。北大简本"以"通"似"，"宵"通"肖"。

③我恒有三宝，持而宝之：后一"宝"为意动用法，"宝之"即"以之为宝"。

北大简本作"我恒有三葆，侍而葆之"，"侍"通"持"，两个"葆"皆通"宝"。张家山汉简《盖庐》："食为农葆"，葆亦通"宝"。帛乙本两个"葆"

皆作"琛",河上公本、傅奕本皆作"宝"。

④敛:敛藏。

《说文解字·攴部》:"敛,收也。"《周礼·夏官·缮人》:"既射则敛之。"郑玄注:"敛,藏之也。"引申为"约束,节制",如《汉书·陈万年传》:"郡中长吏,皆令闭门自敛,不得逾法。"

帛书本作"检",也作"约束、限制"义。如《书·伊训》:"与人不求备,检身若不及。"孔颖达疏:"检,谓自摄敛也。"传世本作"俭",亦有"约束、节制"义,如《左传·僖公二十三年》:"晋公子广而俭,文而有礼。"杜预注:"志广而体俭。""敛、检、俭"属于同源字。

⑤敛,故能广:因为敛藏,所以能致于广大。

王弼本作"俭故能广"。《韩非子·解老》:"周公曰:'冬日之闭冻也不固,则春夏之长草木也不茂。'天地不能常侈常费,而况于人乎?故万物必有盛衰,万事必有弛张,国家必有文武,官治必有赏罚。是以智士俭用其财则家富,圣人爱宝其神则精盛,人君重战其卒则民众,民众则国广,是以举之曰:'俭故能广。'"

⑥故能为成器长:帛乙本同,帛甲本作"故能为成事长",传世本多作"故能成器长"。

⑦则死矣:帛甲本作"则必死矣"。傅奕本作"是谓入死门"。

⑧以陈则征:用于军队、战阵,则能征服敌人。

傅奕本同北大简本。土弼本、河上公本等作"以战则胜"。"陈",军队行列。《正字通》:"陈,军伍行列也。"《颜氏家训·书证》:"夫行陈之义,取于陈列耳,此六书为假借也。"北大简本"正"为"征"的古字,参考第二十章(王弼本57章)注释①。

⑨天之救之,若以慈卫之:"若",相当于"乃",表示承接。《小尔

雅·广言》:"若,乃也。"相同用法如《国语·周语》:"必有忍也,若能有济也。"

此句帛乙本作"天将建之,如以兹(慈)垣之"。传世本多作"天将救之,以慈卫之"。

【校订文及今译】

天下皆谓我大,似不肖。	天下人说我的"道"大,似乎没有任何事物可以和它相比拟。
夫唯大,故不肖。	正因为"道"是一个大的思想体系,所以不像任何具体的事物。
若肖,久矣其细也夫!	如果像一个具体事物的话,它早就是一种微不足道的东西了!
我恒有三宝,持而宝之:	我通常有三宝,一直持守且珍惜:
一曰慈,	第一是慈爱,
二曰敛,	第二是敛藏、节制,
三曰不敢为天下先。	第三是不敢为天下先。
慈,故能勇;	仁慈的情感(是力量的不竭源泉),能让人产生巨大的勇气;
敛,故能广;	敛藏、节制(则能蓄积精神、爱惜民力),可致于广大;
不敢为天下先,	不凸显自我,
故能为成器长。	所以能得到民众的推戴。
今舍其慈且勇,	现在舍弃慈爱而一味崇尚勇猛,
舍其敛且广,	舍弃敛藏节制而贪多务得,
舍其后且先,	舍弃退让而事事争强好胜,

则死矣！	那是走向死路！
夫慈，以陈则征，	（治国用兵，）如果是出于对百姓的仁慈， 用于征战就能胜利，
以守则固。	用来守卫也足够牢固。
天之救之，	上天要庇佑他们，
若以慈卫之。	才以"慈"来卫护他们。

【章旨】

综观全书，《老子》不像《论语》那样有许多日常生活细节的描述，看不到一个明确的人物，不描写一个具体的事件，没有任何情节。然而正是这种抽象而非具体的"大"，才为老子哲学思想的外化和落实提供了充裕的开放性空间。

对人友善慈爱，对蒙受苦难的天下苍生悲悯；这种慈爱情感之所以称之为"宝"，因为他使人滋长生发之气和蓬勃朝气，"慈"之宝，使人充满爱心的阳光和生命的力量。

"敛"可以理解为敛藏、节制。落实在日常中即克制贪欲、凝神聚气，规范饮食起居、言行举止。敛啬、节制使人身心得到休养生息，使人安于清静知足，从而产生收敛之气、卫护之气，"敛"之宝，使人身心康健、德性日益厚重。

三宝之中，"慈"为阳，"敛"为阴，而"不敢为天下先"更像是一种超越，是指不像常人那样时时刻刻以我为先、凸显自我或陷于我执。此"不敢为天下先"之宝，使人用舍由时、行藏在我，不为尘世纷争所羁绊而超然洒脱。

儒家认为，仁民爱物是本性，人本性中有对他人的爱，有对物的爱。"人而不仁，如礼何？人而不仁，如乐何？"（《论语·八佾》）"仁"是支撑礼乐教化的根基。相似的,三宝中,老子尤其强调"慈"。生活中儿童对小动物生来亲切友善,人生来就有慈爱友善心。也就是说,"慈"根植于人的本性,但仍需要被激发、被鼓励、被宣扬。

"圣人常善救人,故无弃人;常善救物,故无弃物。"(27 章)"天之道,利而不害。"(81 章)《老子》中的"慈",是绵绵不绝的大爱,是力量的源头,也是生命意义之依归。在看似"天地不仁,以万物为刍狗"的无情世界里,"慈"是人性中温暖的火光。"天之救之,若以慈卫之。"内心有大爱的人,有温暖,有力量。上天要护佑的,往往就是那些悲悯仁慈的人啊。

第三十二章（王弼本68章）

　　●善为士者不武①；善战者不怒②；善胜適（敌）者弗与③；善用人者为之下。是谓不争之德，是谓用人，是谓肥（配）天④，古之极。

【注释】

　　①善为士者不武："士"，将帅。王弼注："士，卒之帅也。""武"，动武、发动战争。

　　"武"字甲骨文作𠂤、𣥂，会意字，从止从戈，"止"表示（前进方向的）脚趾，用以指代人，"戈"为兵器。人持戈前进，表示要动武的意思。《尚书·武成》："王来自商，至于丰，乃偃武修文。"

　　帛乙本此句前有一"故"字。傅奕本作"古之善为士者，不武也"。

　　②怒：愤怒，被激怒。

　　古代许多军事家意识到，对方将领若处于内心狂躁或丧失理智状态，往往有机可乘。张家山汉简《盖庐·击敌之道》说："敌人待我以戒，吾待之以怠，彼欲击我，我其不能，彼则数出，有躁气，我有静志，起而击之，可使毋滋。"《孙子·计篇》说："怒而挠之。"说的也是若敌方有狂躁的迹象，要进一步挑逗对方，激怒对方，以创造良好的战机。

③与:争斗、交锋。

高亨说:"'与'犹'斗'也,古谓对斗为'与'。"王弼注:"与,争也。"(王弼注原作"不与,争也",据陶鸿庆、楼宇烈说校删)傅奕本作"争"。

④配天:"配",匹配,媲美。

《礼记·中庸》:"高明配天。"孔颖达疏:"言圣人功业高明,配偶于天,与天同功,能覆物也。"又如《管子·形势》:"能予而无取者,天地之配也。"

北大简本"肥"通"配"。

【校订文及今译】

善为士者不武;	善于做将帅的人,不轻易发动战争;
善战者不怒;	善于作战的,不容易被激怒;
善胜敌者弗与;	善于克敌制胜的,往往无须和敌人交锋;
善用人者为之下。	善于用人的,能礼贤下士。
是谓不争之德,是谓用人,	这就是不争名夺利、能被众人推戴并为之出死力的品德,
是谓配天,	这种品德和天相匹配,
古之极。	达到了古时候极致的境界了。

【章旨】

在此章,老子概括了其用兵之道:一是不唯武力论,不有恃无恐,所以老子强调"善为士者不武";二是注意不被情绪、情感蒙蔽了理性,所以老子强调"善战者不怒";三是推崇"不战而屈人之兵",所以老子强调"善胜敌者弗与";四是重视人才因素。得到人才的方法就是"善用人者为之下"。人君、将帅若在这四个方面做好,可以保持长久的胜利。

第三十三章（王弼本 69 章）

用兵有言曰："吾不敢为主^①而为客^②，不敢进寸而退尺。"是谓行无行^③，攘无臂^④，执无兵^⑤，乃无適（敌）。祸莫大于无適（敌），无適（敌）则几亡吾葆（宝）矣^⑥。故亢（抗）^⑦兵相若，则哀者胜矣^⑧。

【注释】

①为主：主动征伐。

②为客：指"不得已而用之"，后发制人。

③行（háng）无行："行"，第一个"行"字是动词，指排兵布阵；第二个"行"用作名词，指行列、阵法。"行无行"是指排兵布阵没有固定的模式，兵无常形。

④攘无臂："攘臂"是因发怒而挽起袖子要攻击的样子。"攘无臂"则是说好像不会发怒一样。

⑤执无兵："兵"作"兵器"解。"执无兵"是说好像没有兵器可持的样子。"行无行，攘无臂，执无兵"这三句是表明虽有克敌制胜的力量，但不轻易显露和使用。

⑥祸莫大于无敌，无敌则几亡吾宝矣："几"，几乎，快要。"吾宝"，指

上文"我有三宝"的"慈、敛、不敢为天下先"。王弼："宝,三宝也。"

帛书本以及傅奕本同于北大简本作"无敌",王弼本、严遵本、河上公本此句作"祸莫大于轻敌,轻敌则几丧吾宝"。基于老子尚柔思想,"祸莫大于无敌,无敌则几亡吾宝矣"这一表述应更接近老子本意。孟子也说:"入则无法家拂士,出则无敌国外患者,国恒亡。"后世传抄人觉得"祸莫大于无敌,无敌则几亡吾宝矣"难以理解,遂妄自将"无敌"改为"轻敌"。王弼注:"言吾哀慈谦退,非欲以取强,无敌于天下也。不得已而卒至于无敌,斯乃吾之所以为大祸也。"这一注释中两个"无敌"亦可证王弼所见的文本原来就作"无敌"。

⑦抗:匹敌,抗衡。

《墨子·非攻》:"计其土地之博,人徒之众,欲以抗诸侯。"

北大简本"亢"通"抗"。

⑧哀者胜矣:"哀",悲愤。家国遭受外敌侵犯而产生悲愤情感的士兵,心中只有复仇的强烈意愿,早已置生死于度外,因此战斗力得以最大化。如张家山汉简兵阴阳家著作《盖庐·击敌之道》:"敌人陈以实,吾遇以稀。彼有乐志,吾示以悲。"也是"哀者胜"在兵法中的运用。

【校订文及今译】

用兵有言曰:	兵家说过:
"吾不敢为主而为客,	"我不敢挑起事端主动发起战争,只有在不得已的情况下才奋而用兵,
不敢进寸而退尺。"	作战时也不肆意逞强进犯,宁愿适时退让。"（以避免战争爆发、生灵涂炭。）
是谓行无行,	这可谓:排兵布阵好像没有阵式,
攘无臂,	似乎无法被激怒,

执无兵,	也好像没有兵器可持,
乃无敌。	正是这样的军队,才是无敌的啊。
祸莫大于无敌,	然而祸患却又没有比无敌更大的了,
无敌则几亡吾宝矣。	一旦自认无敌,往往容易丧失"三宝"。
故抗兵相若,	因此,两军旗鼓相当的时候,
则哀者胜矣。	拥有悲愤情感的一方可获得胜利。

【章旨】

此章进一步阐述老子的用兵之道。

何以"祸莫大于无敌,无敌则几亡吾宝矣"?老子尚柔,主张"守柔曰强",认为"柔弱胜刚强"之道是国之利器,一旦自认天下无敌,按照"天之道,高者抑之,下者举之"以及"物壮则老,是谓不道"等规律来看,"无敌者"容易滑入下行的趋势,从而渐渐萌生祸患。

此章另一主题为战争的精神动力和力量源泉问题。老子主张不轻易与人爆发冲突。但战争往往是不可避免的,面对战争,除了人力和物质上的准备之外,支撑民众全力以赴的精神动力何在?老子用"故抗兵相若,则哀者胜矣"再一次强调了"慈故能勇"的道理,认为战争中最大的精神动力是人们对家园、民族和祖国的情感。

第三十四章（王弼本70章）

●吾言甚易智（知），甚易行；而天下莫之能智（知），莫之能行。

言有宗①，事有君②。天〈夫〉③唯无智（知）④，是以不吾智（知）。智（知）我者希，则我贵矣⑤。是以圣人被褐而怀玉。

【注释】

①言有宗：言为心声。"言"要表达的是人内心的体验和感悟。

②事有君："事"，人的活动，行为。如《尚书·皋陶谟》："股肱惰哉，万事堕哉！""君"，根源，依据。此句表明，人的行为有更深层面的内在依据，比如他的人生准则或精神信仰。

"言有宗，事有君"是互文的修辞方式，指"言、事皆有宗、有君"，意思是"一个人说的话、做的事都有根源和依据"。

③夫：北人简本讹写为"天"。

④无知：没有体验和感悟。

⑤则我贵矣："则"，表示因果。

王弼本、河上公本此句作"则我者贵"，衍一"者"字。

【校订文及今译】

吾言甚易知,甚易行;	我的话很容易明白,很容易实行;
而天下莫之能知,莫之能行。	但是天下却少有人能明白,少有人能实行。
言有宗,	人的语言,表达的是内心的感受和体验,
事有君。	人的行为,由他的精神信仰和人生准则所决定。
夫唯无知,	世人因为缺乏我这种人生体验,
是以不吾知。	所以也就难以理解我。
知我者希,	理解我的人如此稀少,
则我贵矣。	那么我的言论和思想就颇为可贵了。
是以圣人被褐而怀玉。	因而这就好比圣人身穿布袄,怀揣美玉啊。

【章旨】

此章堪称老子的心声。"被褐而怀玉"是老子哲学思想的形象写照。老子所述的人生哲理,看上去如同粗布衣服,十分朴实、普通,然而其中隐藏着精金美玉一般的珍贵价值。老子认为,他所说的道理"甚易知、甚易行",然而世人却"莫能知、莫能行"。由此,我们也看出老子些许的无奈。蕴含大智慧的老子哲学思想本来崇尚朴实无华,《老子》亦不乏简洁易懂的表述,却往往被视为曲高和寡之作,少有世人用心倾听,岂不令人遗憾?

第三十五章（王弼本 71 章）

●智（知）不智（知）^①，上^②矣；不智（知）智（知），病矣^③。夫唯病病，是以不病^④。圣人［之不］病，以其｛不｝病［病也，是以］不病^⑤。

【注释】

①知不知：知道自己有所不知；知道自己阅历有限、缺乏对道的体验。

②上：帛书本及傅奕本作"尚"，"上""尚"古通。

③不知知，病矣：不明道，却自以为聪明，这是（常人易犯的）毛病。《淮南子·道应训》引作"不知而知，病也"。有助于对此句的理解。

北大简本、帛乙本以及各传世本皆作"不知知"，唯帛甲本作"不知不知"。

④夫唯病病，是以不病："病病"，第一个"病"是意动用法，可理解为"忧虑""以……为耻辱"，类似用法如《论语·卫灵公》："君子病无能焉，不病人之不己知也。"后一个"病"用作名词，指上文"不知知"的毛病。

帛书本无此句。

⑤圣人之不病，以其病病也，是以不病：参考其他版本，此句中"其"字后面的"不"字应为衍文。竹简残断处共脱六字，今据帛书本补上。

【校订文及今译】

知不知,上矣;　　　　知道自己有所不知的人,其眼界和气度就已经高出常人一筹了;

不知知,病矣。　　　　缺乏相应的知识、感悟和体验却自我标榜,这是虚骄和狂妄的毛病。

夫唯病病,　　　　　　唯有把这种浅薄看成是耻辱的事,

是以不病。　　　　　　才不容易产生这个缺点。

圣人之不病,　　　　　圣人不犯这个通病,

以其病病也,　　　　　是因为他们认识到虚妄和浅薄会带来大麻烦,

是以不病。　　　　　　所以能不犯错。

【章旨】

此章和上章频频出现了一个关键字:"知。"这个"知"在现代汉语中一般理解为"知道"或"知识",在《老子》一书中,其实有几处应该理解为"感受"或"体验"。上章"夫唯无知,是以不吾知"表明,体验之"知",是能够理解并接受老子哲学思想的前提;"言有宗,事有君"又强调,体验之"知",也是说话做事的依据。所以,人首先应该自我反省有没有这种"知",如果没有这种感受和体验却一味夸夸其谈,就陷入了虚妄的毛病。

此章进一步强调,要以这种缺乏体验和感受的浮浅和虚妄为耻:"圣人之不病,以其病病,是以不病。"老子惜墨如金,在这个问题上却一再谆谆教诲,告诫我们以知耻为起点和动力,虚心学习、感悟,老老实实体验、修证,走上明道、遵道的正途。

第三十六章（王弼本 72 章）

[●民]不畏威,则大威至矣①。毋枏②其所居,毋厌
(压)③其[所]生。夫唯弗厌(压),是以不厌④。

是以⑤圣人自智(知)而不自见⑥也,自爱而不自贵也。
故去被(彼)⑦取此。

【注释】

①民不畏威,则大威至矣:"畏威"的"威"作威权解,"大威"指民众
群起反抗、国家大乱这类让所有人都感到可怕的大灾祸。"大威"的根源
在于民不聊生,对刑罚、死亡都无所畏惧了,也即三十八章"民恒不畏死,
奈何其以杀惧之也"所描述的状态。

王弼注:"离其清静,行其躁欲,弃其谦后,任其威权,则物扰而民僻,
威不能复制民。民不能堪其威,则上下大溃矣,天诛将至。"北大简本此
章竹简开头处断缺,残缺处应有章首圆点符号和"民"字,今补上。帛书
本此句作"民之不畏畏(威),则大畏(威)将至矣"。

②枏:关押猛兽、牲畜的笼子。如《论语·季氏》:"虎兕出于枏,龟玉
毁于椟中,是谁之过与?"又引申为"囚禁",如《管子·小匡》:"于是鲁君
乃不杀,遂生束缚而枏以予齐。"

帛甲本作"闸",帛乙本作"俹",王弼本作"狎",河上公本作"狭",严遵本作"挟",上古音皆属匣母叶部,音近可通。

③压(yā):北大简本"厌"读为"压"。《荀子·强国》:"黬然而雷击之,如墙厌之。"杨倞注:"厌,读为压。"

④夫唯弗压,是以不厌:唯有不使人民感到受压迫,人民才不会厌恶、痛恨为政者。

北大简本此句前一个"厌"读为"压","弗压"即"不压之"。意思是不压迫(民众);后一个"厌"可理解为憎恶、厌恨。

帛乙本与北大简本同。传世各本如王弼本作"夫唯不厌,是以不厌","弗"和"不"已经混淆通用。朱谦之对句子中这两个"厌"字亦辨析得十分明白:"上'厌'字与下'厌'字,今字形虽同,而音义尚异。上'厌'字,压也;下'厌'字,恶也。盖'厌'字四声转用,最为分明。'夫唯不厌','厌',益涉切,则入声也。'是以不厌',厌,于艳切,则去声也。……夫唯为上者无压笮之政,是以人民亦不厌恶之也。"

⑤是以:此章"民不畏威……是以不厌"谈的是为政治国,而"是以圣人自知而不自见……故去彼而取此"谈的是个体修行,两部分内容主题不同,在逻辑上也没有明显的关系,似乎是各自独立的版块。因此这个"是以"可能是承前一"是以"而衍。

⑥见:音"现",作表现、炫耀解。

⑦彼:指代"自见""自贵"两种缺点。

【校订文及今译】

民不畏威,	人民对威权无所畏惧的时候,
则大威至矣。	天下大乱的可怕情形就要来临了。
毋柙其所居,	因此,执政者不要使百姓好像生活在牢

	笼中，
毋压其所生。	不要压制人民生存、发展的希望。
夫唯弗压，是以不厌。	唯有如此，才不会被厌恶、痛恨。
是以圣人自知而不自见也，	因此，圣人清楚自己的特点和天赋，但不向别人炫耀，
自爱而不自贵也。	珍惜天道所赋予的一切，但也不自以为高贵。
故去彼取此。	所以舍弃后者而选择前者。

【章旨】

老子奉劝当时的为政者不可为一己私欲过度压榨百姓，身处百姓的怒火之上，终有一天会被掀翻。

"自知而不自见也，自爱而不自贵也"强调"认识你自己"，展现坦荡荡的自我本色，戒除汲汲于虚荣的自我炫耀；爱惜天道赋予自己的独特秉性，但不以自我为高人一等。

在道的视角下，个体虽独特，却终究渺小而卑微。有道之人明白自己在宇宙中的位置和角色，所以能谦逊而不狂妄，善于顺应天道而无为。

第三十七章（王弼本73章）

●勇于敢①则杀，勇于不敢则枯（活）②，此两者，或利或害③。天之所恶，孰智（知）其故？

天之道，不争④而善胜，不言善应，弗召自来，謑（默）然而善谋⑤。天罔（网）怪怪（恢恢）⑥，疏而不失⑦。

【注释】

①勇于敢：为贪欲所主宰而鲁莽妄行。

②勇于不敢则活：对天道有所敬畏则蕴育生机。

"活"，北大简本作"枯"，帛书本作"栝"，皆从传世本读为"活"。"枯"可能是"栝"的讹写。

③此两者，或利或害："或"，不定代词，这里两个"或"分别指上述两种情况。

④不争：帛乙本作"不战"。

⑤默然而善谋：（天道）不动声色，却很完美地筹划安排好了一切。

傅奕本作"默然而善谋"，北大简本"謑"通"默"。

此句王弼本、河上公本作"繟然而善谋"，河上公注："繟，宽也。"帛甲本作"弹而善谋"，帛乙本作"单而善谋"，严遵本作"坦然而善谋"，这些版本所用的"绰、弹、单、坦"音近可通,"坦然""绰然"描写的是天道从容不迫安排一切的样子。和北大简本、傅奕本相比,似乎属另一系列。

⑥天网恢恢:形容天道广大无边的样子。

《说文解字·心部》:"恢,大也。"

北大简本作"天罔怪怪",《广韵·严韵》:"罔同网。"《易·系辞下》:"作结绳而为罔罟,以佃以渔。""怪"或为"恢"的讹写。帛乙本作"天罔裎裎",传世本多作"天网恢恢"。

⑦疏而不失:(网眼)稀疏,万物却一个也不曾遗漏。

【校订文及今译】

勇于敢则杀,	肆意鲁莽妄行,必将为天道所灭杀,
勇于不敢则活,	心存敬畏循天道,才有生机和活力,
此两者,或利或害。	这两种情况,前者有害,后者有利。
天之所恶,	天道厌恶前者的原因,
孰知其故?	又有谁能知道呢?
天之道,不争而善胜,	天道不争夺却善于得胜,
不言善应,	不言语却善于得到回应,
弗召自来,	不召唤万物,万物却自动前来,
默然而善谋。	不动声色却善于谋划安排好一切。
天网恢恢,	天道就像一张广大无边的巨网,
疏而不失。	网眼稀疏,却一个也不曾遗漏。

【章旨】

大多数人对沉默却又真真切切存在着的天道缺乏感受和认知,因而不能心存敬畏,也无法趋利避害。这一章强调天道的威力,主张立身以畏为本。如何理解"勇于敢则杀,勇于不敢则活"?"勇于敢"是恣意妄为,"勇于不敢"则是对天道有所敬畏而坚定"惟道是从"的决心。

　　天道以不争善胜、不言善应、不召自来、默然善谋的方式实现其至大威力。虽然天道无目的、无意识,不是一个人格意义上的神祇,但万事万物都由其所化生,也为其所节制。因此这种威力和影响就像一张巨网,无声无息,却又无所不在。

第三十八章（王弼本74章）

●民恒①不畏死,奈何其以杀②懼(惧)③之也? 若使民恒｛不｝畏死④,而为畸(奇)⑤者,吾得而杀之⑥,夫孰敢矣?

恒有司杀者⑦。夫代司杀者杀,是代大匠⑧斫⑨也。夫代大匠斫者,希不伤其手矣⑩。

【注释】

①恒:通常,都。

《孟子·告子下》:"人恒过,然后能改。"

帛乙本同,傅奕本作"常",王弼本、河上公本无此字。

②杀:杀头、处死。

帛书本亦作"杀",传世本作"死"。

③惧:作使动用法,使……畏惧。

北大简本"懼"是"惧"的异体字。

④若使民恒畏死:北大简本作"若使民恒不畏死",参考其他版本及文义,"不"字当为衍文,今据王弼本删。

⑤为奇(jī):不走正道,行邪作恶。

北大简本"畸"通"奇",可理解为"邪",和"正"相对。

⑥吾得而杀之：帛乙本、傅奕本同，帛甲本作"吾将得而杀之"，王弼本作"吾得执而杀之"。

⑦司杀者：掌管生杀大权的，指天道。

⑧大匠：技艺高超的木工。

《孟子·尽心上》："大匠不为拙工改废绳墨。"

⑨斫（zhuó）：用刀或斧使劲砍。

《庄子·天道》："轮扁斫轮于堂下。"

⑩夫代大匠斫者，希不伤其手矣：傅奕本作"夫代大匠斫者，稀不自伤其手矣"，虽只多一"自"字，对理解文义却十分关键。河上公："夫代大匠斫，则方圆不得其理，还自伤；代天杀者，失纪纲，不得其纪纲，还受其殃也。"

【校订文及今译】

民恒不畏死，	百姓如果到了都不怕死的地步，
奈何其以杀惧之也？	以杀头来威胁他们又有什么用呢？
若使民恒畏死，	假使百姓都畏惧杀头的刑罚，
而为奇者，	一旦有行邪作恶的人，
吾得而杀之，	我们就处死他，
夫孰敢矣？	那么还有谁胆敢为非作歹？
恒有司杀者。	万物的生死，通常由天道主宰。
夫代司杀者杀，	为政者代替天道行使生杀大权，
是代大匠斫也。	这就好像代替大匠砍斫木头一样。
夫代大匠斫者，	凡是代替大匠砍斫木头的人，
希不伤其手矣。	很少有不伤到自己的手的。

【章旨】

上章说："勇于敢则杀。"令人生畏的刑罚本是无所不在的天道用来惩戒那些悖道之人的方式，然而在老子所处的时代，一些国家治理者却滥用刑罚作为治理国家、恐吓人民的手段，这偏离了天道司杀的"初衷"，显然是对道的背离，因此这种借助本属于天道的威力来实现其个人私欲的做法，必然会给自己带来灾祸。这一章也反映了老子坚决反对那种严刑酷法治国、轻易残害生命的暴政，体现了一种关爱生命的人道主义情怀。

第三十九章（王弼本75章）

●人①之饥也，以其取②食脱（税）之多也，是以饥。百姓之不治也，以上之有以为也，是以不治③。民之轻死也，以其［求］生之厚也④，是以轻死。

夫唯无以生为，是贤［于］贵生也⑤。

【注释】

①人：帛书本、严遵本同，传世本多作"民"。

关于这一异文，高明辨析如下："《后汉书·郎𫖮传》引亦作'人之饥也'，与帛书甲、乙本相同。按'民'字，唐时避太宗讳多改作'人'，唐后重刻该书，又将讳字改回，此'人'字即误为唐时避讳所改，故改'人'字为'民'，因此而误，当从帛书作'人之饥也'为是。"

②取：收取，征收。帛书本同，传世本作"上"。

③百姓之不治也，以上之有以为也，是以不治：此句帛书本同，王弼本、河上公本"百姓"作"民"，"不治"作"难治"，"有以为"作"有为"。严遵本此句作"百姓难治，以上有为，是以不治"。

河上公注："民之不可治者，以其君上多欲、好有为也。"

④以其求生之厚也："其"指代统治者。传世本多作"以其求生之厚

也"。北大简本脱一"求"字,今据补。

⑤夫唯无以生为,是贤于贵生也:不汲汲于追求长生的人,要胜过那些过度养生的人。

老子建议无须过于讲究养生,更不要因为讲究养生让自己变得忐忑不安。《文子·九守》:"夫唯无以生为者,即所以得长生。"

此句"无以……为"可理解为"无以……为(念)",也即"不特意留心于……"。如河上公注《老子》"上德无为而无以为":"言无以名号为也。""贤",胜过;超过。如《仪礼·乡射礼》:"若右胜,则曰右贤于左;若左胜,则曰左贤于右。"郑玄注:"贤,犹胜也。""贵生",重生。《列子》:"有人于此,贵生爱身,以蕲不死,可乎?"

王弼本此句作"夫唯无以生为者,是贤于贵生"。北大汉简本脱一"于"字,今补上。

【校订文及今译】

人之饥也,	人们饥饿的原因,
以其取食税之多也,	根源在于为政者征收了过多的赋税,
是以饥。	因此蒙受饥饿之苦。
百姓之不治也,	百姓不易治理的原因,
以上之有以为也,	根源在于为政者胡作非为,
是以不治。	因此难以管辖。
民之轻死也,	人民轻死的原因,
以其求生之厚也,	根源在于为政者厚自奉养,视民如草芥,
是以轻死。	因此人民轻于犯死。
夫唯无以生为,	不汲汲于求长生而清净恬淡的人,
是贤于贵生也。	胜于贪生怕死且多欲的人。

【章旨】

老子一方面劝诫为政者，他们和百姓是"生命共同体"，不应"厚自奉养"而过度盘剥百姓，否则容易导致"民之轻死""民不畏死"并奋起反抗，从而危及到自身的统治；另一方面，鉴于当时贵族阶层"贵生"的风尚以及搜刮大量财富以服务于"长生"目标的事实，老子强调，冲淡平和的养生观，胜于贪生怕死的"贵生"心理。基于以上两方面事实，不如选择物质上相对素朴的生活方式。

这一章顺承上章，围绕为政治国的主题展开论述，然而最后一句话题一转，"夫唯无以生为者，是贤于贵生"。内容切换为养生。这隐含了一个"身国同构""身国同治"的重要命题。身体小国家，国家大身体。侯王为一国之君，人心为一身之君。国家出现祸乱，原因在于"上之有为"，若能清静无为，则"我无为而民自化，我无事而民自富；我好静而民自正，我欲不欲而民自朴"。身体出现病痛，在于思虑杂乱，过于畏惧生老病死而惴惴不安，或生活违背了上天为之安排的自然规则，所以难以调理。若能清静无为，身体会相对容易地调节至健康状态。

第四十章（王弼本76章）

●人之生也柔弱，其死也侅（鞕）信（韧）①坚强。万物②草木之生也柔弱，其死也苦（枯）蒿（槁）。故③坚强者死之徒④也，柔弱者生之徒也。

是以兵强则不胜，木强则核（楦）⑤。故强大居下，柔弱居上。

【注释】

①鞕（gěng）韧：（身体）僵硬。北大简本作"侅信"，帛甲作"㮐仞"，帛乙作"䯏信"，传世本无此二字。北大汉简整理者："疑'侅'与'鞕'相近，义为'硬'，'㮐'、'侅'皆其借字。'信''仞'皆读为'朋'，同'韧'，《管子·心术下》：'筋朋而骨强'，同书《内业》篇作'筋信而骨强'。'侅信'应指人死后身体僵硬。"今从之。高明则认为，帛甲本"㮐仞"与乙本"䯏信"皆当读作"筋朋"。

②万物：帛书本、王弼本、河上公本同。严遵本、傅奕本无此二字。蒋锡昌说："'万物'二字当为衍文。盖'柔脆'与'枯槁'，均指草木而言也。"今从之。

③故：帛书本作"故曰"。

④死之徒：死亡的一类。

⑤柾（gèn）：折断。

北大简本"核"通"柾"。帛甲本作"恒"。

北大汉简整理者认为："帛甲'恒'字应读为'柾'，《说文·木部》：'柾，竟也'，义为'折'。'核'（匣母职部）、'恒'（匣母蒸部）音近可通，'核'亦应读为'柾'。"今从之。

传世本多作"共"，帛乙本作"竞"，王弼本作"兵"。奚侗认为应作"折"："木强则失去柔韧之性，易致断折。'折'各本或作'共'，或作'兵'，皆非是。'折'以残缺误作'兵'，复以形近误为'共'耳。兹据《列子·黄帝篇》《文子·道原篇》《淮南子·原道训》引改。"

【校订文及今译】

人之生也柔弱，	人出生的时候身体是柔软的，
其死也鲠韧坚强。	死了之后就僵硬了。
草木之生也柔弱，	草木萌生时嫩芽是柔脆的，
其死也枯槁。	死了之后枝叶就干枯了。
故坚强者死之徒也，	可见坚硬的事物属于趋于死亡的一类，
柔弱者生之徒也。	柔弱的事物属于富有生机的一类。
是以兵强则不胜，	因此用兵逞强终究要失败，
木强则柾。	树木坚硬失去韧性就容易折断。
故强大居下，	貌似强大者往往处在往下的趋势，
柔弱居上。	"柔弱"反而能后来居上。

【章旨】

"尚柔"是老子思想鲜明的特点。为什么崇尚柔弱？因为"坚强者死之徒，柔弱者生之徒"；因为"柔弱"包含了自然界生的奥秘，"坚强"则蕴含死的征候。根据老子宇宙本原论的原理,万物皆源于虚无、混沌之道,由此出发点到相对虚空之柔弱,再到相对致密之坚强,是一个从出生、生长到死亡的过程。柔弱者有其相对虚空之特征,坚强者有其相对致密之特征。柔弱的表象,反映了该柔弱事物处于从生命起点到终点过程中的较早阶段,如老子所说的"赤子";坚强的表象,则反映了该事物处于从生命起点到终点过程中的较晚阶段,如老子所说的枯槁之木。所谓"强大居下,柔弱居上",是从发展阶段这一整体角度来看,柔弱的事物能更长久,有更强的生命力,最终将胜过强大的事物。林希逸说:"柔弱坚强,皆借喻也。老子之学主于尚柔,故以此人与草木之生死为喻。"

第四十一章（王弼本77章）

●天之道,犹张弓者①也！高者抑②之,下者举之;有馀者损③之,不足者辅(补)④之。

天之[道]⑤,损有馀而奉⑥不足;人之道不然,损不足而奉有馀。孰能有馀而有(又)取奉于天者⑦? 唯有道者也。是以圣人为而弗有,成功而弗居,其欲不见贤也⑧。

【注释】

①张弓者:给弓安上并调节弦的人。

帛乙本、王弼本作"张弓",帛甲本、傅奕本和北大简本都有"者"字。

古文字"弓",有的象安上了弦的弓形,如甲骨文丨、商代金文丨等;有些则是不带弦的弓,如商代甲骨文丨、西周金文丨、小篆丨等。安上并调节弦在古汉语谓之"张",松开弦谓之"弛",如成语"改弦更张"。《周礼》:"一张一弛,文武之道。"

严遵《老子指归》:"夫弓人之为弓也,既杀既生,既翕既张,制以规矩,督以准绳。弦高急者,宽而缓之;弦弛下者,摄而上之;其有馀者,削而损之;其不足者,补而益之;弦质相任,上下相权,平正为主,调和为常。故弓可抨而矢可行也。夫按高举下,损大益小,天地之道也。"

②抑：往下压，往下按。严遵本作"案"，通"按"。

③损：截断（多余的弓弦）。

④补：补足（过短的弓弦）。

北大简本"辅"通"补"。帛甲本、王弼本作"补"，河上公本作"与"。

⑤道：此字北大简本残缺，今补上。

⑥奉：恭敬地送给。

⑦孰能有余而又取奉于天者：谁能把有余的财货敬奉于天呢？

北大简本、帛书本"奉于天"，传世本多作"奉天下"。

⑧其欲不见(xiàn)贤也："见"，显现，彰显。"贤"，贤能。

王弼本作"其不欲见贤。"

【校订文及今译】

天之道，犹张弓者也！	天道岂不就像调节弓弦的人一样吗！
高者抑之，	弦位高了，就往下压，
下者举之；	弦位低了，就往上升；
有余者损之，	弓弦过长的，就截掉一些，
不足者补之。	弓弦过短的，便补足它。
天之道，损有余而奉不足；	可见，天之道是损有余而补不足；
人之道不然，	而人的做法却不一样，
损不足而奉有余。	反而是掠夺那资财不足的，用来奉养那富贵的人。
孰能有余而又取奉于天者？	谁能在富余之后顺应天道，拿出一些来扶危济困呢？
唯有道者也。	唯有有道的人才能做到吧。
是以圣人为而弗有，	因此圣人有所作为却不独占成果，

| 成功而弗居， | 成就功业却不居功自傲， |
| 其欲不见贤也。 | 他无意于显现自己的贤能。 |

【章旨】

老子认识到天道作为一种无形的力量而存在，使万事万物保持一种动态的平衡。如自然界生态的平衡、人类社会各阶层的和谐，都是因为天道在暗中调节、维系。这种微妙作用力，是天道调节宇宙万物根本的、普遍的一种力量。

而人类社会失衡的一种常见形态就是贫富差距过大。老子认为，这显然是违背天道的社会状态，如同过松或过紧的弓，或是缺乏其应有的活力，或是处于崩裂危险的边缘。

此章将"天之道"比喻成"张弓者"以及第74章将天道比喻为"司杀者""大匠"，已经有了将天道人格化的意蕴。这也可视为后世将"道"偶像化的萌芽。

第四十二章（王弼本 78、79 章）

●天下莫柔弱于水,而功(攻)坚强者莫之能失〈先〉^①也,以其无以易^②之也。故水之胜刚,弱之胜强^③,天下莫弗智(知),而莫能居,莫能行^④。

故圣人之言云:"受国之询(诟)^⑤,是谓社禝(稷)^⑥之主^⑦;受国之不恙(祥)^⑧,是谓天下之王。"正言若反。^⑨

和大怨,必有馀怨,安可以为善?是以圣人执左契^⑩,而不以责^⑪于人。故有德司契,无德司肆(彻)^⑫。

天道无亲,恒与^⑬善人。

【注释】

①莫之能先:北大简本"失"应为"先"之讹。

各版本异文可分为两类。一类作"莫之能先",如傅奕本、严遵本。"莫之能先"是"莫能先之"宾语前置而成。吴澄:"莫有能先之者。"一类作"莫之能胜",如王弼本、河上公本。河上公注:"圆中则圆,方中则方,拥之则止,决之则行。水能怀山襄陵,磨铁消铜。"

②易:变易。

朱芾煌说:"水虽由人曲折转变,而人终无以变易其趋下之本性,此其所以至柔至弱,而能胜彼至刚至强也。"

③故水之胜刚,弱之胜强:此句各版本可分为两类。一类和北大简本相近,如帛乙本此句作"水之胜刚也,弱之胜强也",严遵本作"夫水之胜强,柔之胜刚";另一类如王弼本、河上公本作"弱之胜强,柔之胜刚",傅奕本"柔之胜刚,弱之胜强"。

④莫能行:没有谁能实行(柔弱之道)。

河上公认为,世人不能践行柔弱之道的原因在于"耻谦卑,好强梁"。

⑤诟:诟詈,耻辱。

北大简本"询"是"诟"的异体字。《说文解字·言部》:"询,诟或从句。"《左传·昭公二十年》:"子死亡有命,余不忍其询。"杜预注:"询,耻也。"帛书本亦作"询",传世本多作"垢"。"垢"可能是"诟"之讹。

⑥社稷:国家的代称。如银雀山汉墓竹简《孙膑兵法·见威王》:"战不胜,则所以削地而危社稷也。"

北大简本作"社褹","褹"是"稷"的异体字。

⑦主:君主。

⑧不祥:北大简本作"不恙",应从其他各本读为"不祥",意为"灾凶、不幸"。《易·困》:"入于其宫,不见其妻,不祥也。"孔颖达疏:"祥,善也,吉也。不吉,必有凶也。"

⑨正言若反:持中守正的言论,听上去好像是在说反话。

河上公曰:"此乃正直之言,世人不知,以为反言。"

⑩左契:古代竹木等材料制作的契券,一分为二,双方各持一部分作为信验。契券的左半部分由债权人持有。

林希逸曰:"左契者,如今人合同文字也,一人得左,一人得右,故曰

'左契'。此契在我,则其物必可索。"

⑪不以责于人:不凭恃契券向人讨债。"责"是"债"的初文,意思是收取债务。

林希逸曰:"圣人虽执左契,而不以索于人,忘而化之。"

帛书本、严遵本同;王弼本、河上公本、傅奕本作"不责于人",当脱一"以"字。

⑫有德司契,无德司彻:北大简本"肆"从传世本读为"彻"。"彻"是周代的税法。如《论语·颜渊》:"哀公问于有若曰:'年饥,用不足,如之何?'有若对曰:'盍彻乎?'"何晏《论语集解》引郑玄曰:"周法十一而税,谓之彻。"

释德清说:"有德司契,但与而不取,徒存虚契。无德司彻,不计彼之有无,必征其馀,如赋彻耳。彻,周之赋法。谓时至必取于民,而无一毫假借之意。"

⑬与:和……在一起;同盟。如《孟子·告子下》:"我能为君约与国,战必克。"又如《论语·微子》:"吾非斯人之徒与而谁与?"

【校订文及今译】

天下莫柔弱于水,	天下没有比水更柔弱的了,
而攻坚强者莫之能先也,	然而冲垮那些坚强的东西,却也没有什么比水更厉害,
以其无以易之也。	这是因为水能始终不改变(它趋下的本性)。
故水之胜刚,弱之胜强,	像水这样柔弱的事物可以胜过刚强的东西,
天下莫弗知,而莫能居,	天下没有人不知道,但是没有人能持守这个道理,

莫能行。	没有人能实行这条法则。
故圣人之言云：	所以圣人说过：
"受国之诟，	"能够为国家忍受诟骂屈辱的人，
是谓社稷之主；	才真正称得上是卫护社稷的君主；
受国之不祥，	能够承担国家灾难与不幸的人，
是谓天下之王。"	才真正称得上是天下的君王。"
正言若反。	这句话是持中守正之理，世人却以为说的是反话。
和大怨，必有余怨，	人与人之间一旦产生较大的怨恨，即使和解了，必定还心存余怨。
安可以为善？	（怨恨纷争）怎能称得上是善呢？
是以圣人执左契，	因此圣人持有代表债权的左契，
而不以责于人。	但不急着凭恃这契信逼迫人偿还。
故有德司契，	有德的人总是如此宽厚，
无德司彻。	无德的人就像税吏那样苛刻征求。
天道无亲，	天道本无偏私，
恒与善人。	但通常站在善人那一边。

【章旨】

这一章由"水"的意象出发，导出对"以柔胜刚，以弱胜强"之道的推崇。而具体落实在为政治国上，"受国之诟，是谓社稷主；受国不祥，是为天下王"表明，成就功业，往往要遭受种种苦难和屈辱的磨炼，但应该像柔弱之水，能始终保持其百折不挠的韧性。

严遵本和北大简本此章相同，对应王弼本78、79两章，并且命名为"柔弱于水篇"，比较贴切地概括了此章主旨。遭受侮辱和诟詈时的隐忍,对于别人过错或欠缺的适度包容,这正是"柔"的体现,是达成"水之胜刚,弱之胜强"的内在修为。

"和大怨,必有馀怨,安可以为善? 是以圣人执左契,而不以责于人。"老子提倡一种包容的宽广胸怀,49 章"不善者吾亦善之"也是重视德行的感化,不轻易造成不同阶层之间的紧张、怨恨和撕裂。

和北大简本不同的是,帛书甲、乙本此章为"德篇"最后一章,帛乙本"天道无亲,恒与善人"句下有"德三千卌一"五字,"德"为篇题;"三千卌一"为字数。因此,作为帛书《老子》"德篇"最后一句,"天道无亲,恒与善人"具有结论性的意义。那么,天道既然无所偏爱,为何却通常垂青善人? 善人持有"慈、敛、不敢为天下先"三宝,其内心慈爱的天性未被遮蔽,身体清静安泰、气血和畅,与周围人相亲相爱,共处融洽。无论是从个体的身心来看,还是从群体的氛围来看,都处于一种轻柔、放松的状态,而此状态,与虚静之天道是一致的。相比较而言,不善之人,内心充满怨恨,气血凝滞;多欲自私、狠戾怨毒;与周围人戒备森严、动辄纷争。无论是从个体身心来看,还是从群体的氛围来看,都处于一种紧张、凝重的状态,而此状态,与虚静之天道是相违背的。

第四十三章（王弼本 80 章）

●小国寡民。使有什佰人之气（器）①而勿用；使民重死②而[不]③远徙。有舟车，无所乘之；有甲兵，无所陈④之。使民复结绳而用之⑤。

甘其食，美其服，乐其俗，安其居。邻国相望⑥，鸡狗之音相闻⑦，民至老而死，不相往来⑧。

【注释】

①什佰人之器：有两种理解。一是指相当于人力十倍、百倍效率的器具。《孟子·滕文公上》："夫物之不齐，物之情也，或相倍蓰，或相什佰，或相千万。"今从之。第二种理解，由于古代兵制十人为什，百人为佰，"什佰"泛指军旅，因此将"什佰人之器"理解为"军用器具"。《史记·秦始皇本纪》："陈涉，瓮牖绳枢之子，……蹑足行伍之间，而倔起什伯（佰）之中。"《淮南子·兵略训》："正行伍，连什伯（佰），明鼓旗，此尉之官也。"

北大简本"气"通"器"。

②重死：珍视生命，不沦为亡命之徒，和第三十九章"民之轻死"的状态相对。

③参考各本,此处夺一"不"字,今补上。

④陈:是"阵"的古字。此处指摆开战阵。如《左传·僖公二十二年》:"既济而未成列,又以告。公曰:'未可。'既陈而后击之。宋师败绩,公伤股,门官歼焉。"

⑤使民复结绳而用之:此句的意思未必是要回到结绳而治那种生产力不发达的时代,而是要使人的内心回复到太古时期的淳朴纯真。

⑥望:站在高处看远方。

《诗·卫风·河广》:"谁谓宋远,跂予望之。"郑玄笺:"跂足则可以望见之。"

⑦鸡狗之音相闻:(邻国之间)能相互听见鸡鸣狗吠的声音。

"鸡狗之音",御注本、高翿本亦作"鸡狗之音",帛甲本、河上公本、《庄子·胠箧》引文作"鸡狗之声",王弼本作"鸡犬之声"。

⑧民至老而死,不相往来:百姓皆长寿康乐,无病患而终老,生活恬淡自足而少有往来。

【校订文及今译】

小国寡民。	使国家疆域小,人口数量少。
使有什佰人之器而勿用;	有相当于人力十倍百倍效率的器具,却不常使用;
使民重死而不远徙。	人民珍视生命,不轻易迁徙到远离故乡的地方。
有舟车,无所乘之;	虽有车船,却不常去乘坐;
有甲兵,无所陈之。	虽有铠甲兵器,也很少用于战阵。
使民复结绳而用之。	使人民回复到远古结绳记事时期的淳朴状态。

甘其食,美其服,	百姓感觉饮食甘美可口,服装漂亮大方,
乐其俗,安其居。	风俗让人欢乐,住所令人安适。
邻国相望,	站在高处,可以望见邻国的风景,
鸡狗之音相闻,	侧耳倾听,可以听见邻国鸡鸣狗吠的声音。
民至老而死,不相往来。	人民快乐知足,在故乡田园健康终老,彼此之间少有往来。

【章旨】

老子的政治理想基于他对人们生活状态的反思以及对人类历史的深沉思考。"五色令人目盲,五味令人口爽,……难得之货令人心发狂"表明,对个体而言,追求感官享受的极致,在物质上贪多务得,得不到真正的满足和幸福,有时候还带来身心的双重损害;"师之所处,荆棘生焉;大军之后,必有凶年"也表明,国与国之间对财富、资源的争夺,只会给大多数人带来灾难性的后果。烈火烹油般消耗物质,如饥似渴般追求物欲,只能带来一时的欢乐,终究不能达成长久的幸福。老子因此提出了"小国寡民"的政治理想。

"小国寡民",国家小到什么程度?老子用富有文学色彩的"邻国相望,鸡狗之音相闻"进行了说明。这一理想政治蓝图,目的在于减损为政者的多重治理,避免层层盘剥和繁琐法令,人民有更多机会直接参与公共事务,有更大的自由度,较少受外界干扰。人口数量少,则可以减少彼此之间为自然资源和生存空间的争斗。为政者可以做的事情,主要在于营造一个"不见可欲"的外在环境,摒弃奇技淫巧等刺激人们产生贪欲的事物,防止民众因外界诱惑而陷入纷争。因此"虽有舟舆,无所乘之;虽有甲兵,无所陈之"。正如王安石所说:"民自足于性内之分,则无远游、交战之患。"

　　老子宣扬一种类似于太古时代的生活："使民复结绳而用之。甘其食,美其服,安其居,乐其俗。""甘""美""安""乐",描述了在不同生活层面的知足感,都是"知足之足,此恒足矣"的体现。在这一政治构想中,成员尊奉"视素抱朴、少私寡欲"的价值观,过着常人看来略显简朴的物质生活,却拥有实实在在的幸福人生。

第四十四章（王弼本 81 章）

　　●信言不美,美言不信;智(知)者不博,博者不智(知)①;善者不辩,辩者不善②。圣人无责(积)③,气(既)以为人,己俞(愈)有;气(既)以予人,己俞(愈)多。

　　天之道,利而弗害;人之道,为而弗争也。④·凡二千九百卌二⑤

【注释】

　　①知者不博,博者不知:有真知的人学有根柢,能一以贯之;看似知识广博的人未必有笃实的感悟和体验。

　　北大简本"智"通"知",其他各本皆作"知"。

　　②善者不辩,辩者不善:傅奕本作"善言不辩,辩言不善",帛乙本作"善者不多,多者不善"。

　　③积:蓄积,留滞。《庄子·天道》:"天道运而无所积,故万物成。帝道运而无所积,故天下归。圣道运而无所积,故海内服。"陆德明《经典释文》:"积谓滞积不通。"

　　北大简本"责"通"积"。

　　④天之道,利而弗害;人之道,为而弗争也:"人之道",帛乙本同,传

世本多作"圣人之道"。

　　吕惠卿曰："凡物之有为者,莫不有我,有我故有争。圣人之道,虽为而无为,无为故无我,无我故不争,是'天之道'而已。"

　　⑤凡二千九百卌二:北大汉简整理者:"此为《老子上经》全篇字数之统计,即所谓'计字题尾',较帛书乙本《德经》篇末自注字数'三千卌一'少九十九字。与帛书本相比,汉简本较少使用虚词,文句比较精炼,是其字数较少的主要原因。"

【校订文及今译】

信言不美,	真实的话未必动听,
美言不信;	言辞华丽不一定真实可信;
知者不博,	体验切实的人不一定学识广博,
博者不知;	学识广博的人,未必有切身的体验;
善者不辩,	品性淳厚的人不巧辩,
辩者不善。	夸夸其谈的,没什么助益。
圣人无积,	圣人格局宏大,不私自蓄积,
既以为人,己愈有;	因为他乐意帮助别人,自己拥有的反而更富足;
既以予人,己愈多。	给予别人,自己得到的反而更丰盛。
天之道,利而弗害;	天之道,利于万物而不伤害它们;
人之道,为而弗争也。	人之道,创造、付出而不与人纷争。

【章旨】

　　"信言不美,美言不信;知者不博,博者不知;善者不辩,辩者不善。"这表明,老子推崇切身的体验;注重内在的省悟;强调对思想体系的整体把握。相反,他不追求言辞的华美;不提倡没有修证的空谈;不推崇碎片化知识的堆积。"吾言甚易知,甚易行。"言以明道,辞达而已矣;大道至简,贵在一以贯之。

此章为汉简《老子·上经》收尾的一章,亦是王弼本、河上公本、傅奕本《老子》全书的最后一章,因而具有特殊的地位。基于其哲学思想,老子回答了这样一些问题:作为一个社会的人,如何处理与他人的关系?如何实现个体的社会价值和人生意义?

站在道的高度,老子不把个体看成是孤立的,人和天地间的万事万物是"道"之母体所演化出的不同个体,这些个体之间声气相通、彼此感应。人应效法天道,利而不害,为而不争,致力于创造性活动,帮助他人,奉献社会,由"无我"之路径成就"大我"之境界,以实现个体的生命意义和社会价值。老子宣扬了一种积极入世并努力展现独特创造力的"强者"哲学。

下　经

北京大学汉简《老子·下经》

第四十五章（王弼本1章）

●道可道,非恒道殹①;名可命,非恒名也②。

无名,万物之始也③;有名,万物之母也④。故恒无欲,以观其眇(妙)⑤;恒有欲,以观其所徼(徼)⑥。此两者⑦同出,异名⑧同谓。玄之有(又)玄之,众眇(妙)之门⑨。

【注释】

①道可道,非恒道殹(yì):第一个"道"字指宇宙本原以及这一本原演化万物的形而上法则。范应元注:"道者,自然之理,万物之所由也。"

第二个"道"字是言说、讲述的意思,类似用法如清华简《心是谓中》:"心欲道之,口故言之。"(李学勤主编:《清华大学藏战国竹简》[捌],中西书局,2018年版,第149页)又如《诗·墙有茨》:"中冓之言,不可道也。"

"恒",为"恒久,普遍"之意。《易·恒·象传》:"恒,久也。……天地之道恒久而不已也。"帛甲本也作"恒",而传世本为避汉文帝刘恒的名讳,皆作"常"。值得注意的是,《韩非子·解老》引文此句作"道之可道,非常道也",并且韩非子较为详细地解释了此句中的"常"字:"夫物之一存一亡,乍死乍生,初盛而后衰者,不可谓常;唯夫与天地之剖判也俱生,至天地之消散也不死不衰者谓常。"可知"常道"或"恒道"强调"道"是一种恒常且普遍的存在或显现,是一种亘古以来时时刻刻运转的推动力,"道"统摄万物又显现为万物。《荀子·天论》:"天有常道矣,地有常数矣,君子有常体矣。"荀子所谓的"常道",也具有恒常稳定的形而上属性。范应元认为,人可以感知"常道",但需要"反观",需"求之于吾心之初"。他说:"故凡道之可言者,非常久自然之道也。夫常久自然之道,有而无形,无而有精,其大无外,故大无不包;其小无内,故细无不入,无不通也。求之于吾心之初,则得之矣。"他还说:"唯人为万物之最灵,诚能反观,则是道也,湛然常存,夫何远之有?"

"殹",句末语气词,相当于"也"。

有一些注释者认为,此句要表达的是"道不可言、道不可名"。司马光反驳说:"世俗之谈道者,皆曰道体微妙,不可名言。老子以为不然,曰道亦可言道耳,然非常人之所谓道也。……常人之所谓道者,凝滞于物。"司马光将"常道"理解为"常人之所谓道",强调老子之道不同于此"常人之所谓道",老子之道具有形而上的特点。司马光和范应元对"常道"一词的训诂显然不同,但他们对老子之道的理解却又是相通的。

②名可命,非恒名也:(道)可以被命名,然而这一名称并不具有恒久的属性。

"名",名号,名称。《礼记·祭法》:"黄帝正名百物",疏云:"上古虽有百物而未有名,黄帝为物作名。"

"命",命名,如《左传·桓公二年》:"晋穆侯之夫人姜氏,以条之役生太子,命之曰仇。"

此句北大简本和其他版本皆不同。帛甲本作"名可名也,非恒名也";王弼本作"名可名,非常名"。王弼注:"可道之道,可名之名,指事造形,非其常也。故不可道,不可名也。"

③无名,万物之始也:帛书本同,传世本多作"无名,天地之始"。

马叙伦虽然没有见过帛书本、北大简本,但却准确地判断此句应作"无名,万物之始也"。他分析说:"《史记·日者列传》引作'无名,万物之始也'。王弼注曰:'凡有皆始于无,则未形无名之时,则为万物之始;及其有形有名之时,则长之育之,亭之毒之,为其母也。'是王本两句皆作'万物',与《史记》所引合,当是古本如此。"

查验《史记·日者列传》(中华书局2014年8月版,点校本二十四史修订本,第3913页)引文作:"无名者,万物之始也。""者"字的存在表明,"无名万物之始也"应点为"无名,万物之始也",而非"无,名万物之始也"。

高明说:"今据帛书甲、乙本验证,原本两句均作'万物',今本前句作'天地'者,乃后人所改,当订正。"

蒋锡昌说:"按天地未辟以前,一无所有,不可思议,亦不可名,故强名之曰'无名'。21章王注所谓:'至真之极,不可得名;无名,则是其名也。'迨天地即辟,万物滋生,人类遂创种种名号以为分别,故曰'有名'。质言之,人类未生,名号未起,谓之'无名';人类已生,名号已起,谓之'有名'。故'无名''有名',纯以宇宙演进之时期言。《庄子·天地》:'泰初有无,无有无名。'此庄子以'无名'为泰初之时期也。'无名'为泰初之时期,则'有名'为泰初以后之时期也明矣。14章:'视之不见,名曰夷;听之不闻,名曰希;搏之不得,名曰微。此三者,不可致诘,故混而为一。其上不皦,其下不昧,绳绳兮不可名,复归于无物。是谓无状之状,无象之象,是谓恍惚。迎之不见其首,随之不见其后。'此老子自冥想其所谓'无名'时期一种空无所有、窈冥恍惚、不可思议之状态也。"

④有名,万物之母也:有了人类这一观照主体以及给万物命名这一活动,才真正产生了万物的区分,所以"有名"是"万物之母"。

⑤故恒无欲,以观其妙:王弼注:"妙者,微之极也。万物始于微而后成,始于无而后生。故常无欲空虚,可以观其始物之妙。"楼宇烈《老子道德经注校释》:"'常无欲'即'空虚'或'空虚其怀'之意,亦即虚静而无思无欲之意。……天地万物的生成是自然无为的,所以说,只有从'常无欲'去观察天地万物的生成,才能了解'始物之妙'。"

按:"其妙"和下文"其所徼"的"其"应该是指同一事物。有两种可能。一、"其"近指上句的"万物",本书采用这一观点。第二种可能是"其"远指首句的"道"。

万物皆源于道,不同的表象背后,有着共同的源头和属性。能于有中见其无,能于千差万别中见其同,不以私心成见衡量万物,不生爱憎于万象,是"恒无欲,以观其妙"的境界。

北大简本"眇"通"妙"。

⑥徼(jiào):本义为边界,边塞,如睡虎地秦墓竹简《法律答问》:"人臣甲谋遣人妾乙盗主牛,买(卖),把钱偕邦亡,出徼。"《史记·司马相如列传》:"西至沫、若水,南至牂柯为徼。"司马贞索隐引张揖曰:"徼,塞也。以木栅水为蛮夷界。"这里指万物用以区分彼此的界限。

北大简本"侥"通"徼"。两字常互通,如"侥倖"古籍中也多作"徼幸"。帛书本作"噭",亦通"徼"(据高明《帛书老子校注》)。

⑦此两者:指万物之妙和万物之所徼。分别是"无欲"视角下和"有欲"视角下万物所呈现的状态。

关于"两者"指代的是什么,分歧较大。河上公注:"两者,谓有欲、无欲也。"王弼注:"两者,'始'与'母'也。"高亨:"两者,谓'有'与'无'

也。"张松如说:"细审文义,当是承上两句'其妙'、'其徼'而言,也就是说的无名自在之道的微妙与有名为我之道的运行这两个方面。或曰:'两者'遥指'道'与'名',即'恒道'与'可道'或'无名'与'有名',此义自可与'其妙'、'其徼'相通。"

⑧异名:"无名"视阈下和"有名"视阈下的万物相异,主体的体悟也相异。这种因不同视阈而导致的差异,谓之异名。

⑨玄之又玄之,众妙之门:其他各本作"玄之又玄,众妙之门"。"玄之又玄之",指"无欲"和"有欲"的切换,也是"妙"和"徼"的切换。这类表述如郭店楚简《说之道》:"入之又入之,至之又至之。""众妙之门"是指开启众多妙用之门。

对比"玄之又玄之,众妙之门"和"损之又损之,以至于无为",这两句中的"之"也可能只是作为语气词构成双音节,通过双音节"玄之"的重复,以强化感叹语气的抒发。类似用法如《左传·昭公二十五年》:"鹳之鹆之,公出辱之。"

【校订文及今译】

道可道,	道可以被言说,
非恒道殹;	但言语中的道,不等同于"恒道"啊;
名可命,	(道)可以被命名,
非恒名也。	但这一名称不具有恒久不变的属性。
无名,万物之始也;	万物最初是没有名称的;
有名,万物之母也。	被命名以后,万物由此区分开来。
故恒无欲,	因此,常常无思无欲地站在道的高度,
以观其妙;	去观照、体悟万物浑然无别的微妙境界;
恒有欲,	也时常根据(观照者)特定的价值标准,

以观其所徼。　　　去观察、辨析万物得以被清晰区分的边界。

此两者同出，　　　这两者（万物之妙和万物之所徼）都出自主体的
　　　　　　　　　观照，

异名同谓。　　　　"无名"和"有名"指向的事物有着相同的实有。

玄之又玄之，　　　从上述一种玄妙境界到另一种玄妙境界的
　　　　　　　　　切换，

众妙之门。　　　　是开启众多妙用之门。

【章旨】

此章主要阐述了认识、观照宇宙万物的两种不同路径。一种路径是个体通过"致虚极、守静笃"等方式，登临道的高度往下观照，看世间万物各自活泼泼地展现生生不息的气象。此状态下个体与宇宙交互融合，达成"与天为一"境界，这是"宇宙之我"；另一种路径是作为与宇宙万物剥离且凸显其个体存在的"我"带着一定的价值判断去感知、辨析万物之间最为细微的差异，进而实现其生命独特性，这是"本真之我"。老子所阐述的这两种路径，分别涉及人与宇宙本原的融合和个体生命本真的觉醒，故不可简单以"客观"和"主观"形容之。并且，孤立地处在单一视角或单一境界，都尚未把握老子眼中宇宙万物的全体实相。

汉简《老子》独特的"玄之又玄之"表述，是观照宇宙万物时"无欲"和"有欲"两种不同视角的变换以及相应生命境界的切换。

此章"恒无欲，以观其妙"包括但不限于《论语》"己所不欲，勿施于人"这种个体与他人换位观照的方式，它还包含人作为一个个体与动物、植物乃至非生命体之间观照角度的游移。此时，观照主体呈现为"无我之我"。庄周梦蝶的寓言就体现了这种特点。《庄子·齐物论》："昔者庄周梦为蝴蝶，栩栩然蝴蝶也，自喻适志与！不知有周。"在这个著名的寓

言中,是庄子在梦中变成一只蝴蝶呢,还是蝴蝶在梦中变成庄子呢?这是不确定的,观照世界的角度和出发点并不一定就是人类,不一定就是庄子或者某一个特定的个体。庄子《逍遥游》说:"至人无己。"宇宙并不是以某一特定个体的人为中心,这个宇宙中所有生命体都构成一个观照世界的"极",无数个"极",也就等同于"无极"。在不同生命体眼里,这个世界呈现不同的形态。正因为观照角度的不同,才使得这个世界如此多姿多彩,奇妙纷呈。因此,梦中的蝴蝶只有忘了庄周的本来身份,才能"栩栩然自适"。同样,人要深入且真切地感知这个色彩斑斓的宇宙,就必须跳出以自我为中心的单一视角,做到"恒无欲",才能"以观其妙"。这也是打开"众妙之门"的玄关。由"从事于道者同于道"的角度看,个体生命不单单局限于肉体之身,也包含融入生命进程中的一切外界要素。在"恒无欲"状态下,人的躯体与宇宙万物的藩篱被撤去,外部道化宇宙由此进入人的生命疆域。

为论证上述观点,并阐明此章在全书中的重要位置,有必要对下面三个问题进行辨析:

一、关于此章句读

此章不同的断句方式,会导致整章义理的不同乃至全书理解的差异。其重要性好比理解《老子·下经》的"第一颗纽扣"。基于北大简本和传世本的两种不同句读见下表:

基于北大简本的句读方式	基于传世本的句读方式
道可道,非恒道殹;名可命,非恒名也。	道可道,非常道;名可名,非常名。

无名,万物之始也;有名,万物之母也。(无名—有名) (《史记·日者列传》引文:"无名者,万物之始也。")	无,名天地之始;有,名万物之母。(无—有)
故恒无欲,以观其妙,恒有欲,以观其所徼。(无欲—有欲) (帛甲本作:恒无欲也,以观其眇;恒有欲也,以观其所噭。"无欲""有欲"之后都有"也",应该在"也"后句读。)	故常无,欲以观其妙;常有,欲以观其徼。(无—有)
此两者同出,异名同谓。玄之又玄,众妙之门。(帛甲本在"异名同谓"之下标有句号,可从。)	此两者同出而异名,同谓之玄,玄之又玄,众妙之门。

陈广忠先生《帛书〈老子〉的用韵问题》(《复旦学报》1985 年第 6 期)
对传世本的句读,从用韵的角度进行了分析:

　　"无名(耕部),天地之始(之部)也;

　　有名(耕部),万物之母(之部)也。

　　故恒无欲(屋部)也,以观其眇(妙)(宵部);

　　恒有欲(屋部)也,以观其所噭(宵部)。"

宋代学者王安石、司马光、苏轼、范应元,清代学者俞樾,以及后代不少学者,出于哲学观点的考虑,却断成:"无,名天地之始;有,名万物之母。故恒无,欲以观其妙;恒有,欲以观其徼。"这样断法就破坏了韵律的整齐性了。两个"名"字,两个"欲也",是奇句的韵脚,应从这两处断开为妥。

二、"无名"的内涵以及自王弼以来的误读

此章内容涉及道、人类、万物三者之间的关系。要对这三者之间的关系有一个明确的认识,应该对"无名"的内涵形成准确的理解。

"无名"所指称的事物不外乎两种:1. 道;2. 人类尚未赋予其名号的"万物"。

楼宇烈先生说：

> 王弼将"无名"解释为"未形无名之时,则为万物之始",也即将
> "无名"等同于三十二章"道常无名"之"道"、二十五章"有物混成,
> 先天地生,……吾不知其名"之"道"。

但据北大简本和帛书本,"无名""有名"的语义都是指向、聚焦于
"万物",描述的是"道"已经演化出万物的阶段,因此,该处的"无名",不
应是"道"玄妙的、哑谜式的别称,而应是指尚未施加价值评判于万物、尚
未给万物命名的阶段,是一种站在道的高度而非人类或某一个体的角度
去观照万物,也即"以道观之,物无贵贱"(《庄子·秋水》)视角之下万物
浑然一体的状态。

在"无名"视阈下,万物名号未起,他们都是道产生(道生一,一生二,
二生三,三生万物……)的差异性实有。人类作为一个生物种群和其他
生物种群处于同等地位。第五章"天地不仁以万物为刍狗"也表明,宇宙
按照它自身的规律运作,"天行有常,不为尧存,不为桀亡"(《荀子·天
论》),对人类或某一个个体,并不会给予独特的关照。

日本学者汤浅邦弘说：

> 基于通行本的向来的解释认为,其论述了道→天地→万物这样
> 一个宇宙生成的过程,但因为马王堆本不同,所以就有一个疑问:是
> 否无法按照这种流溢说性质的宇宙论来单纯考虑问题?而北大简,
> 则正好为这种观点提供了旁证。这样就可以理解为,宇宙本原为
> "道","无名"(人类对物件世界无知无识)才是万物之始,加上"有
> 名"(认识行为)后,生成万物。也即是说,有可能论述了更为认识论
> 性质的宇宙生成论。
>
> 如果这一假设妥当的话,则《老子》本来也曾论述过认识论性质

的宇宙论,但后来统一变更为流溢说性质的宇宙论。而其最重要的原因应该是,为了与现行本第四十二章的"道生一,一生二,二生三,三生万物"等明显论述流溢说性质的宇宙论的章节进行统一。([日]汤浅邦弘撰,白雨田译《北京大学藏西汉竹书〈老子〉的特征》,《竹简学——中国古代思想的探究》,东方出版中心2017年,第247页)

汤浅邦弘的上述论述,较好地阐明了帛书本、北大简本"无名,万物之始"演变为通行本"无名,天地之始"之后,整章主题由认识论性质的宇宙论偏离为流溢说性质的宇宙论。据"近古必存真"这一标准,前者或许是更接近老子原意的。

三、从无名到无为:老子思想体系的一条轴线

(一)以"人"为中心的宇宙论演变为以"道"为中心的宇宙论

西周晚期497个字的《毛公鼎》铭文中,出现了"天""皇天"共六次,"先王"也出现了六次。这表明,西周时期,天命崇拜和祖先崇拜仍然在人们精神世界中占有重要位置。西周祭祀仪式的主要目的就是对高高在上皇天的遥想、追慕,并达成人与神之间的交流,祭祀参与者内心面对的是另一个世界充满神性和威严的先王和天帝。然而从毛公鼎时代到老子所在的春秋晚期,不到三百年,或许是为"道"这一最高哲学范畴的确立腾挪空间,商代和西周以来对祖先和天命的敬畏、崇拜在《老子》文本中似乎消失了。取而代之的是"尊道贵德"。《老子》中"孔德之容,惟道是从""行于大道,唯施是畏""勇于敢则杀,勇于不敢则活"等表明,商代、西周以来普遍存在的以天帝、天命、祖先、神鬼为敬畏对象转换为对"道"的遵从。《老子》60章"以道莅天下,其鬼不神"则明确宣示,为政者如果遵循"道"这一精神信仰而安身立命、治理国家,则可以正道直行,无

所畏惧,并达成与古人意识中超自然界(比如鬼、神灵)的互不侵犯与和谐。老子虽没有否认鬼神的存在,但清晰地表明,人若遵道而行,则鬼神之力于我何加焉。这一表述所蕴含的思想,实际上可以给遵道而行、清静无为的人以极大的信心和力量。

无论商代的鬼神,还是西周时期的天命,都是具有人格或人性色彩的超自然力量,在一定程度上,都是"人"形象的放大、变形或投射,他们心目中的天帝、神灵或多或少是依据人的样式而树立。因此,商代和西周的宇宙观,始终没有跳出以"人"为中心这一认识世界的视角。从老子开始,真正的改变发生了。老子的"道"不再是一个人格意义上的神祇,并且由于所有的万物之"名"都是由人根据自己的价值观制定的,而随着"无名,万物之始"对"名"的消解,实质上完成了对"人"独特地位的消解,是对人类作为"天地之灵明"的否定。这一世界观一旦落实在作为个体的人的生活中,也是对一切"唯我"、凡事以我为优先和中心的否定。

(二)"无名,万物之始":对以人类和"我"为中心的否定和超越

唯有实现对"人类"为中心的否定,实现对"我"的超越,才能真正竖立起以"道"为中心的世界观,才可以做到"惟道是从""法自然",并且在为政治国层面实现"无为"和"清静自化"。《老子》一书中,有不少章节体现了这一逻辑。比如第 24 章:"企者不立,跨者不行,自见者不明,自是者不彰,自伐者无功,自矜者不长。其在道也,曰馀食赘行。物或恶之,故有道者不处"。又如第 23 章:"知人者智,自知者明;胜人者有力,自胜者强",是对个体有限性的认识和反思,并且把对"我"自身的战胜,视作是比战胜其他个体更难以达到的境界。

老子"为腹不为目""视素抱朴,少私寡欲"的价值观,"治人事天莫若啬"等主张,也是对"我"的过度张扬和放纵的收束和节制,是用向内敛

藏、收摄的方式,实现对贪欲泛滥之"我"的超越。第48章"为学日益,为道日损,损之又损,以至于无为",其实也是通过对空洞膨胀之"我"的反思,实现对异化之"我"的修复和还原。

《老子》中一些意象也可以作为佐证。比如第19章"视素抱朴"中"素"是没有经过人染色的纯丝,"朴"是未经雕琢的原木,这两个意象主张个体应保持本色、遮蔽外在干扰。这种对人性本真的珍视,必然要求为政者"治大国若烹小鲜",在最大程度上谨守"无为""少私寡欲",而践行这一思想,觉悟了的为政者要完成对"我"的超越才能实现,如第49章所说:"圣人恒无心,以百姓之心为心。"

《庄子·齐物论》描写的一个场景也和"无名,万物之始"这一视角所指向的境界相通:

> 南郭子綦隐机而坐,仰天而嘘,荅焉似丧其耦。颜成子游立侍乎前,曰:"何居乎? 形固可使如槁木,而心固可使如死灰乎? 今之隐机者,非昔之隐机者也?"子綦曰:"偃,不亦善乎,而问之也! 今者吾丧我,汝知之乎?"

"似丧其耦""吾丧我"都是"我"被"消解"和超越之后境界的描写,"形固可使如槁木,而心固可使如死灰乎"则反映了这一过程在身心层面的次第展开——颜成子游之问表明,相对于"身"的层面,"心"层面的超越和消解是更难以实现的。并且这一场景所描述的个体修证实践中,"吾丧我"对"我"的消解,并不是对个体的绝对否定,相反,这一消解也伴随着"道"的升腾、确立,以及扬弃"我"之后"吾"与"道"的融合,从而在虚静中实现天人合一,作为渺小、单薄个体的南郭子綦,得以附着于"道",达到近似于永恒的妙境和高峰体验。

《庄子·齐物论》还有一段话:

民湿寝则腰疾偏死,鳅然乎哉? 木处则惴栗恂惧,猿猴然乎哉? 三者孰知正处? 民食刍豢,麋鹿食荐,蝍蛆甘带,鸱鸦耆鼠,四者孰知正味? 猿猵狙以为雌,麋与鹿交,鳅与鱼游。毛嫱丽姬,人之所美也;鱼见之深入,鸟见之高飞,麋鹿见之决骤,四者孰知天下之正色哉?

这段话中,基于"无名,万物之始"这一视角,庄子罗列了三组生动形象的事例,明确否定了以人类为中心的单一价值观。站在道的角度看,人类和其他生物在宇宙处于平等地位。

倪梁康先生说:

> 据说在古希腊戴勒菲[Delphi](古希腊的宗教中心)的阿波罗神庙(公元前九百年建)的前殿的墙上刻有"认识你自己"的神谕。其所以将它称作神谕,乃是因为当时和以后的大多数解释者认为,它的原初涵义在于借神祇之口教诲凡人:"认识你自己,噢,人哪,你不是神。"在这里被强调的是人的必死性、不完善性和有限性。与此箴言相呼应的正好是阿波罗神庙中的另外两条箴言:"凡事不可过分"和"自恃者必毁"(倪梁康《我所理解的哲学——从苏格拉底、笛卡尔、尼采、胡塞尔说开去》,演讲稿,转引自学术网站"爱思想"2010年3月17日)。

阿波罗神庙这三句神谕,和老子"无名"视角下对人在宇宙中所处位置的反思是何等的相似!

(三)从"无名"之宇宙论到"无为"之政治哲学

基于"无名,万物之始"而构建起来的宇宙论一旦在政治生活中落地,必然得出"无为"的政治哲学思想。因此,《老子》一书中,"无名"和"无为"是两个经常成对出现且相互作用的概念。比如第32章:

道常无名，朴，虽小，天下莫能臣也。侯王若能守之，万物将自宾。天地相合以降甘露，民莫之令而自均。始制有名，名亦既有，夫亦将知止。

这一章始于"道常无名"，而"侯王若能守之"即是遵循道、持守"无为"的为政思想，"万物将自宾""民莫之令而自均"则是"无为"所达成的效果。

又如北大汉简《老子·下经》最后一章（对应王弼本 37 章），本书对此章的校订文为：

道恒无为。侯王若能守之，万物将自化。化而欲作，吾将镇之以无名之朴。无名之朴，夫亦将知足。知足以静，万物将自正。

此章在汉简《老子》中处于最后一章的位置。作为《老子》全书总结性的末章，或许和老子所宣导的境界有关。"无名之朴"状态下，是一种"万物静观皆自得"（程颐诗）的境界，是《下经》首章"恒无欲以观其妙"的境界，在内容上构成《老子·下经》的首尾呼应。此境界下，万物自足亦自然，也即"万物将自正"。

鉴于世界上的人大部分是以"我"为中心的，以"我"的私欲和贪婪为核心关切的，是"有为"的，这也是这个世界纷争、人类痛苦的一个重要根源。沿着这个方向走下去，人类没有出路，甚至有堕入相互残杀和自我毁灭的险境。老子洞察到了人性中蕴含的危机和人类可能走上的迷途，所以他说：

古之为道者，非以明民，将以愚之。民之难治，以其智多。故以智治国，国之贼；不以智治国，国之福。（65 章）

最后，"无名"虽是对"人类"为中心或以"我"为中心的否定，但这一否定并不意味着对人的价值和人生意义的否定。首先，人不但可以"常无欲以观其妙",游心于"与天地精神独往来"之妙境;亦可以"常有欲以观其徼",通过"众妙之门"舒展为一个独特的、自由的、赤子般纯真的个体。其次,唯有在认清自己在宇宙中的正确位置之后,我们才能"自知而不自见,自爱而不自贵"(72章),每一个个体的人生意义和价值可以在尊道贵德中得到确立和实现。同样,也许只有老子"无名""无为"的智慧,才能对治人性中的贪婪和狂妄,人类作为命运共同体才能找到"深根固柢、长生久视"的出路,实现长久永续的繁荣和幸福。

第四十六章（王弼本2章）

　　●天下皆智（知）美之为美,亚（恶）已（矣）^①；皆智（知）善之为善,斯不善矣。故有无之相生,难易之相成,短长之相刑（形）,高下之相顷（倾）,言〈音〉声之相和,先后之相遹（随）,[恒也]^②。

　　是以圣人^③居无为之事,行不言之教。万物作而弗辞（始）^④,为而弗侍（志）^⑤,成功而弗居^⑥。夫唯弗居,是以弗去。

【注释】

　　①恶(è)矣:"恶",相貌丑陋。如《左传·哀公二十七年》:"知伯曰:'恶而无勇,何以为子?'"杜预注:"恶,貌丑也。"

　　北大简本"亚",郭店简本、帛乙本同,从传世本读为"恶"。"已",通"矣",语气词。

　　②故有无之相生,难易之相成,短长之相形,高下之相顷,音声之相和(hé),先后之相随,恒也:罗列这六对对立的概念,是为了归纳出一抽象事实,相关论述可参考本章章旨。

　　"故",郭店简本、帛甲本皆无,传世本有。

"短长",其他各版本皆作"长短";"形",北大简本作"刑",帛书本同,郭店简本作"型",皆通"形"。

"音",在北大简本中抄手错写成形近的"言"字。"音"是音调有高低的乐音,"声"是指音调简单的和声。《礼记·乐记》:"凡音之起,由人心生也。声成文,谓之音。"

帛甲本作:"有无之相生也,难易之相成也,长短之相刑也,高下之相盈也,意〈音〉声之相和也,先后之相隋(随),恒也。"帛甲本、乙本与郭店简本、北大简本以及众多传世本相比,多"恒也"二字。王弼本、河上公本、景龙碑本各句皆无"之"字。针对这一差异,黄德宽说:"此章各句'之'字,就文意而言,省略无妨,就先秦汉语的表达习惯而言,则不能省。此六句,是就本章首两句铺陈开来,论述事物间对立统一、相反相成关系的普遍性,故六句之后,以'恒也'予以判断。按古汉语语法结构分析,这是一个复杂的判断句,'有无之相生也'六句是并列关系,作主语,'恒也'是决断之辞,作谓语。"(《〈老子〉的虚词删省与古本失真》,《中国典籍与文化论丛》第3辑,中华书局1995年12月,第382页)可知,"恒也"二字不可无,今据帛书本补。

③圣人:有道且有位之人。

④万物作而弗始:任由万物自发自动兴起,不启动事物的端始。这正是无为的体现。

北大简本作"万物作而弗辞",郭店简本作"万物作而弗始",傅奕本作"万物作而不为始",河上公本、王弼本作"万物作焉而不辞"。结合"弗"字的语法意义,郭店简本"弗始"即"不始之",意思等同"不为始",也就是"不加以倡导、创始",和上句"圣人居无为之事"印证,今从郭店简本。

易顺鼎:"考十七章王注云:'大人在上,居无为之事,行不言之教,万物作焉而不为始'数语,全引此章经文,是王本作'不为始'之证,但比傅本多一'焉'字耳。作'不辞'者,盖河上本,后人因妄改王本以合之。幸尚存此注,可藉以见王本之真。"蒋锡昌云:"易说甚确。三十章王注:'为始者务立功生事。'三十七章王注:'辅万物之自然而不为始。'二注皆自此经文而来,亦其证也。"

这一句之后,王弼本、傅奕本等比北大简本、帛书本、郭店简本多一句"生而不有"。敦煌本和遂州本亦无"生而不有"一句。

⑤为而弗志:有所施为,却不执着于达成特定目标。

北大简本、帛乙本此句中的"侍",传世本多作"恃",郭店简本、帛甲本皆作"志",今据郭店简本、帛甲本读为"志"。"志",战国金文作𡊒,会意字,上半部分为"之",下部分为"心"。《说文解字注》:"𡊒,意也,从心之,之亦声。""志"的本义指人的内心有了明确的目标和意愿。"为而弗志"的"志",可以理解为内心有所期待、有所希冀。"为而弗志"表明,无为之人不执着于达成特定的目标,顺应自然去"为",一切由事物本有的情理决定功成与否。

⑥成功而弗居:事情能成功,关键在于顺应"道",这一成功过程不凸显某一个体的力量,不强调人为的因素。正因为如此,这种成功也非人力所能撼动,所以后文说:"是以弗去。"

王弼本作"功成而弗居"。王弼注:"因物而用,功彼自成,故不居也。"

【校订文及今译】

天下皆知美之为美,　　天下人知道了美的标准,

恶矣;　　　　　　　　丑的观念也就产生了;

皆知善之为善，	知道了善的标准，
斯不善矣。	不善的观念也就产生了。
故有无之相生，	同理，有和无是相互生成的，
难易之相成，	难和易是相对而言的，
短长之相形，	短和长因为相比较而呈现，
高下之相倾，	高和下之分，源于相互衬托，
音声之相和，	音和声相交织而产生和声，
先后之相随，	前和后相互跟随而得以区分，
恒也。	这类相反相成关系普遍且永恒。
是以圣人居无为之事，	（认识到这种相反相成关系的普遍性，）所以有道的人以无为的方式处理世事，
行不言之教。	以尊重个体天性、润物细无声的潜移默化原则教化民众。
万物作而弗始，	让万物自然兴起而不宣导什么，
为而弗志，	即使有所施为也不预设什么，
成功而弗居。	成就功业（不过是顺应天道的力量），不把功劳据为己有。
夫唯弗居，	正因他不居功，
是以弗去。	所以能够被长久拥戴。

【章旨】

　　承接上章"无名、无欲"和"有名、有欲"两种不同观照宇宙万物的方式，进而阐述这一认识论在治国为政、教化百姓方面的具体运用。在为政的圣人看来，"道"才是造化天地万物的"大匠"，道的力量应该始终是第一位的（这一力量通常体现为民的"自化、自正、自富、自朴"，体现为

"功成事遂,百姓皆谓'我自然'")。圣人自觉地让自己处于呵护、辅助、因应的角色,不敢喧宾夺主抑或"代大匠斫",更不可依照一己私利肆意妄为。由此得出该章主题:以"无为"的方式为政治国,以"不言"的方式推行教化。老子提出这一施政和教化理念既有其理论来源,也有其针对性,因为大部分为政者都难免会带着自己的个人喜好和意欲,给施政对象、教化对象打上自己价值观的烙印,不知不觉堕入"有为",从而有可能给民众的自生长、自发展带来阻碍或干扰。

上章"恒有欲,以观其所徼","徼"释读为边界,这个"徼"在本章进一步具体化为"美恶、善不善、有无、难易、长短、高下、音声、前后"的界限。在"无名"视角下,站在道的高度观照,美和恶、善和不善尚未区分,所有对立范畴(有无、难易、长短、高下……)如混沌未开之时浑然一体。类似的,古希腊哲学家赫拉克利特认为"冷"的对立面是"热",而巴门尼德则认为"冷"就是"不热","光明"就是"不黑暗",没什么对立之说(罗素《西方哲学简史》,陕西师范大学出版社,2010年12月第一版,27页)。可见"有无、难易、长短、高下、音声、前后"这六组性状乃至一切对立范畴中的任何一方都是"无独有偶",不可离开对方而单独存在。王弼亦认为:"美恶犹喜怒也,善不善犹是非也。喜怒同根,是非同门,故不可得而偏举也。"老子罗列这6组对立范畴是为了说明一个恒久且普遍的原理:宇宙万物原本并不存在这种对立,美丑、善恶并非事物的本性。有了这种认识,圣人才能够超越暂时的、变动不居的相对性,进而包容万物的差异和多样性。

"无名,万物之始也;有名,万物之母也。"万物被命名后,各种性质的区别对立产生了,且互相以对方为存在条件。然而"有名"视阈下的对立状态不是宇宙万物的本原和初始状态。因此,圣人不只局限于以自我为中心去追逐外物、治国为政、教化百姓,而是回复自己对"道"的顺应和从属关系、摆正自我和其他个体以及宇宙万物的平等关系。唯有在道的高度"一览众山小",才有可能做到"无我""无为",不添加任何主观、私心、情感于客观情理之上。为政者所要"为"的,在于发现每个个体和事物的独特禀赋,为其内在力量生长、独有禀赋的发展创造条件。

"万物作而弗始,为而弗志,功成而弗居"分别对应"无为"的起始、中间和结束三个阶段:有道之人在这三个阶段始终做到"无我",只是"辅万物之自然"。

第四十七章（王弼本3章）

●不上（尚）贤①，使民不争；不贵难得之货②，使民不为盗；不见③可欲，使心④不乱。

是以圣人之治也，虚其心⑤，实其腹⑥，弱其志⑦，强其骨⑧。恒使民无智（知）无欲⑨，使夫智不敢、弗为，则无不治矣⑩。

【注释】

①不尚贤：不推崇贤能之士。

北大简本"上"通"尚"，义为"崇尚、推崇"，类似用法如《左传·桓公八年》："季梁曰：'楚人上左，君必左，无与王遇。'"

"贤"，西周金文作🐚，形声字，贝为形，臤为声，本义指多财。《六书故》："贤，货贝多于人也。"很多情况下，生财有道的人往往智力、能力出众，因此"贤"字又引申出有才能、品质优秀等意思。如《说文解字·贝部》："贤，多才也。"

②难得之货：金玉珠宝之类。

③见（xiàn）：使……显现。

林希逸曰："人惟不见其可欲，则其心自定。"

④心：河上公本、想尔注本同，帛书本作"民"，王弼本、傅奕本作"民心"。

⑤虚其心：使百姓内心简单，纯朴率真。

"其"，吴澄曰："四'其'字，皆指民而言。"

⑥实其腹：填饱人民的肚子，使人民不受冻馁之苦。

⑦弱其志：减损百姓过多的心志、思虑。

⑧强其骨：使百姓筋骨强健、少有疾病。

⑨无知无欲：在《老子》崇尚淳朴之"愚"的语境里，"知"有时指"智巧伪诈"。所以老子说："非以明民，将以愚之。"

"欲"，《说文解字·欠部》："欲，贪欲也。"《论语·宪问》："克、伐、怨、欲不行焉，可以为仁矣？"何晏《论语集解》引马融曰："欲，贪欲也。"

⑩使夫（fú）智不敢、弗为，则无不治矣：帛乙本作"使夫知不敢、弗为而已，则无不治矣"。王弼本、河上公本作"使夫智者不敢为也，为无为，则无不治矣"。傅奕本作"使夫知者不敢为。为无为，则无不为矣"。此章主张为政者营造一个淳朴的外部环境，而非"无为"主题，因此，传世本"为无为"或是后世传抄者所加。

"治"，指政治清明，社会安定有秩序，与"乱"相对。如《易·系辞下》："君子安而不忘危，存而不忘亡，治而不忘乱。"

【校订文及今译】

不尚贤，使民不争；	不崇尚贤能多才，使人民不争竞；
不贵难得之货，	不以难得的财货为珍贵，
使民不为盗；	使人民不铤而走险做盗贼；
不见可欲，	不让贪欲显现、被激发，
使心不乱。	使民心不被扰乱。
是以圣人之治也，	所以有道之人治理天下，

虚其心，	使人民内心简单淳朴，
实其腹，	解决人民的饮食温饱，
弱其志，	减损人民的思虑杂念，
强其骨。	强健人民的筋骨。
恒使民无知无欲，	常常使人民淳朴无智巧、少有贪欲，
使夫智不敢、弗为，	使那些智巧奸诈的人不敢为非作歹、不肆意妄为，
则无不治矣。	这样的话，社会没有不安定有序的。

【章旨】

此章主题是探讨如何实现长治久安。一个国家的社会风尚，必然和为政者的价值观导向密切相关。老子的治国理念和他的价值观"视素抱朴，少私寡欲""知足者富"也密切联系。"不尚贤""不贵难得之货"表明，老子警惕整个社会陷入汲汲于名利、狂热追求虚荣和财富的漩涡中。

从微观的个体看，一个人如果欲求太多太杂，则烦恼丛生、永无宁日，谈不上真正的幸福。所以，"不尚贤，使民不争；不贵难得之货，使民不为盗"目的就是给整个社会"降火退热"，从根源上减轻人民的痛苦，提高人民的幸福度。"虚其心，实其腹；弱其志，强其骨"就是为达成这一目标而提出的清晰策略：保证民众丰衣足食，且具有强健的生命力。在"小国寡民"章描绘的理想社会，已经觉悟且赞成这一理念的人们"甘其食，美其服，安其居，乐其俗"，相对容易知足、知止而达成真正的快乐和幸福。

为实现天下大治的政治理想，老子主张以减少分别和差级的方式来治理民众，创建、营造淳朴自然的社会风尚。这一良好社会风尚一方面要激发、鼓励人性中潜在的善，另一方面也要使人们有所敬畏，防备、抑制人性中潜在的恶（比如"使夫智不敢、弗为"）。

第四十八章（王弼本 4 章）

●道冲^①而用之,有（又）弗盈^②。渊^③旖（兮）^④！佁（似）万物之宗。｛挫〈挫〉其脱（锐）,解其纷,和其光,同其衿（畛）｝^⑤湛^⑥旖（兮）！佁（似）或存。吾不智（知）其谁〔之〕子^⑦？象帝之先^⑧。

【注释】

①冲:虚空。

帛乙本、王弼本同,傅奕本作"盅"。《说文解字·皿部》:"盅,器虚也。《老子》曰:'道盅而用之。'"俞樾曰:"'道盅而用之','盅'训虚,与'盈'正相对,作'冲'者,假字也。第四十五章'大盈若冲','冲'亦当作'盅'。"

②又弗盈:又能保持不盈满。

北大简本"有弗盈","有"通"又"。《太平御览》三百二十二引《墨子》曰:"善持胜者,以强为弱,故《老子》曰:'道冲而用之,有弗盈'也。"和北大简本同。王弼注:"故冲而用之又复不盈,其为无穷亦已极矣。"可见王弼所见本子作"又"。关于此处各本异文"有""又""久""或",马叙伦分析说:"《墨子》引作'有',河上作'或',易州作'久',四字古皆通。

'又'、'有'、'或'古通，具见《经传释词》，验义则'久'字为长。'又'、'有'、'久'亦通。……盖'又'、'久'、'有'三字声，并属之类也。"

北大汉简《老子》、帛书本《老子》的"弗盈"，和王弼本、河上公本"不盈"相比较，"弗"被后世传抄人改写为"不"之后，其表示否定的词汇意义不变，但"弗"字所具有的语法意义丢失。

美国学者魏克彬《从出土盟书中的有关资料看战国时代"弗"字记录"不之"合音的现象》（《中国语文》2019 年第 2 期，第 131 页）一文认为："春秋末到战国初期，书写者开始借用'弗'字来写'不之'的合音。……西元前五世纪的侯马盟书中'弗'与'不之'通用的例子是'弗'相当于'不之'说法非常有力的证据。"他所依据的侯马盟书材料，和《老子》正处于同一个时代。因此，魏克彬这一结论，完全可以运用于《老子》的释读。

根据另一些学者对"弗"字语法意义的分析，此处的"盈"应理解为使动用法，"弗盈"意为"不盈之"或"使之不满盈"。"弗"等于"不使"，这是高思曼（Robert H. Gassmann）提出来的。他认为"弗"是一个由否定词"不"和使动词"使"组织的融合形式，即"不+使 = 弗"（高思曼：《否定句"弗"的句法》，《古汉语研究》，1993 年第 4 期，第 39 页）。张玉金也指出，出土战国文献中，形容词或以形容词为中心语的短语之前用"不"而不用"弗"。只有当形容词活用或兼作及物动词（使动用法、意动用法）时，才可用"弗"否定（张玉金《出土战国文献中"不"和"弗"的区别》，《中国语文》，2014 年第 3 期，第 271 页）。

事实上，基于"弗"字上述三种不同角度语法意义的分析，对"弗盈"的释读在义理上是很接近的，可以理解为"使（道体自身）处于不盈满"。

而当代学者在释读此句时，多将"不盈"或"弗盈"释为"不可穷尽"。

如任继愈《老子绎读》:"道不可见,而用它用不完。"高明《帛书老子校注》:"四十五章'大盈若冲,其用不穷',然则'不盈'犹言'不穷'矣。"陈鼓应《老子今注今译》:"道体是虚空的,然而作用却不穷竭。"

这个典型的例子表明,一些虚词在文本传抄中发生替换,也会带来义理上的损失或改变。北大简本、帛书本"道冲而用之,又弗盈",反映的是"道"具有一种自我调节属性,这对于我们基于简帛本《老子》重新探讨老子哲学思想,也具有重要参考意义。

③渊:深水处。

《玉篇》:"渊,水停又深也。""渊"似乎可以把万物吞没,若反观之,则又可生万物。此意象被老子用来譬喻"道"。《管子·形势》:"渊者,众物之所生也。"

④兮:北大简本作"旖",今从王弼本读为"兮",此语气词帛书本对应作"呵",河上公本作"乎"。

⑤挫其锐,解其纷,和其光,同其畛:北大简本作"座其脱,解其纷,和其光,同其衿"。"座"为"挫"之讹写,"脱"读为"锐","衿"通"畛"。可参考第十九章(王弼本56章)注释②。

马叙伦:"'挫其锐'四句,乃五十六章错简;而校者有增无删,遂复出也。"

陈鼓应:"这四句疑是56章错简重出,因上句'渊兮似万物之宗'与下句'湛兮似或存'正相对文。"

今据马、陈上述意见删去此句。

⑥湛:水深的样子,形容道的幽深。

林希逸曰:"湛者,微茫而不可见也。若存若亡,似有而似无,故曰'湛兮似若存'。即'恍兮惚兮,其中有物'是也。"《楚辞·招魂》:"湛湛江水今上有枫,目极千里今伤春心。"

⑦吾不知其谁之子:我不知道"道"由什么产生。

"吾",老子自称。"其",指代"道"。

北大简本作"吾不智其谁子","智"通"知"。王弼本作"吾不知谁之子",帛乙本作"吾不知元(其)谁之子也"。今据帛乙本补"之"字。

⑧象帝之先:(道)好像存在于天帝之前。

"象帝之先"和25章"先天地生"(王弼注:"不知其谁之子,故先天地生"。)可互证。

【校订文与译文】

道冲而用之,	道因其虚空而运转、发挥作用,
又弗盈。	且又能够始终保持不满盈的状态。
渊今！似万物之宗。	如深渊一样啊！好似万物的源头。
湛今！似或存。	微渺难求啊！若有若无。
吾不知其谁之子,	我不知道它来自何处,
象帝之先。	似乎出现在天帝之前。

【章旨】

此章主题是对宇宙本原的感悟,强调"道"能始终居于冲虚,这反映了"道"具有一种自我调节机制,并因此得以源源不断地实现生养万物之妙用。人若保持不盈满的状态,亦是效法天道冲虚之德。

"道冲而用之,又弗盈"表明,道因其冲虚而发挥作用,又能始终保持不盈满的状态。这描述的纯粹是本体论方面的内容。宋代吕惠卿、元代吴澄以体用关系来释读此句中"冲虚"和"不盈"的关系。吕惠卿说:"道之体则冲,而其用之则或不盈。"吴澄:"道之体虚,人之用此道者亦当虚而不盈,盈则非道矣。"吴、吕二人认为此句包含两个主语"道"和"人",

严格地讲,是理解上的一种偏差。但若从遵道而行的角度来看,避免处于"盈满"状态方才合于道,却也是此句所要申明的。这一哲学思想在《老子》全书中多有体现,比如"持而盈之,不如其已。揣而锐之,不可长保。金玉满堂,莫之能守。富贵而骄,自遗其咎。功成身退,天之道"(第7章)。作为宇宙本原的道"弗盈",而天地亦是如此:"故飘风不终朝,骤雨不终日。孰为此者?天地。天地尚不能久,而况于人乎?"(23章)由天地又进一步体现为社会中的人:"企者不立,跨者不行,自见者不明,自是者不彰,自伐者无功,自矜者不长。"(24章)

《老子》中还有一些意象,与"道冲而用之又弗盈"所体现的哲学思想亦有关,比如28章的"溪""谷":"知其雄,守其雌,为天下溪。为天下溪,恒德不离,复归于婴儿。知其白,守其辱,为天下谷。常德乃足,复归于朴。""溪、谷"都是虚空不盈满的意象。

此外,"是以圣人去甚,去奢,去泰"(29章),"物壮则老,是谓不道"(30章)中的"甚、奢、泰、壮"等,都是"盈满"的具体体现。面对这纷繁复杂的"盈"的外在形式,老子抽绎出以下一些结论:"保此道者,不欲尚盈"(15章,据郭店简本),"知止可以不殆"(32章)。严遵则认为盈满悖道的现象会受到超自然力的惩戒:"盛壮有余,鬼神害之;盈满亢极,鬼神杀之。"

第四十九章（王弼本5章）

　　●天地不仁^①，以万物为刍狗^②；圣人不仁，以百姓为刍狗。

　　天地之閒（间），其犹橐籥虖（乎）？虚而不屈，动而揄（愈）出^③。多闻数穷，不若守于中^④。

【注释】

　　①仁：亲善，仁爱。《说文解字·人部》："仁，亲也。"

　　②刍狗："刍"字甲骨文作𦥙，西周金文作𦥑，象用手拔草形。这里"刍"字作"草"解。刍狗即稻草扎成的狗，在古代祭祀时作为供品奉献给神，仪式结束即被丢弃，任人践踏。《庄子·天运》："夫刍狗之未陈也，盛以箧衍，巾以文绣，尸祝斋戒以将之；及其已陈也，行者践其首脊，苏者取而爨之而已。"魏源《老子本义》："结刍为狗，用之祭祀，既毕事则弃而践之。"

　　③天地之间，其犹橐籥（yuè）乎？虚而不屈（jué），动而愈出："橐籥"，古人用于冶炼金属的风箱。吴澄曰："橐籥，冶铸所用，嘘风炽火之器也。为函以周罩于外者，橐也。为辖以鼓于内者，籥也。"奚侗："天地之生万物，以元气相鼓荡，如橐籥然。"

"屈",读为"竭",枯竭。

张家山汉简《引书》中引用了这一段文字来说明养身的道理:"治身欲与天地相求,犹橐籥也,虚而不屈,动而愈出……此利身之道也。"

北大简本"揄"通"愈"。

④多闻数(shuò)穷,不若守于中:"多闻",帛书本同,"多闻"指代五官为外物所惑而心神迷失,和下文"守于中"的状态相对。王弼本作"多言"。"数",屡次,往往。

"不若守于中",王弼本作"不如守中"。"守中",严灵峰、陈鼓应等人认为应作"守冲"解,意思是持守虚静之道。

【校定文及今译】

天地不仁,	天地无仁爱等情感,
以万物为刍狗;	它对待万物就像人们对待祭祀用的刍狗一样;(仪式结束后即被丢弃。)
圣人不仁,	圣人效法天地治理天下,(也不添加主观情感。)
以百姓为刍狗。	以百姓为刍狗。
天地之间,其犹橐籥乎?	天地之间,岂不像个风箱吗?
虚而不屈,	箱体空虚,功用却不枯竭,
动而愈出。	越鼓荡风出来越多。(天地也是推陈出新,万物在其中生生不息。)
多闻数穷,	追逐外物往往使自己陷入困厄,
不若守于中。	不如持守虚静。

【章旨】

"天地不仁,以万物为刍狗"表明,道虽然化生出万事万物,然而无目的无意识,对任何物种或个体也无偏爱,并不具有人类般的情感。也就是说，道不是一个人格意义上的神。万物依照道所限定的自然法则运行。圣人治理百姓，也应像天地一般公正、公平。

承接上章"道冲而用之，又弗盈"，此章以"橐籥"为生命体模型进一步论述道是如何"冲而用之"，如何因冲虚实现其生养万物之妙用。

橐籥（风箱）对老子而言，是用来阐明"道"的一个很形象的"教学道具"：我们原本以为空无一物的"虚"，其实是绵绵不绝、生生不息的"有"，并且此"虚"与"动"有着密切的相关性，也即"动而愈出"。

河上公注："天地之间空虚，和气流行，故万物自生。人能除情欲，节滋味，清五藏，则神明居之。"在河上公看来，宇宙、人体和橐籥，有着类似的结构和运行机制，因此人修行应当效法橐籥这一天地（宇宙）运作模式，也即"多闻数穷，不若守于中"。见下表：

	结构	运作方式	效应
道	冲（虚空）	冲而用之，又弗盈	其用不穷
橐籥	中空	虚而不屈（竭）	动而愈出
宇宙（天地之间）	空虚	天地之间空虚，和气流行	万物自生
人体	空	除情欲、清五藏、节滋味	神明居之

第五十章（王弼本 6、7 章）

●谷神①不死，是谓玄牝②。玄牝之门，是谓天地③之根。绵虖(乎)④若存，用之不堇(勤)⑤。

天长地久⑥。天地之所以能长且久者，以其不自生⑦也，故能长生⑧。是以圣人后其身而身先⑨，外其身而身存。不以其无私虖(乎)？故能成其私。

【注释】

①谷神：用以形容永恒存在的道。

"谷神"是以山谷意象，来描摹"道"。"道"是万物的根源，如同随着四季不断变化的虚空的山谷，万物在其中生生不息。刘坤生："《老子》中除了此次以外，共用'谷'九次，全部都是指山谷之谷，取山谷虚无深藏之意，以喻道之虚空幽渺。41章说'上德若谷'，是说最好的德行是空虚如山谷。这是老子用'谷'之本意。"

《老子》无人格意义上"神"的概念，"谷神"之"神"是为了强调道具有"无形无象、变幻莫测如神灵"的特征。王弼注："谷中央无者也。无形无影，无逆无违，处卑不动，守静不衰，物以之成，而不见其形，此至物也。"

侯外庐说:"《老子》书中也出现'神'字,如'谷神不死'之类,后来朱子还把这一点肿胀起来,然而'神'在《老子》书中是泛神一类的概念,完全义理化了。"

②玄牝:道之形象化比喻。

"牝"字甲骨文字形有 ⚊ ⚊ ⚊ 等等,是在"牛、虎、鹿"等字形上添加意符 ⚊ 而成。意符 ⚊ 指代雌性动物的产道。可见"牝"是一个集体名词,古人用来统称所有雌性的兽类。"道"是万事万物所从出的源头,然而它又无形无象,因此老子采用"牝"这一形象事物来说明"道"化生万物的性质,再加上"玄"这一修饰语使之与具体的雌性兽类区分开来。

③天地:这里是指代宇宙以及宇宙中的万物。

④绵乎:细微而又连绵不绝的样子。用以形容道化生万物的状态。

《说文解字・系部》:"绵,联微也,从系,从帛。"《玉篇・系部》:"绵,绵绵不绝也。"

整理者:"绵虖,传世本作'绵绵(绵绵)',帛书作'绵绵呵',此处'绵'下或遗漏重文号。"

⑤勤:北大简本作"堇",从王弼本读为"勤",意为穷尽。帛书本作"堇"。

⑥天长地久:即天地长久。遂州碑本作"天地长久"。

⑦以其不自生:因为(天地)不着力于自身的繁衍。

成玄英疏:"言天地但施生于万物,不自营己之生也。"

⑧故能长生:所以能够长久存在。

奚侗:"天地生养万物,不求自益其生,故能超然于万物之外,而能长生。"想尔注本作"故能长久"。

⑨是以圣人后其身而身先:"后",传世本同,帛书本作"退"。北大简

本第三十章部分内容和此句相呼应:"是[以圣]人之欲高民也,必以其言下之;其欲先民也,必以其身后之。是以居上[而]民弗重,居前而民弗害也,是以天下乐推而弗厌也。不以其无争邪?故天下莫能与之争。"

【校订文及今译】

谷神不死,	(道)如同虚空幽渺的山谷,在化生万物中实现其永恒,
是谓玄牝。	又如同玄妙的雌兽。
玄牝之门,	玄妙雌兽之门,
是谓天地之根。	是天地万物的根源。
绵乎若存,	这一进程绵绵不绝,若隐若现,
用之不勤。	其作用无穷无尽。
天长地久。	天长地久。
天地之所以能长且久者,	天地能够长久的原因,
以其不自生也,	在于它们(化生养育万物,)不汲汲于利益自我,
故能长生。	所以能实现其长久。
是以圣人后其身而身先,	圣人先人后己,从而被百姓所推戴,
外其身而身存。	身心澹泊超然物外,反而得以保全。
不以其无私乎?	不正是由于他如此无私吗?
故能成其私。	所以能成就自我。

【章旨】

"谷神"指浑沌状态的先天之"道"。邵雍《击壤集·恍惚吟》曾有过描摹:"恍惚阴阳初变化,氤氲天地乍回旋。"

谷神的功用是生养万物。高亨《老子正诂》:"谷神者,道之别名也。

'谷'读为'穀'。《尔雅·释言》:'穀,生也。'《广雅·释诂》:'穀,养也。'谷神者,生养之神。"谷神虽混沌虚无,万事万物却由此而化生——"玄牝之门,是谓天地根"。它是生命源头,其作用永不衰减。

谷神化生万物的方式,是通过类似于雌性兽类产仔这一方式实现的,在这种生生不息的过程中,"谷神"得以实现生命绵绵不绝地延续,所以"不死"。而《老子》的一个重要价值观是崇尚长久,在理论上,接近这一目标的途径是效法先天之道的混沌虚无状态。

世间生物的终极目的都是为了"自生",也即繁殖自身的后代,这是一种"自私",是导致排他、竞争的根源。天地则不"自生",只是默默为世间万物创造外部环境,其无私、不争显而易见。正因为如此,只有天地有资格为世间万物之长。圣人应效法其无私、不争之德,方能成就大境界,同时也实现其自身价值。

第五十一章（王弼本8章）

●上善①如水,水善利万物而有(又)争(静)②。[居]众人之所恶③,故幾于道④矣。

居善地⑤,心善渊⑥,予善天⑦,言善信,正(政)⑧善治,事善能,动善时。

夫唯不争,故无尤。

【注释】

①上善:最高境界的善。

吴澄:"上善,第一等至极之善,有道者之善也。"

②水善利万物而又静:北大简本作"水善利万物而有争","有"通"又","争"应从帛甲本读为"静"。整理者:"'争',帛乙同,当如帛甲读为'静',传世本'有争(静)'作'不争',为后人误解而改。"

③居众人之所恶(wù):处在众人厌嫌的地方。

奚侗:就下受垢,皆人之所不欲,而水处之。

北大简本脱漏一"居"字,今据帛书本补。

④幾(jǐ)于道:接近于道。

《尔雅·释诂》:"幾,近也。"

苏辙:"道无所不在,无所不利,而水亦然。然而既已丽于形,则道有间矣,故曰幾于道。然而可名之善,未有若此者。故曰上善。"

⑤居善地:处于适宜的地方。

以下共"七善",指圣人具备的特征。姚鼐:"'居善地'以下,言圣人,非言水也。"

⑥心善渊:内心如深渊一样澄静而幽深。

《诗·燕燕》:"其心塞渊。"毛传:"渊,深也。"《庄子·在宥》:"其居也,渊而静。"郭象注:"静之可使如渊。"

⑦予善天:给予万物善于因循天道。

帛乙本同,传世本多作"予善仁"。

许抗生说:"给予人就要善于做到像'天'一样。'天'又是怎样给予人的呢? 老子说:'天之道,损有余而益不足。'又说:'天道无亲,常与善人。'可见,'予善天',就是说给予人就要善于像'天'那样'天道无亲,常与善人',并要做到如天之道那样'损有余而益不足',做到均平天下。"

⑧政:政事,为政。

北大简本作"正",应如傅本、顾欢本、开元碑本读为"政"。张松如:"古书'政''正'本多通用。"

【校订文及今译】

上善若水,	最高境界的善,就像水一样,
水善利万物而又静。	水善于灌溉、滋润万物,却又宁静澹泊。
居众人之所恶,	水还可以居于众人所厌嫌的处所,
故幾于道矣。	所以最近似于道了。
居善地,	(圣人)像水那样,善于随物就形,处在适宜的地方,

心善渊，	内心如澄澈的池渊一样深沉，
予善天，	施予万物(像水一样顺应天道)就虚避盈，
言善信，	说话(像澄清之水映照外物那样)真实诚信，
政善治，	为政(像水脉那样)有条不紊，
事善能，	处事(像水那样因势利导)发挥所长，
动善时。	行动(像水那样顺应天时)把握时机。
夫唯不争，	正因为不与人争，
故无尤。	所以不招致怨恨。

【章旨】

此章承接上章"谷""玄牝""天地"等意象，进一步用水之"象"来比喻圣人利益民众而无私、宁静澹泊而不争，且有"八善"，从而近似于"道"。

《老子》思想体系中，"道"有生命的意蕴。水是生命之源。观水悟道，以水论道，亦屡屡见诸中国古代文献中。《老子》此章，是这类论述中最著名的一例。另一例如《荀子·宥坐》，归纳了水具有九种品质："孔子观于东流之水。子贡问于孔子曰：'君子之所以见大水必观焉者，是何？'孔子曰：'夫水，大遍与诸生而无为也，似德；其流也埤下，裾拘必循其理，似义；其洸洸乎不淈尽，似道；若有决行之，其应佚若声响，其赴百仞之谷不惧，似勇；主量必平，似法；盈不求概，似正；淖约微达，似察；以出以入，以就鲜洁，似善化；其万折也必东，似志；是故君子见大水必观焉。'"

第五十二章（王弼本9章）

●持而盈之，不如其已^①。梪（敂）而允〈兑〉（锐）之^②，不可长葆（保）。金玉盈室^③，莫能守。富贵而骄，自遗咎^④。

功遂身退，天之道也。

【注释】

①持而盈之，不如其已：保持盈满，不如适时停止。

陈剑《老子译注》说："'持而盈之'是持盈一词的繁文，'持盈'是古之习语，多见于先秦两汉典籍。《国语·吴语》：'能援持盈以没。'……'持盈'一词源于对欹器的理解。《荀子·宥坐篇》：

孔子观于鲁桓公之庙，有欹器焉……弟子挹水而注之。中而正，满而覆，虚而欹，孔子喟然而叹曰：'吁，恶有满而不覆哉！'子路曰：'敢问持满有道乎？'孔子曰：'聪明圣智，守之以愚……'

子路所说的'持满'即是'持盈'。欹器，据方家考证即是出土所见小口尖底瓶，无水时倾斜，半水时端正，满水时倾覆。……所以'持盈'一词古意基本相同，为保持盈满、居盛不衰之意。"

②敂（duǒ）而锐之：锻打（兵刃）使之锐利。

王弼注："即揣末令尖，又锐之令利，势必摧衄，故不可长保也。"

北大简本原文作"椯而允之"。"椯",王弼本作"揣",郭店简本作"湍",傅奕本及姚鼐所见古本作"敲"。今从傅奕本读为"敲",有"锻、捶打"义。《集韵·果韵》:"捶,或作敲。"《一切经音义》:"捶,锻也。"

"允",帛书本同,郭店简本作"羣",廖名春《郭店楚简校释》:"'羣'、'允'与'梲'、'挩'一样,皆为'锐'之借字,故书当作'锐'。"一说"允"为"兑"字讹写,通"锐"。

③盈室:帛书本同,傅奕本作"满室",王弼本作"满堂"。从"盈室"到"满室",再到"满堂",是避讳和词汇的更换在文本演变中的体现,并非《老子》文本流传的早期就有这些不同的版本。

④富贵而骄,自遗(wèi)咎:"遗",给予。"咎",祸患。

"富贵",传世本同,郭店简本、帛书本作"贵富"。

【校订文及今译】

持而盈之,不如其已。	执持盈满,不如适可而止。
敲而锐之,不可长葆。	锻打兵刃使之又尖又利,锋锐难以长久。
金玉盈室,莫能守。	金玉堆满房间,没有谁能一直守住。
富贵而骄,自遗咎。	富贵而骄横傲慢,会给自己带来祸患。
功遂身退,天之道也。	功成身退,契合天道。

【章旨】

《老子》一书以政治哲学为论述主题,是为政者的重要参考。因而此章的重点和结论在最后一句:"功遂身退,天之道也。""盈、锐、金玉满堂、富贵而骄"等极端的状态都处于危险境地,不能达成老子所尤其推重的价值观——久。

邵雍《安乐窝中吟》:"美酒饮教微醉后,好花看到半开时。"契合此章主旨。

第五十三章（王弼本 10 章）

●载荧魄抱一①，能毋离虖（乎）？槫〈抟〉气致柔，能婴儿虖（乎）②？修（涤）除玄鑑③，能毋有疵虖（乎）？爱民沽〈治〉国，能毋以智虖（乎）④？天门启闭，能为雌虖（乎）？⑤明白四达，能毋以智（知）虖（乎）？⑥故生之畜之，生而弗有，长而弗宰，是谓玄德。⑦

【注释】

①载（zài）荧魄抱一：精神与形体相守合一。

"载"，发语词，以加强语气。唐代陆希声说："载，犹夫也，发语之端也。"相同用法如《诗·鄘风·载驰》："载驰载驱，归唁卫侯。"宋代褚伯秀则认为"载"属于上章末句，通语气词"哉"，被误划入此章开头。

各本唯北大简本作"荧"，传世本及帛乙本作"营"。"荧"和"营"多互通。

"荧（营）魄"即精魂与形体。河上公曰："营魄，魂魄也。"朱谦之："'魄'，形体也，与'魂'不同，故《礼运》有'体魄'，《郊特牲》有'形魄'。又'魂'为阳为气，'魄'为阴为形。高诱注《淮南·说山训》曰：'魄，人阴神也；魂，人阳神也。'王逸注《楚辞·大招》曰：'魂者，阳之精也；魄者，阴之形也。’”

由于对"一"的理解存在分歧，相应地，"载营魄抱一"有以下几种释读：

一、精神与形体不分离。林希逸："合而言之，则营魄为一，离而言之，则魂魄为二。"《抱朴子》："人无贤愚，皆知己身有魂魄，魂魄分去则人病，尽去则人死。"今从之。

二、精神与形体回复至道的初始状态"一"，"营魄抱一"是一种神与气融合、心性与生命交会合一的状态。由"道生一，一生二，二生三，三生万物"可知，"一"是道尚未分化出宇宙及万事万物的初始状态，因此和"道"还是有区别的。河上公曰："言人能抱一，使不离于身，则身长存。一者，道始所生，太和之精气也，故曰一。"

三、精神与形体合而为一，且与道融合。如陈鼓应说："（抱一即）合一。二十二章：'是以圣人抱一为天下式'，'抱一'作'抱道'解。三十九章：'古之得一者'，'一'指'道'。本章的'抱一'，指魂和魄合而为一。魂和魄合而为一，亦即合于'道'了（这个"道"含有融合统一的意思）。"

②抟（tuán）气致柔，能婴儿乎："抟"，聚集成团。唐玄应《一切经音义》卷九引《通俗文》："手团曰抟。"北大简本作"槫"，古籍"木"部和"扌"部字常互混，当为形近而讹。

"抟气"是指通过导引、吐纳、入静等方式，使体内的"气"生发、聚集、运行。如《管子·内业》："抟气如神，万物备存。能抟乎？能一乎？"

有人据此句认为《老子》是修炼气功之书。针对这一观点，刘笑敢说："（《老子》）有开源之功，但是它并没有提供十分具体的修炼方法，因为它的思想中心并不在于此，并不是气功之作。"

③涤除玄鑑："涤"，清洁。北大简本作"修"，通"涤"。传世本多作"涤"。

"玄鑑",是将映照外物的内心比喻为镜子。"鑑",帛乙本作"监",帛甲本作"蓝",传世本皆作"览"。《太玄·童首》:"修其玄鉴。"

④爱民治国,能毋以智乎:"治",北大简本作"沽",帛乙作"栝",皆为"治"之讹。裘锡圭主编的《长沙马王堆汉墓简帛集成》(肆)认为此"沽"字是"活"的异体字。可备一说。"能毋以智乎",帛乙本作"能毋以知乎",王弼本作"能无知乎",想本作"而无知"。易顺鼎指出王弼注正作"无以智":"'爱民治国,能无知',当作'能无以智',与下句'无知'不同。王注云:'治国无以智,犹弃智也。能无以智乎?则民不辟而国治之也。'是王本正作'能无以智'。以,用也;无用智,故曰'犹弃智'。六十五章:'故以智治国,国之贼;不以智治国,国之福。'正与此文互相证明。今王本作'无知',实非其旧。《释文》出'以知乎'三字,下注云:'音智',河上本有直作'智'。此条幸在,可以破后人妄改之案,而见王注古本之真。"

⑤天门启闭,能为雌乎:"天门",指人的口眼耳鼻舌等感官。高亨《老子正诂》:"耳为声之门,目为色之门,口为饮食语言之门,鼻为嗅之门,而皆天所赋予,故谓之天门也。"一说"天门"为"玄牝之门",也即"道之门"。这种理解从字面上看虽无不妥,但与此章围绕个体修养的主题不相关。另外,王本52章"塞其兑,闭其门"亦指感官欲望之门。《庄子·天运》:"其心以为不然者,天门弗开矣。"

"启闭",开启和闭合。帛乙本作"启阖",传世本作"开阖"。

"为雌",王弼本、河上公本作"无雌",而王弼注:"言天门开阖,能为雌乎?则物自宾而处自安矣。"可证王弼所见本原作"为雌"。《老子》中的"雌"相对"雄"而理解,具有"不强烈、柔和、留有余地"等意味,"天门启闭,能为雌乎"强调感官的运用应受心神支配,不可过于剧烈、喧宾夺主,不可五官失卫、耗散本真。

⑥明白四达,能毋以知乎:感悟通达四方,能否不依赖苦思力索?

"明白",感悟。白玉蟾注:"一理烛照,冰融月皎。"《庄子·天道》:"夫明白于天地之德者,此之谓大本大宗。""四达",通达四方。在此指灵感勃发、豁然贯通的境界。如《朱子语类》卷139《论文上》:"义理既明,又能力行不倦,则其存诸中者,必也光明四达,何施不可!"

"能毋以知",北大简本作"能毋以智","智"从帛乙本读为"知"。整理者:"帛乙'智'作'知',河本作'能无知',与简帛本接近。傅本作'能无以为',王本作'能无为',想本作'而无为'。此句与上文重复,故传世本多改为'无为'。"

按:此句各本差异较大,然《淮南子·道应训》引文作"明白四达,能无以知乎",恰与北大简本、帛书本相近。《淮南子》下面这段文字亦见于《庄子·知北游》,语句略有不同,有助于对此句文义的理解:"啮缺问道于被衣,被衣曰:'正女形,壹女视,天和将至。摄女知,正女度,神将来舍,德将来附若美,而道将为女居。惷乎若新生之犊,而无求其故。'言未卒,啮缺继以雠夷,被衣行歌而去曰:'形若槁骸,心如死灰。真实不知,以故自持,墨墨恢恢,无心可与谋。彼何人哉!'故老子曰:'明白四达,能无以知乎?'"

⑦故生之畜之,生而弗有,长而弗宰,是谓玄德:这四句,又见于第十四章(王弼本51章)而文字略有不同。王弼本作"生之畜之,生而不有,为而不恃,长而不宰,是谓玄德"。马叙伦认为这部分为错简掺入此处,其说可从。

【校订文及今译】

载茅魄抱　　　，　　　形神相抱相守,

能毋离乎？	能够始终不分离吗？
抟气致柔，能婴儿乎？	身体能否通过抟气，如婴儿般骨弱筋柔吗？
涤除玄鑑，能毋有疵乎？	内心能否像涤除锈斑的镜子，没有一点疵垢吗？
爱民治国，	爱民治国，
能毋以智乎？	可以不凭借智巧吗？
天门启闭，	五官感受外界，
能为雌乎？	能够居于雌柔，不耗散本真吗？
明白四达，能毋以知乎？	能够在无思无虑、离形去知的冥想中有所感悟而通达四方吗？

【章旨】

这一章主题是个体的修行。老子用排比六个设问句的方式，列举了个体遵道而行的六个方面：身心关系、身体、心境、为政、感受外界、感悟道。

载茕魄抱一，能毋离乎？强调形神相抱相守，神凝气聚，不为外惑所诱而离散。即《庄子·达生》"合其德"。

抟气致柔，能婴儿乎？强调身体炼养时，能觉知并善于调控体内无形的"能量流"。即《庄子·达生》"养其气"。

涤除玄鑑，能毋有疵乎？强调内心的宁静和专注。即《庄子·达生》"一其性"。

爱民治国，能毋以智乎？王弼本65章说："不以智治国，国之福。"主张治国应摒弃智巧伪诈。

天门启闭，能为雌乎？强调五官的运用轻柔、有度，不被外物牵引而撼动心神、耗散元气，谨守骨弱筋柔、心如赤子的本真境界。

明白四达,能毋以知乎? 主张不通过"知"的路径认识世界,转而进入虚静状态,直接与道契合,引发喷薄而出的感悟,如《易·系辞上》:"无思也,无为也,寂然不动,感而遂通天下",从而明白四达,澈照宇宙万物。

第五十四章（王弼本 11 章）

●卅辐同一毂①，当其无，有车之用也；挺殖（埴）[为]器②，当其无，有殖（埴）器之用也；凿户牖，当其无，有室之用也③。

故有之以为利，无之以为用。

【注释】

①卅（sà）辐同一毂（gǔ）：三十根辐条连接在同一个轮毂上。

"卅"，三十。"毂"，车轮中圆环状的构件，中心有洞，方便车轴穿过，外围连接车轮的辐条。《六书故》："轮之中为毂，空其中，轴所贯也，辐凑其外。"

王弼本作"三十辐共一毂"。

②挺（shān）埴为器：揉捏黏土成器皿形以烧制陶器。

"挺"，揉捏。《字林》："挺，柔也；今字作'揉'。"朱骏声："凡柔和之物，引之使长，持之使短，可折可合，可方可圆，谓之'挺'。"《荀子·性恶》："陶人埏埴而为器。"杨倞注："埴，黏土也。"

帛甲本作"埏埴而为器"，帛乙本作"埏埴为器"，王弼本作"埏埴以为器"，北大简本或脱"为"字。今据帛乙本补。《一切经音义》引《淮南子》许注："埏，揉也。"王力《同源字典》："'埏、挻'实同一词。"

北大简本"殖"通"埴"，下一例同。

③有室之用也：具备了房间的功用。

河上公注："谓作屋室，户牖空虚，人得以出入观视；室中空虚，人得以居处，是其用。"

【校订文及今译】

卅辐同一毂，	三十根辐条连接在同一个车毂上，
当其无，	正因为车毂中间的空无（车轮上的轴得以在其中旋转），
有车之用也；	才有了车的作用；
挻埴为器，	揉捏黏土做成器皿的形状，
当其无，	正因为器皿中的空无，
有埴器之用也；	陶器才得以发挥功用；
凿户牖，	（在墙壁上）凿出门窗，
当其无，	正因为门窗中的空无，
有室之用也。	才有了房屋的作用。
故有之以为利，	所以有形的事物给人带来看得见的"利"，
无之以为用。	"空无"却往往是事物发挥功用所不可或缺的。

【章旨】

老子辩证看待宇宙万物中的实有和空无，并由"轮毂、器皿、房屋"这三个实例归纳、提炼出一种重视"无"的思维。有时候"无"或"空间"是事物发挥功用和把握发展趋势更核心的要素，比如"知其雄，守其雌"，是为了给进一步强大留足空间；"知其白，守其辱"，是为进一步的洁净留有余地。两者都是重视"无"在掌控趋势上的体现。

　　老子论述"有之以为利,无之以为用"的道理时是以车、陶器、房屋这些器物为例,然而这一道理在人身上同样适用! 世人沉迷于对有形物质的贪求和追逐,一些人甚至以损害身心为代价,去占有更多的物质。原因在于我们把对有形物质占有的多少作为衡量成功与否的唯一标准,有时候却没有意识到,一切有形物质最后都要"兑换"为人们的自足感和幸福感,才能体现其真正价值。和世人片面追求有形物质不同,老子强调把更多的注意力放在人的感觉、心念、情绪等无形的事物上。强调"无之以为用",一方面可以警惕在对物质追求的过程中人的异化现象,另一方面有助于我们领悟幸福的真谛。

第五十五章（王弼本 12 章）

●五色令人目盳（盲）①，毆（驱）骋②田猎令人心发狂③，难得之货令人行方（妨）④，五味令人﹛之﹜口爽⑤，五音令人﹛之﹜耳聋。

是以圣人为腹不为目⑥，故去被（彼）取此⑦。

【注释】

①盲：北大简本作"盳"，"盳"和"盲"为异体字。

②驱（qū）骋：（乘马）追逐、奔驰。

北大简本"毆"是"驱"的古文异体字，《广韵·虞韵》："驱，驱驰也。毆，古文。"本义为驱驰、驱逐。《孟子·离娄上》："故为渊毆鱼者，獭也。"此处指策马前进，如《诗·唐风·山有枢》："子有车马，弗驰弗驱。"孔颖达疏："走马谓之驰，策马谓之驱。"

"驱骋"为北大简本独特的用词，其他各本作"驰骋"，此词亦见《墨子·非命下》："外之驱骋田猎毕弋，内湛于酒乐，而不顾其国家百姓之政。"

③心发狂：内心因兴奋而躁动。

高亨："'发'字疑衍。……令人目盲。令人耳聋。令人口爽。令人心狂。令人行妨。句法一律,增一'发'字,则失其句矣。《吕氏春秋·任数》篇:'何以知其聋,以其耳之聪也。何以知其盲,以其目之明也。何以知其狂,以其言之当也。'《韩非子·解老》篇:'目不能决黑白之色,则谓之盲。耳不能别清浊之声,则谓之聋。心不能审得失之地,则谓之狂。'并其证。然则此亦不当有'发'字,明矣。盖浅人所增也。"可备一说。

④难得之货令人行妨:由《老子》"不贵难得之货,使民不为盗"可知,"行妨"之"行"是指"为盗"等违背法律、损害他人的行为。北大简本"方"通"妨"。

⑤口爽:口舌溃烂。

高亨说:"《广雅·释诂》:'爽,伤也。'《淮南子·精神》篇:'五味乱口,使口爽伤。'是'口爽'谓口伤也。"

本章五个排比句的排列顺序,北大简本与帛书本相同,与王弼本等传世本不同。北大简本为五色、驱骋田猎、难得之货、五味、五音。北大汉简本"令人目盲"之"令",传世本同,帛书本作"使"。

⑥为(wèi)腹不为目:"腹"和"目"都是一个符号,代表两种不同的生活方式和价值观。"为腹"有向内求的意味;"为目"则有向外求的意味。王弼曰:"为腹者,以物养己。为目者,以物役己。"

⑦故去彼取此:所以舍弃"为目"的价值观,选择"为腹"的价值观。

【校订文及今译】

五色令人目盲,	炫目的色彩使人眼睛受损,
驱骋田猎令人心发狂,	纵情田猎使人内心狂乱,
难得之货令人行妨,	稀有的财货使人行为失常,
五味令人口爽,	饮食肥甘使人口舌溃烂,
五音令人耳聋。	沉迷于音乐使人听力下降。

是以圣人为腹不为目， 因此圣人不追逐炫人耳目的外在诱
惑，注重填饱肚子这类本原的需求。

故去彼取此。 他们远离奢靡浮华，选择过一种素朴
知足的生活。

【章旨】

上章强调应注重无形的内在感受，此章则论述如果一味地追逐有形外物，沉湎口腹之欲、声色之娱，往往导致身体的损害和内心的浮躁。《庄子·大宗师》说："其嗜欲深者，其天机浅。"被贪欲和外在物质所主宰，必然迷失自我，丧失本真。

"是以圣人为腹不为目，故去彼取此。"林希逸说："圣人务内不务外，故去彼而取此。""腹"是一个"向内求"的符号，代表简单素朴的需求；"目"是一个"向外求"的符号，代表外在的、让人眼花缭乱的诱惑以及因之而激起的浮华、过度的欲望。

"为目"的价值观是对外在物质的占有贪多务大，并以其作为幸福和成功的主要甚至是唯一标准。持有这种价值观，人生的意义局限于追求感官享受的极致，他们在声色犬马中沉沦，多导致身心俱疲，得不偿失。丹麦哲学家祁克果曾经对这种生活方式的空洞有过切身体验。"祁克果作为一个过来人，他知道这种生活是多么肤浅，热衷于这种生活的人不可能对人生有深刻的感受。最后，总会有一些比较敏感的人会渐渐发现，他们这种追求物欲满足的生活其实无聊至极，四顾茫茫，几乎找不到拯救的出路。"（张汝伦：《现代西方哲学十五讲》，北京大学出版社，2003 年，第 54 页）

"为腹"的价值观注重内在本原感受，警惕沉迷外物对身体的损害、对宁静内心的扰乱，满足于过一种平淡、恬静的生活。这一价值观和生活方式，契合"深根固柢，长生久视之道"。

第五十六章（王弼本13章）

宠辱若［惊］^①，贵大患若身^②。何谓宠辱？宠［为上，辱］为下，是谓宠辱^③。得之若驚（惊）^④，失^⑤之若驚（惊），是谓宠辱若驚（惊）。何谓贵大患若身？吾所以有大患者，为吾有身。及^⑥吾无身，吾有何患？

故贵以身为天下，若可以橐（托）天下；爱以身为天下，若可以寄天下^⑦。

【注释】

①宠辱若惊：得宠和受辱都能保持内心的恭谨敬畏。

为政治国者，易于卷入政治争斗，"宠辱若惊"是面对外界宠辱等干扰时内心的审慎和警戒状态。

朱谦之："'惊'借为'警'。《易》'震惊百里'，郑注：'惊之言警戒也。'"河上公注："身宠亦惊，身辱亦惊也。"

"宠辱若惊"的"惊"字，郭店简本作"纍"，字形较为独特。刘钊《郭店楚简校释》："'纍'字从'賏'从'紫'，疑是'紫'字繁体，即在'紫'字上累加'賏'声而成。古音'紫'、'賏'皆在影纽耕部，于音可通。'紫'在简文中读为'惊'。古音'惊'在见纽耕部，与'紫'韵部相同，声为喉牙邻纽,故可相通。"

裘锡圭则将郭店简本此字释读为"荣"。可参考裘锡圭:《"宠辱若惊"是"宠辱若荣"的误读》,《中华文史丛刊》2013 年第 3 期。

②贵大患若身:重视身体如同重视大患。

陈鼓应:"此句本是'贵身若大患',因'身'与上句'惊',真耕协韵,故倒其文。"王纯甫《老子亿》说:"贵大患若身,当云:贵身若大患。倒而言之,文之奇也,古语多类如此者。"

③何谓宠辱? 宠为上,辱为下,是谓宠辱:北大简本、郭店简本及河上公本"何谓宠辱",帛书本、王弼本等多作"何谓宠辱若惊"。

北大简本"宠为下"原应作"宠为上,辱为下",意思是"得宠则荣耀,受辱为卑下"。传抄中脱文而导致。查验日本最早抄本(《老子道德经河上公注》雄松堂书店·古典籍覆制丛刊,1373 年)作"宠为上,辱为下。"劳健说:"'宠为上,辱为下',景福本如此。傅、范与开元本诸本皆作'宠为下'一句;景龙与河上作'辱为下'一句。以景福本证之,知二者皆有阙文。道藏、陈景元、李道纯、寇才质诸本并如景福,亦作二句。陈(景元)云:河上本作'宠为上,辱为下'于经义完全,理无迂阔。"高亨、俞樾等人亦持此观点。今据景福本补上脱文。

北大简本"是谓宠辱"各本皆无。

④得之若惊:得到宠幸而惊惧、戒慎。

河上公注:"得宠荣惊者,处高位如临深危也。贵不敢骄,富不敢奢。""惊"字北大简本作"驚","驚"和"惊"为异体字。

⑤失:失去(宠幸)。

河上公注:"失者,失宠处辱也。"

⑥及:如果,若。

王引之《经传释词》认为这个"及"相当于"若"。48 章"取天下常以无事；及其有事，不足以取天下"中的"及"亦是如此。

⑦故贵以身为天下，若可以托天下；爱以身为天下，若可以寄天下：此句采用了互文的修辞方法，相当于"贵、爱以身为天下，若可以托、寄天下"。"若"，乃，于是。北大简本"橐"通"托"，义为"依靠"。

【校订文及今译】

宠辱若惊，	得宠和受辱都能保持恭谨敬畏，
贵大患若身。	重视身体好像重视大的祸患一样。
何谓宠辱？	什么是宠和辱呢？
宠为上，	得宠则荣耀，
辱为下，	受辱处卑下，
是谓宠辱。	这就是宠和辱的不同。
得之若惊，	得到器重则审慎小心，
失之若惊，	失去恩宠更是如履薄冰，
是谓宠辱若惊。	这就叫作宠辱若惊。
何谓贵大患若身？	什么叫重视身体像重视大的祸患？
吾所以有大患者，	我所以有大的祸患，
为吾有身。	是缘于我有这个身体。
及吾无身，	如果我没有这血肉之躯，
吾有何患？	我还会有什么祸患呢？
故贵以身为天下，	所以能够以珍视身体的恭谨去治理天下，
若可以托天下；	才可以把天下托付给他；
爱以身为天下，	以爱护身体的态度去治理天下，
若可以寄天下。	才可以赋予他治国的重任。

【章旨】

本章接续了上章安身安心的主题,主张在"宠"或"辱"的外界干扰下仍然能保持内心的从容和宁静。"不遇盘根错节,何以别利器乎?"(《后汉书·虞诩传》)真正的"安心",需要经受历练和考验。得宠也好、受辱也罢,不轻易为外在的得失、成败所左右,破坏内心的澄静自在。如《庄子·田子方》中的孙叔敖,"三为令尹而不荣华,三去之而无忧色"。

此章论述的另一个要点是身国同治,并由此得出"故贵以身为天下,若可以托天下"的结论,这表明,身心安顿对治国者具有重要意义。"昔者,先圣王成其身而天下成,治其身而天下治。"(《吕氏春秋·先己》)身体小国家,国家大身体,保持身与心的康健与宁静,是为政治国者的基本素养。

第五十七章（王弼本 14 章）

　　●视而弗见,命之曰夷;听而弗闻,命之曰希;搏而弗得,命之曰微。参(三)也①,不可致计②,故运(混)而为一。参(三)也③,其上不杲④,其下不没(惚)⑤。台台微微,不可命⑥,复归于无物。是谓无状之状,无物之象⑦,是谓没(惚)芒(恍)。随而不见其后,迎而不见其首。

　　执古之道,以御今之有⑧,以智(知)古以(始)⑨,是谓道纪⑩。

【注释】

　　①三也:指上述"夷、希、微"。

　　帛书本作"三者",王弼本作"此三者"。北大简本作"参也","参"通"三",下一例同。"参"字的相同用法如《史记·淮阴侯列传》:"足下与项王有故,何不反汉与楚连合,参分天下王之?"

　　②计:考察,辨析。

　　《广雅》:"计,校也。"《管子·八观》:"行其田野,视其耕耘,计其农事,而饥饱之国可以知也。"帛书本同,传世本多作"诘"。

　　③三也:帛书本、傅奕本作"一者",王弼本等无此句。从上下文的承

启关系来看,似以"一者"更优,北大简本此处的"参也"可能是承上文而讹。今据帛书本校改。

④杲(gǎo):明亮。如《诗·伯兮》:"其雨其雨,杲杲出日。"

传世本多作"曒",想尔注本作"皦",这两个字亦为"明亮、清晰"义。帛甲本作"攸",帛乙本作"谬"。

⑤惚:隐约、游移而不可捉摸的样子。

《玉篇》:"惚,恍惚也。"北大简本作"没"(明母物部),综合考察全文,此字应读为"惚"(晓母物部)。帛书本作"物",想尔注本作"忽";王弼本、河上公本、傅奕本作"昧"。今从王弼本校改。

⑥台(yí)台微微,不可命:帛乙本作"寻寻呵,不可命也"。王弼本作"绳绳不可名"。傅奕本作"绳绳兮不可名"。《集韵》:"绳绳,无涯际皃。一曰运动不绝意。弭尽切。""台台微微、寻寻、绳绳"都是用以形容细微幽隐、运动不绝的微妙形态。

⑦无物之象:高亨认为,此句作"无象之象"较胜,无状之状,无象之象,句法一律,其证一也。上句既云"无物",此不宜又云"无物",以致复沓,其证二也。

⑧执古之道,以御今之有:"有"可读为"域"。刘师培曰:"'有'即'域'之叚字也。有通作或。或即古域字(《说文》'或'重文作'域')。《诗·商颂·玄鸟》:'奄有九有。'毛《传》:'九有,九州也。'(《中论·法象》篇、《文选·册魏公九锡文》李注并引作'奄有九域')《国语·楚语》:'共工氏之伯九有也。'韦注:'有,域也。'(《汉书·律历志》引《祭典》曰:'共工氏伯九域。')此文'有'字与九有之有同。'有'即'域'。'域'即二十五章'域中有四大'之域也。御今之有,犹言御今之国家也。"

北大简本和传世本皆作"执古之道,以御今之有",帛书本作"执今之道，以御今之有”。

⑨以知古始：北大简本“智”通“知”，后一个“以”字通“始”。从语音、古文字字形等材料看，“以”和“始”同源，林义光《文源·卷三》："‘以’之古文作‘ㄥ’，是‘始’之本字。‘始’即‘姒’之本字，古今相承训为‘初’也。”王弼本、傅奕本作“能知古始”。

⑩纪：本义是丝缕的头绪，用以编结、系联、约束丝缕。引申义为“要领、法则”。

《说文解字·糸部》："纪，丝别也。从糸己声。"《墨子·尚同》："譬若丝缕之有纪，罔罟之有纲。"

【校订文及今译】

视而弗见，命之曰夷；	看它看不见，命名为夷；
听而弗闻，命之曰希；	听它听不到，命名为希；
搏而弗得，命之曰微。	触摸它摸不着，命名为微。
三也，不可致计，	从上述三个方面，都无法去辨析，
故混而为一。	所以从整体的“一”去把握它。
一者，	这个“一”呀，
其上不杲，	你说它大，它却小到没有边界；
其下不昧。	你说它小，却是一种不昧的实有。
台台微微，不可命，	它幽幽冥冥，不容易给它命名，
复归于无物。	有时回复到没有物质的状态。
是谓无状之状，	这个“一”是没有形状的形状，
无物之象，	不见物象的形象，
是谓惚恍。	这就叫作惚恍。
随而不见其后，	跟着它，却看不见它的后面；

迎而不见其首。	迎着它，也看不见它的前方。
执古之道，	执守这亘古已有的法则，
以御今之有，	用以驾驭当今域内万物，
以知古始，	用以认识和体察宇宙的初始，
是谓道纪。	这也就把握住了道的纲纪和要领。

【章旨】

此章是对宇宙万物所从出的道之"初始"状态也即"一"的描写。这个"一"是完整的、细微的、全息的，落实到万物中又是独一无二的。由于从视觉、听觉、触觉等都无法直接感知或把握，单一感官无法与其对等、对接，也即"不可致诘"，唯有凭直觉感悟。这个"一"即"道生一"之"一"，是"虚无之道"化生出万物之前的初始形态。这一初始形态既无限小（"其上不皦"），又是一种实有（"其下不昧"）。它处于"无"和"有"的过渡阶段，既有"无"的性状，又有"有"的客观存在。除了上述"初始、细微、全息、独特"等特征之外，此章所描述的"一"，因其"若有若无"，还具有"混沌"或"模糊"的特点。这个"一"恍恍惚惚，忽前忽后，变动不居，充满了不确定性。

有道之人对此过渡阶段有所认识和体验，并擅长由此中间阶段出入往返于"有""无"之间。比如《庄子·齐物论》中描写的"吾丧我"，《庄子·大宗师》中的"坐忘"，都是使身心的"有"，融入恍兮惚兮的"无"。所以老子此章说："执古之道，以御今之有，以知古始，是谓道纪。"本章的"一"，就是"古始"。对这个"古始"状态有所体认，就把握住了道的纲纪。范应元说："虚通之道，自古固存，当持此以理今之事物也。能知自古生物之始，此乃常道之纲纪。执古道以御今，如纲有纲纪而不紊也。"

王筠《说文解字句读》："纪者，端绪之谓也。"此章"纪"字可以理解为千丝万缕中关键的那个线头,抓住了这个端绪,就能在一团乱麻中,在纷繁复杂的外在表象中抓住核心本质,努力窥知宇宙和生命的实相。洞察宇宙生命的实相,必须深入到内在的、无形的维度,而一般人只停留于外在的、有形的维度;必须把握初始的精微状态,甚至由此潜入造物层面,而一般人却永远被有形的"物"层面吸引缠绕。具体而言,不妨把更多的注意力和觉察力放在我们的"精气神"和心念上,因为这些要素在属性上更加趋近于此章所描述的"一"。

"执古之道,以御今之有,以知古始,是谓道纪。"这一思想在《庄子》中有着更为具体、生动的阐发。如在《庄子·知北游》论述有形之物的生成:"夫昭昭生于冥冥,有伦生于无形,精神生于道,形本生于精。而万物以形相生,故九窍者胎生,八窍者卵生。其来无迹,其往无崖,无门无房,四达之皇皇也。"这一思想还被用来论证生死界限的泯灭。如《庄子·知北游》说:"生也死之徒,死也生之始,孰知其纪! 人之生,气之聚也;聚则为生,散则为死。若死生为徒,吾又何患! 故万物一也,是其所美者为神奇,其所恶者为臭腐;臭腐复化为神奇,神奇复化为臭腐。故曰:'通天下一气耳。'圣人故贵一。"

《庄子·天下》认为老聃思想的一个核心概念即是与此章密切相关的"太一":"以本为精,以物为粗,以有积为不足,澹然独与神明居。古之道术有在于是者,关尹、老聃闻其风而悦之,建之以常无有,主之以太一。"

第五十八章（王弼本 15 章）

●古之［善］为士者①,微眇(妙)玄达②,深不可识③。夫唯不可识,故强为之颂④曰:就(犹〈豫〉)虖(乎)其如冬涉水⑤;犹⑥虖(乎)其如畏四邻;严(俨)虖(乎)其如客⑦;涣虖(乎)其如冰之泽(释)⑧;屯(敦)⑨虖(乎)其如朴;沌⑩虖(乎)其如浊;广(旷)⑪虖(乎)其如浴(谷)⑫。

孰能浊以静之徐清⑬? 孰能安以动之徐生⑭? 抱此道者不欲盈⑮,夫唯不盈,是以能敝不成⑯。

【注释】

①善为士者:有道的为政者。

郭店简本、河上公本、王弼本皆作"善为士者"。北大简本脱一"善"字,今据上述诸本补。傅奕本、帛乙本作"善为道者"。丁原植认为这一差异可能源自《老子》不同传本。

"士",《说文解字·士部》:"士,事也。"段注:"引申之,凡能事其事者称士。"彭浩:"'士'可指诸侯,也可称卿士大夫及士官,并非专指诸侯(国君),而是泛指治国治民者。"

按:此章主题是描述尊道尚德、修身以德之人,全章内容并没有强调为政治国之"士"的身份,似以"善为道者"为优。

②微妙玄达:在无形中与外界相通达。

"玄"有"幽、微、久、远"义,形容道以一种细微而不易觉察的力量时时刻刻作用于万物。"玄达"形容有道者通过一种无形的"场"作用于外界和身边的人。

郭店简本、帛乙本同作"微妙玄达",王弼本作"微妙玄通"。

③深不可识:深不可测。

郭店简本及帛书本作"深不可志"。这里"志""识"和都有"揣度、知晓"义。《礼记・缁衣》:"为下可述而志也。"郑注:"志,犹知也。"一说"志"通"识"。

④故强为之颂:因此勉强对其加以形容、描述。

郭店简本作"是以为之颂"。"颂",帛书本及王弼本作"容"。易顺鼎曰:"《文选・魏都赋》张载注引《老子》曰'夫唯不可识,故强为之颂。'作'颂'者古字。作'容'者今字。强为之容,犹云强为之状。"郭店楚简《性自命出》:"君子美其情,贵其义,善其节,好其颂(容),乐其道,悦其教,是以敬焉。"

⑤豫乎其如冬涉水:小心翼翼如冬天渡河一样。

王弼本此句作"豫焉若冬涉川"。北大简本"豫焉"作"就虡","就"字有两种不同的释读,一种认为是应如同王弼本作"豫",误抄为"犹"的通假字"就"。(魏宜辉:《北大汉简〈老子〉异文校读(五题)》,《安徽大学学报》[哲学社会科学版],2013 年第 6 期)今从之。

另一种读为"蹴(cù)"。整理者:"'就'应读为'蹴','就虡'即'蹴然',指惊惭不安貌。'虡',郭简同,帛书作'呵',传世本多作'兮',唯王本'豫'下作'焉'。"

"冬涉水",帛乙本同,郭店简本及传世本多作"冬涉川","水"古文字作％,"川"作〟,二者形近。"冬涉水"之"水"或是古人传抄中将"川"误写而致。今据郭店简本校改。

⑥犹:迟疑不决的样子,谨慎。

高亨说:"豫、犹,二兽名,性多疑畏,以喻人之临事,迟疑不决,顾虑多端。"

⑦俨(yǎn)乎其如客:庄严、端谨,像昂首挺胸的客人一样。

"俨",恭敬,庄重。北大简本"严"通"俨"。《尔雅·释诂》:"俨,敬也。"《论语》:"望之俨然。"

帛乙本作"严呵其若客",王弼本作"俨兮其若容"。"容"或为"客"形近而讹。

⑧涣乎其如冰之释:身心放松如同凝结的冰凌融化、散开。用以形容有道之人身心随意、自然的样子。

北大简本"泽"通"释"。

河上公注:"涣者,解散。释者,消亡。除情去欲,日以空虚。"白玉蟾则将这种冰凌融化的意象理解为"心开神悟",可备一说。

⑨敦:质朴敦厚。

河上公注:"敦者质厚,朴者形未分。"也有注释者理解为笃实地遵道而行,如白玉蟾《道德宝章》:"终日不违如愚。"

北大简本作"杶",传世本多作"敦",今从之。郭店简本作"屯",帛乙本作"沌",皆音近可通。

⑩沌:混沌、涵容。

整理者:"'沌',遂州本同,郭简作'坉',想本作'肫',皆读为'沌';王本等作'混',河本作'浑',帛书作'湷',亦读为'浑'。此字'浑'或

'沌'皆可,二字音义皆近,古书常'浑沌'或'混沌'连言。"

⑪旷:大度、旷达。

北大简本作"广",今从传世本读为"旷"。

⑫谷:山谷。

北大简本作"浴",读为"谷"。

⑬孰能浊以静之徐清:谁能让内心的躁动、混乱澄静下来,使之慢慢地清澈澄明?

郭店简本作"孰能浊以静者,将徐清。"帛乙本作"浊而静之,徐清"。

⑭孰能安以动之徐生:谁能在安逸中自强不息,逐渐焕发生机和活力?

郭店简本作"孰能安以动者,将徐生"。帛乙本作"安以动之,徐生"。

⑮盈:本义是盛满、溢出,这里可以理解为过度。

《说文解字·皿部》:"盈,满器也。从皿,夃声。"《诗·卷耳》:"采采卷耳,不盈倾筐。"

⑯夫唯不盈,是以能敝不成:景龙碑本、遂州碑本、《道藏》司马光本皆作"夫唯不盈,能弊复成",钱大昕、朱谦之认为"远胜他本",马叙伦此句校为"夫惟不盈,故能敝而复新成"。今据景龙碑本把"不"校改为"复"。

此句"是以能敝不成",王弼本作"故能蔽不新成",易顺鼎说:"疑当作'故能蔽而新成'。'蔽'者,'敝'之借字;'不'者,'而'之误字也。'敝'与'新'对。'能敝而新成'者,即二十章所云'敝则新'。"陈鼓应、高亨等持此说。

【校订文及今译】

古之善为士者,　　　　古时候那些善于行道之士,

微妙玄达，	以一种微妙的"场"与外界通达感应，
深不可识。	其内在深奥幽远，难以测度其境界。
夫唯不可识，	正因为难以知晓，
故强为之颂曰：	所以暂且勉强形容其形象：
豫乎其如冬涉川；	小心翼翼的样子啊，像冬天渡河一样；
犹乎其如畏四邻；	警觉的样子啊，如同戒备四方的进攻一样；
俨乎其如客；	庄严肃穆啊，像昂首而来的客人；
涣乎其如冰之释；	随意、自在啊，身心放松如同冰凌融化；
敦乎其如朴；	质朴、敦厚啊，像未经雕琢的原木；
沌乎其如浊；	混沌啊，像涵容多元事物的浊水；
旷乎其如谷。	旷达的样子啊，像深山的空谷。
孰能浊以静之徐清？	谁能在纷纷扰扰中静下来，而慢慢澄清？
孰能安以动之徐生？	谁能在安稳逸豫中行动起来，慢慢焕发生机和活力？
抱此道者不欲盈，	持守这道的人，一直注意不超过限度而满溢，
夫唯不盈，	正因他不盈满，
是以能敝复成。	所以能不断革故鼎新、臻于完美。

【章旨】

此章从境界和工夫两方面展开论述：前一部分是境界之描述，接引人们慕道、寻道；后一部分是动静之工夫，指导人们体道、行道。

有道之人是什么样的一种气象呢？老子用了七个形容词"豫、犹、俨、涣、敦、沌、旷"。

所谓豫兮、犹兮：时刻以遵道为念，看上去审慎、敬畏，"如临深渊，如履薄冰"；

所谓俨兮:因具备坚定的精神信仰,所以看上去庄严、潇洒,如同昂首而来的贵客;

所谓涣兮:有道之人随性自然、不拘谨局促,身心自在。

所谓敦兮:虽境界高妙,却不锋芒外露,看上去平凡而敦厚朴实。

所谓沌兮:接物待人,"用心若镜,不将不迎"(《庄子·应帝王》),混同俗世而游刃有余。

所谓旷兮:胸怀大道而旷达容物,"于物无择,与之俱往"(《庄子·天下》);如苏东坡所说:"上可以陪玉皇大帝,下可以陪卑田院乞儿。吾眼前见天下无一个不好人。"

达成上述善为道者之境界,不外乎动、静两方面的工夫。周敦颐《太极图说》:"太极动而生阳,动极而静,静而生阴,静极复动。"内心的浮躁、混乱是一般人的常态,需要"静"的工夫逐渐实现内心的澄静与有序;耽于安稳、逸豫的生活也是很多人的习气,需要"动"的工夫树立乾乾不息的志向和干劲。内心浮躁、混乱和耽于安逸、萎靡不振两种状态,都是"盈"在生活中的体现,前者滑入无序,后者故步自封,因此,老子强调:"抱此道者不欲盈。"

第五十九章（王弼本 16 章）

●至虚,极;积正,督①。万物并作,吾以观其复②。天物③云云(芸芸)④,各复归其根。［归根］曰静,静曰复命⑤。复命,常也;智(知)常,明也⑥。不知常,忘(妄)作,凶⑦。

智(知)常｛曰｝容⑧,容乃公⑨,公乃王,王乃天,天乃道,道乃久⑩,没而不殆⑪。

【注释】

①至虚,极;积正,督:臻于清虚,深度入静,以体悟宇宙万物的枢极。"至虚,极",帛书本作"至虚,极也",郭店简本作"至虚,亙(极)也",王弼本、想尔注本作"致虚,极"。

"积正,督",王弼本作"守静,笃",帛乙本作"守静,督也",郭店简本作"兽(守)中,篙也"。"积",蓄积,蕴含。如《礼记·乐记》:"和顺积中,而英华发外。"上述三个版本中不同的用字"正""静""中",在《老子》一书中往往内涵相通,如"清静为天下正""以正治国""多闻数穷,不如守中"等,"正""中"都有清静义。由于"极"本义为大殿正中的栋梁,而"督"也有"中枢、中央"之义,如《庄子·养生主》:"缘督以为经。""至虚,极;积正,督"表明"道"不仅仅是万物源头,而且因其是最原初、持续和强大的力量,实质上也是宇宙万物的枢极和中心。

在谈到对"虚"与"静"体验的区别时,明代蔡清说:"盖居常以一念及静字,犹觉有待于扫去烦嚣之意;惟念个虚字,则自觉安便。……人心本是万理之府,惟虚则无障碍。……故吾妄意虚之一字就是圣贤成始成终之道。"

②吾以观其复:我却(在"万物并作"这一现象中)洞察到万物回复本原的道理。

吴澄:"复,反还也。物生由静而动,故反还其初之静为复。植物之生气下藏,动物之定心内寂也。"

郭店简本作"居以须复也。"王弼本作"吾以观复"。

③天物:谓天地间草木鸟兽等自然之物。《书·武成》:"今商王受无道,暴殄天物,害虐烝民。"孔颖达疏:"天物之言,除人外,普谓天下百物鸟兽草木。"

传世本多作"夫物","夫"和"天"形近易讹。郭店简本作"天道",傅奕本作"凡物"。

④芸芸:形容世间生物繁茂众多。

北大简本作"云云",想尔注本同。《庄子·在宥》:"万物云云,各复其根。"成玄英疏:"云云,众多也。"傅奕本、范应元本作"貟貟",今从王弼本和现在的习惯用法,读为"芸芸"。

按:这个叠音词各版本用字皆音近可通,不同时期、地域都有约定俗成的用法,如郭店简本作"员员",《石鼓文》:"君子员员,邋邋员斿",用"员员"来形容秦国贵族骑马出猎时人员众多、浩浩荡荡的样子。高明说:"'云云'、'芸芸'、'貟貟'、帛书乙本又作'秐秐',皆重言形况字,所表达的意义相同,很难确定孰为正字,孰为假借。段玉裁云'古有以声不以义者',此即其中一例。"

⑤归根曰静,静曰复命:"命",主宰万物的天命。"复命",归复到宇宙万物的根源和主宰。人的心念"归根",归复虚静之道这一"生命根源",可称之为"复命"。

此章从这一句开始,郭店简本缺。按:此句以及下文多为简短的判断句,如"复命,常也;知常,明也",从这些判断句的内容和形式看,都很像古人的注释,并且这些判断句使得本章较为繁杂,和《老子》全书简洁的行文风格不相类似,因此郭店楚简《老子》所无的这部分内容亦有可能是后世传抄时掺入正文的注释。

整理者:"传世本'曰静'上多'归根'二字,帛乙无,或为遗漏重文号所致。"今据传世本补。

⑥复命,常也;知常,明也:"常",恒常(的规则或秩序)。"知常,明也",人若能认识归根复命的恒常规则,谓之"明"。河上公注:"能知道之所常行,则为明。"吴澄:"常者,久而不变之谓,能知此者谓之明。"

⑦不知常,妄作,凶:"妄",北大简本作"忘",通"妄"。《韩非子·解老》:"前识者,无缘而忘意度也。"王先慎注:"'忘'与'妄'通。"《左传·襄公二十七年》注:"言公之多忘",《释文》:"'忘',本又作'妄'。"

不能"归根",生命得不到修复和滋养,并且躁动之心发出的言行往往偏离本真而流于"妄作",进入凶险境地。吴澄:"昧者不知此,则不能守静而妄动,以害其生,故曰'凶'。"

帛乙本作"不知常,妄,妄作,凶",今据校。

⑧知常容:因为前一句有"知常曰明",此处不应又作"知常曰容"。北大简本"曰"字应为衍文。帛乙本作"知常容",可从。

奚侗:"知常之人,玄同万物,故能容。"

⑨容乃公:包容则能公正。

奚侗:"相容并包,无所偏倚。"

⑩公乃王,王乃天,天乃道,道乃久:"王",归往。

奚侗曰:"公则万物归往;王者与天同量。循天者与道游;与道为际者,死生无变于己,故能长久。"

按:"道乃久"即"不失其所者久"。遵道不离,才能达成老子所追求的重要价值观"久",实现生命的长久和人生意义层面的永恒。

⑪没而不殆:"没",《小尔雅》:"灭也。"古籍中亦常通"殁",死亡义。"殆",《广雅·释诂》:"殆,败也。"

除汉简《老子》外的所有版本皆作"没身不殆",然而"没而不殆"和《老子》"死而不亡者寿"中的"死而不亡"在意义和形式上皆相近,从前后呼应的角度看,似以"没而不殆"为优,意思是虽然死去,但生命与道合一而永恒。

【校订文及今译】

至虚,极;	臻于空明,
积正,督。	蓄养清静(以体悟作为宇宙枢极与中心的道)。
万物并作,	万物不约而同地蓬勃兴起,
吾以观其复。	我却由此洞察万物回复本原的道理。
天物芸芸,	世间生物繁茂众多,
各复归其根。	都离不开它们最初的本根。
归根曰静,	回复本根的这种状态叫作静,
静曰复命。	静也叫作复命。
复命,常也;	复命是(万物应遵从的)恒常规则;
知常,明也。	了解这个规则可称为"明"。

不知常,妄,	不了解这个恒常规则,就容易陷入虚妄,
妄作,凶。	虚妄而躁动就十分凶险。
知常容,	知常之人,玄同万物,无所不容,
容乃公,	兼容并包就能不偏不倚,
公乃王,	不偏不倚则万物归往,
王乃天,	万物归往则顺应天地自然,
天乃道,	顺应自然才能符合于道,
道乃久,	契合于道才能长久,
没而不殆。	身死而道气长存。

【章旨】

承接上章"孰能浊以静之徐清",《老子》此章"观其复"亦是道家修行的重要理论依据。在人类出现之前,万事万物以"寂兮寥兮"的状态而呈现。"观其复"就是回复到这种先天状态,并因此得以"独与天地精神往来",个体和天地、宇宙交互感应,实现真正的"复归其根"。

第六十章（王弼本 17、18、19 章）

●大（太）上^①，下智（知）有之^②；其次，亲誉之；其次，畏之；其下^③，母（侮）之。信不足，安^④有不信。犹虖（乎）其贵言^⑤。成功遂事^⑥，百姓曰："我自然。"

故大道废，安有仁义；｛智惠（慧）出，安有大伪｝^⑦；六亲不和，安有孝兹（慈）；国家掆（昏）乱，安有贞臣^⑧。

绝圣弃智^⑨，民利百倍；绝仁弃义^⑩，民复孝兹（慈）；绝巧弃利，盗贼无有。此参（三）言以为文未足^⑪，故令之有所属：见素抱朴^⑫，少私寡欲^⑬。

【注释】

①太上：北大简本"大"可读为"太"，表示等级或程度最高。"太"是后起字，由"大"分化而来。

江沅《说文释例》："古只作'大'，不作'太'。《易》之'大极'、《春秋》之'大子''大上'（僖廿四年、襄公四年），《尚书》之'大誓''大王王季'，《史》《汉》之'大上皇''大后'，后人皆读为太。或径改本书，作'太'及'泰'。"

②下知有之:人民知道为政者的存在。

"下"字郭店简本、帛书本、王弼本、河上公本等和北大简本同。吴澄本、明太祖本、焦竑本等都作"不","下"在传抄中被错写成形近的"不"字。

③其下:层级最低的,和"太上"对应。

帛书本同,郭店简本、传世本皆作"其次"。

④安:于是。下文三个"安"字都可作"于是"解,表示前后具有因果关系。

王引之《经传释词》:"安,犹于是也,乃也,则也。"

⑤犹乎其贵言:悠闲静默的样子啊,不轻易发号施令。

"犹乎",郭店简本同,王弼本作"悠兮"。

奚侗:"悠兮,静默之象。贵言,谓矜贵其言。二章所谓'圣人行不言之教'也。"

⑥成功遂事:帛书本同。郭店简本作"成事遂功",王弼本作"功成事遂"。

⑦智慧出,安有大伪:各本唯郭店简本无此句,或为传抄过程中掺入的衍文。

证据有两方面。首先,王弼本18章四个并列的句子结构相同,都可以分为前后两部分,前者为因,后者为果。三个句子的前半部分"大道废、六亲不和、国家昏乱"三种情况分别对应天下、家庭、国家的乱象,而"智慧出"与这三种情况不类似;其次,三个句子后半部分"仁义、孝慈、贞臣"通常是为大家所崇尚的,而"大伪"也与"仁义、孝慈、贞臣"不类。

裘锡圭《老子今研》:"此句应是在(郭店)简本之后的时代添加进去的,并非《老子》原本所有。"今据郭店简本删。

⑧国家昏乱,安有贞臣:国家动荡不安的情况下,忠贞之臣才得以彰显。

"贞",帛书本、傅奕本同,郭店简本作"正",王弼本作"忠"。

苏辙:"伊尹、周公非不忠也,而独称龙逢、比干,无桀纣也。"

⑨绝圣弃智:"绝圣弃智"和下文"绝仁弃义""绝巧弃利"三句都用了互文的修辞手法,可分别理解为绝弃"圣、智";绝弃"仁、义";绝弃"巧、利"。

"圣"和"智"在字义上的并列对举关系类似于"仁"和"义""巧"和"利"。如王弼注:"圣、智,才之善也。"马王堆帛书《德圣》:"知人道曰智,知天道曰圣。"马王堆帛书《五行》:"闻而知之,圣也。……见而知之,智也。"

帛书本、王弼本等亦作"绝圣弃智",《庄子·胠箧》:"绝圣弃智,大盗乃止。"而郭店简本作"绝智弃辨",今从郭店简本校改。

陈鼓应:"通观《老子》全书,'圣人'一词共三十二见,老子以'圣'喻最高人格修养境界,而通行本'绝圣'之词,则与全书积极肯定'圣'之通例不合。'绝圣弃智'一词,见于庄子后学《胠箧》《在宥》篇,传抄者据以妄改所致。"

裘锡圭:"'辨'指对美与恶、善与不善等等的分辨。老子认为智、辨、巧、利、为、虑,都是破坏人类浑朴自然状态,也就是合乎道的状态的东西,所以要加以弃绝,以回归于道。"

⑩绝仁弃义:帛书本及传世本同。郭店简《老子》作"绝🯄弃🯄",隶定为绝悬弃虑,裘锡圭释为"绝为弃虑",今据郭店简本校改。

许抗生说:"'虑'指思考、谋划,'为'指人为。老子主张无知无为,所以提出'绝为弃虑'的思想。"

⑪此三言以为文未足："三言"即上述"三绝三弃"，"以为文未足"即用"三绝三弃"文饰、补救不足。

帛书本作"此三言也，以为文未足"。传世本作"此三者以为文不足"。

郭店简本作"三言以为𦱹（𦱹）不足"。𦱹，张桂光释作"史"；陈伟："'史'有偏重文辞的意思。《论语·雍也》：'质胜文则野，文胜质则史。'何晏集解引包咸曰：'史者，文多而质少。'……'史'皆与文采相关，而与质、鄙相对。"

⑫见素抱朴：效法本色率真（之人），保持淳朴敦厚。

北大简本"见"，帛书本、传世本同，郭店简本作𦱹，释为"视"字。郭店楚简整理者："下部作立'人'，与'见'字作𦱹不同。"裘锡圭："𦱹是'视'字的表意初文。"

那么，北大简本的"见"和郭店简本的"视"哪一个字更契合老子原意呢？

甲骨文、金文中"见"字与"视"字形相近，头部都夸张描出"目"形，突出强调五官中"看"的作用。区别特征在于"见"字中的人呈跪坐姿势，如甲骨文作𦱹，西周金文作𦱹，而"视"字中的人呈站立姿势，如𦱹。春秋以后，这种区别特征渐渐不明显，"视"字多加注声符"氏"或"示"，如𦱹，战国楚简𦱹，小篆𦱹等。𦱹（视）所描绘的意象，可以理解为一个人站起身来看（榜样如何做），有"效法"义。《尔雅·释诂》："视，效也。"西周时期的青铜器何尊铭文："尔有唯小子亡（无）戠（识），视于公氏。"

综合以上字形及文献证据，当以郭店《老子》"视"字更优，今从之。

"素"，未染色的白丝。《说文解字·素部》："素，白致缯也。""朴"，未经加工的木料。

⑬少私寡欲：是互义修辞手法，可理解为"少有私心和贪欲"。

【校订文及今译】

太上，下知有之； 最好的治理模式，人民只是知道为政者的存在；

其次，亲誉之； 其次（的为政模式），人民亲近、赞誉为政者；

其次，畏之； 再其次，人民畏惧那暴虐之君；

其下，侮之。 治国水平最差的，人民侮辱轻慢他。

信不足，安有不信。 为政者诚信不足，因此失去人民的信任。

犹乎其贵言。 （为政者）悠闲静默啊，不轻易发号施令。

成功遂事， 成就功业、事情顺遂之时，

百姓曰："我自然。" 百姓们说："我们本来就是这样的。"

故大道废，安有仁义； 因此，大道废止了，不得不宣扬仁义来治理；

六亲不和，安有孝慈； 六亲不和的情形下，才见出孝慈的可贵；

国家昏乱，安有贞臣。 国家动荡不安的状态下，忠臣才得以彰显。

绝智弃辨，民利百倍； 弃除智巧和分辨心，人民受益无穷；

绝为弃虑，民复孝慈； 弃除人为和杂念，人民还复孝慈天性；

绝巧弃利，盗贼无有。 弃除巧诈、私利，盗贼自然无影无踪。

此三言以为文未足。 "三绝三弃"是用来文饰、补救不足的。

故令之有所属： 所以要使百姓（在价值观等方面）有所归属：

视素抱朴， 崇尚率真本色，持守纯朴恬淡；

少私寡欲。 少有私心和贪欲。

【章旨】

北大汉简《老子》这一章相当于王弼本17、18、19章。这三章在内容上有着共同的主题。17 章提出为政治国的四种不同境界,在"太上、其次、其次、其下"的对比中最为推崇"无为"治国。18 章分别以家、国层面的现象为例,以验证 17 章的政治哲学观点:往往在六亲不和的情形下,才见出孝慈的可贵;国家动荡不安的状态下,贞正的忠臣才得以彰显。那么如何避免滑入这种社会状态呢?除了"三绝三弃"这类补救措施之外,19 章还提出积极的、建设性的政治哲学理念,强调一方面要引领百姓在价值观上有所归属,崇尚率真本色,持守淳朴恬淡;另一方面,为政者应克抑自己的私心和贪欲。如此,可以实现或接近"太上,下知有之"的清静无为治国状态。《老子道德经河上公章句》这三章的章题分别为"淳风""俗薄""还淳",很好地概括了这三章之间共同的主题以及"一波三折"的内在联系。

最好的治理者,人民几乎感觉不到他的存在。老子主张在最大限度内由百姓清静自化,强调为政者不应私自妄为、过多干涉百姓。《庄子·大宗师》:"泉涸,鱼相与处于陆,相呴以湿,相濡以沫,不如相忘于江湖。"

第六十一章（王弼本 20 章）

●绝学无忧①。唯与何（诃）②，其相去几何？美与恶，其相去何若？人之所畏，不可以不畏人③。

芒（恍）④虖（乎），未央⑤哉！众人配配（熙熙）⑥，若鄉（飨）大（太）牢而菩（春）登台⑦；我袙（泊）旖（兮）未佻（兆），若婴儿之未眩⑧。綮旖（兮）⑨，台（似）⑩无所归。众人皆有馀，而我蜀（独）遗（匮）。我愚人之心也，屯屯（沌沌）⑪虖（乎）！猷（俗）人昭昭，我蜀（独）若昏；猷（俗）人计计（察察）⑫，我独昏昏⑬。没（惚）旖（兮），其如晦⑭；芒（恍）旖（兮），其无所止⑮。众人皆有以，而我独抚（顽）以鄙⑯。我欲独异于人，而唯贵食母⑰。

【注释】

①绝学无忧：郭店简本中，"绝学无忧"紧密承接在"学者日益，为道者日损。损之有损，以至于无为也。无为而无不为"之后。王弼本中，这两部分内容分开后各自编入上篇第 20 章和下篇第 48 章。王弼虽然没有见过郭店简本，但他在注释中申明，"绝学无忧"的释读，应该密切联系 48

章。他说:"下篇云,为学者日益,为道者日损。然则学求益所能,而进其智者也。若将无欲而足,何求于益? 不知而中,何求于进? 夫燕雀有匹,鸠鸽有仇;寒乡之民,必知旃裘。自然已足,益之则忧。故续凫之足,何异截鹤之胫;畏誉而进,何异畏刑?"

在王弼看来,"学"是"益所能""进其智",是增加技能和智识,但从道法自然的角度看,"自然已足,益之则忧。"要强行给野鸭短腿增高,其残酷性不亚于给鹤截肢;为获取名誉而刻意增进自己的智识(比如古代读书人为获取功名苦练八股文),也应该和畏惧刑罚一样战战兢兢。按照王弼注的理解,"为学"虽然是技能的增加和智识的积累,在现实中却往往会导致天性本真的伤害和身心的负累。而"绝学"是遵循"为道"或"道法自然"原则的补救和修复措施,把异化之"学"减损到极致,目的是回复自然淳朴,消除身心的压迫。"绝学无忧"可视为进入"无为而无不为"的路径或预备阶段。司马光《道德真经论》进一步阐发了王弼的理解:"学之不可已者,为求道也。若弃本而逐末,则劳而无功,不若不学之无忧也。"

蒋锡昌、归有光、姚鼐、高亨等人认为此句应属"绝圣弃智"章,紧接在"见素抱朴,少私寡欲"之后。高亨列出三条证据:

"绝学无忧"与上章末"见素抱朴"、"少私寡欲"句法相同,若置在此章,为一孤立无依之句,其证一也。足、属、朴、欲、忧为韵(足、属、朴、欲在古韵侯部,忧在古韵幽部,二部往往相通谐。)若置在此章,于韵不谐,其证二也。见素抱朴,少私寡欲,绝学无忧,文意一贯。若置在此章,则其文意远不相关,其证三也。

按:四古本中,"绝学无忧"都处于"唯之与阿"句前。在以"为学日益,为道日损"为上文的语境下,"绝学无忧"无论在形式和内容上看,都不太可能位于"见素抱朴,少私寡欲"之后。比如,"见素抱朴,少私寡欲"
这两个短语都是并列结构,都采用了互文修辞手法,而"绝学无忧"则是
主谓结构;加之汉简本"绝学无忧"之前有章首圆点符号。综合上述证
据,蒋锡昌等人的判断是不成立的。

②唯与诃(hē):应诺和呵斥。

"唯",地位低、辈分小的人在尊贵者、长者面前的应答。《韩非子·
八奸》:"优笑侏儒,左右近习,此人主未命而唯唯,未使而诺诺,先意承
旨,观貌察色以先主心者也。"

北大简本作"唯与何","何"通"诃"。《说文解字·言部》:"诃,大言
而怒也。"帛乙本作"唯与呵",王弼本作"唯之与阿"。成玄英:"'唯',敬
诺也。'阿',慢应也。"

③人之所畏,不可以不畏人:郭店简本、帛书本作"人之所畏,亦不可
以不畏人",传世本皆作"人之所畏,不可不畏"。

④恍:北大简本作"芒",传世本多作"荒"。结合此章"没(惚)兮,其
如晦,芒(恍)旖,其无所止"可知,"芒"应统一读为"恍"。同理,帛乙本
此章"朢呵,其未央哉"和"朢呵,其无所止","朢"也当读为"恍"。《玉
篇·心部》:"恍,恍惚。"

⑤未央:没有尽头。

高亨注:"荒兮其未央,犹云茫茫无极耳。"

⑥熙熙:兴高采烈的样子。

⑦若飨(xiǎng)太牢而春登台:好像享用丰盛的祭品之后,又登上高
台游玩。

北大简本"若鄉大牢","鄉"通"飨",《说文解字·食部》:"飨,乡人
饮酒也。"段玉裁注:"毛诗之例,凡献于上曰享,凡食其献曰飨。""大"读

为"太"。参考第六十章(王弼本17章)注①。太牢,《吕氏春秋·仲春记》高诱注:"三牲(牛羊豕)具曰太牢。""而春登台",河上公注:"春时阴阳交通,万物感动,登台观之,意志淫淫然。"

⑧婴儿之未咳:小孩还未睁大眼睛,睡眼朦胧的样子。

《集韵》:"咳,目大貌。"

"咳",帛书乙本作"咳",王弼本作"孩"。

⑨絫兮:颓唐孤苦的样子。

北大简本"絫",《说文解字·厽部》:"絫,增也。"段玉裁注:"增者益也。凡增益谓之积絫,絫之隶变作累。累行而絫废。"《文选·〈上林赋〉》:"杂袭絫缉,被山缘谷。"李善注:"絫,古累字。"整理者:"帛书作'累',王本作'儡儡',傅本作'偏偏',河本作'乘乘','乘'或为'累'之讹。"

今据王弼本校改为"儡儡"。汉代王充《论衡·骨相》:"儡儡若丧家之狗。"《史记·赵世家》:"见其长子章儡然也,反北面为臣,诎于其弟,心怜之,于是乃欲分赵而王章于代,计未决而辍。"

⑩似:北大简本作"台",是"以"的古字,读为"似"。帛书本作"佁"。

⑪沌(dùn)沌:北大简本作"屯屯",从王弼本、河上公本读为"沌沌"。河上公注:"无所分别。"《管子·枢言》:"圣人用其心:沌沌乎抟而圜,豚豚乎莫得其门,纷纷乎若乱丝。"

⑫察察:苛察,锱铢必较的样子。

北大简本作"计计",从帛乙本及传世本读为"察察"。汉陆贾《新语·辅政》:"察察者有所不见,恢恢者何所不容。"《后汉书·章帝纪论》:"魏文帝称'明帝察察,章帝长者'。章帝素知人厌明帝苛切,事从宽厚。"

⑬昏昏：糊涂，愚昧。《孟子·尽心下》："贤者以其昭昭使人昭昭，今以其昏昏使人昭昭。"

⑭如晦：如同傍晚时天色昏暗。《诗·风雨》："风雨如晦，鸡鸣不已。"

⑮无所止："止"，停止。"无所止"表明"道"以一种时时刻刻变动不居，飘忽不定的状态而存在。

⑯顽以鄙："顽"，老子用这个貌似贬义的词来形容遵道者的坚定不移。"鄙"，边鄙之人，乡下人。用以表示遵道之人赶不上"时髦"，与俗世价值观不一致。

北大简本作"抏以鄙"，"抏"通"顽"。"以"，而且。王引之《经传释词》："以，犹而也。"《礼记·乐记》："治世之音安以乐，乱世之音怨以怒，亡国之音哀以思。"王弼本作"似"，但王弼注引文："顽且鄙也。"傅奕本作"且"，今据傅奕本校。

⑰而唯贵食母：以遵道为贵。

河上公注："食，用也。母，道也。我独贵用道也。"

【校订文及今译】

绝学无忧。	绝弃繁杂的知见，（回复纯朴和至简，）可以祛除烦忧。
唯与诃，其相去几何？	唯唯诺诺和大声呵斥，差距有多大？
美与恶，其相去何若？	漂亮和丑陋，差别又有多大？
人之所畏，不可以不畏人。	世俗之人所畏惧的这些差别，也不可不稍作留意，有所区分。
恍乎，未央哉！	恍惚苍茫的样子啊，好像没有尽头！
众人熙熙，	众人都兴高采烈，

若飨太牢而春登台;	好像正在享用祭祀结束后丰盛的祭品,又欣欣然登上春天的高台游玩;
我泊兮未兆,	而我却淡泊平静,好像不开化的样子,
若婴儿之未孩。	如同睡眼朦胧的婴儿。
儽儽兮,似无所归。	孤单失意啊,好像无处可依。
众人皆有馀,而我独匮。	众人都志得意满,唯独我有所欠缺。
我愚人之心也,沌沌乎!	我真是有一颗愚人之心啊,混沌不清!
俗人昭昭,我独若昏;	世人个个头脑清楚,唯独我糊里糊涂;
俗人察察,我独昏昏。	世人个个算计精明,唯独我懵懵懂懂。
惚兮,其如晦;	恍惚啊,幽昧如黄昏;
恍兮,其无所止。	惚恍啊,变动不居,行踪不定。
众人皆有以,	世人好像都找到了依凭,
而我独顽且鄙。	唯独我顽固而鄙陋。
我欲独异于人,	我所追求的和他人不同,
而唯贵食母。	只重视这生养万物的母亲。

【章旨】

"绝学无忧"讲的是绝弃寻章摘句的为学,消除后天形成的尘垢般的妄执,回复自然本真,内心淡然、纯净。为道者卓然特立,然而对俗世之人所畏惧、在意的一些差别,也不可不稍作留意。

此章主题,描述了"我"(本章出现了7次)作为遵道者、为道者的典型,和占俗世主流的"众人""俗人"的对比。"俗人"以名利心、分别心去观照万物,带着美与丑、善与恶等二元对立的固化思维来衡量万物,对事物之间的细微差别了然于心,所以俗人"昭昭""察察";而有道之人站在"以道观之,物无贵贱"这一视角去观照万物,在世人看来似乎是个精明甚至是愚蠢的表现，所以老子自嘲说，"我独昏昏""我独闷闷""我愚人之心也，沌沌乎"。然而这种圆融和无分别心，其实正是"我"能稳固地保持内心澄静的认识论基础。

"众人"追求声色之娱，沉溺外在物欲，像那春天登上高台的游客，一个个兴高采烈，看上去也热闹风光，但这种快乐往往如浮光掠影，稍纵即逝。作为慕道、从道之人的"我"如愚人般抱朴守拙，但其精神信仰厚重坚定，内心清静自足，不轻易因外界变幻而心动神驰，故老子形容这一类人"顽"。慕道、从道之人有着明确的方向和清晰的价值观，然而这种方向和价值观又往往和俗世"众人"的价值观不一致，所以老子又形容这一类人"鄙"。结合《老子》"知我者希，则我贵矣""吾言甚易知，甚易行，天下莫能知，莫能行"等内容，此章"顽且鄙"反映出老子些许"孤"且"傲"的意味。老子最后点明说："我欲独异于人，而唯贵食母。"

第六十二章（王弼本 21 章）

●孔德①之容②,唯道是从③。

道之物④,唯証(恍)唯没(惚)⑤。没(惚)旖(兮)証(恍)旖(兮),其中有象⑥旖(兮);証(恍)旖(兮)没(惚)旖(兮),其中有物⑦旖(兮)。幽旖(兮)冥旖(兮)⑧,其中有请(精)⑨旖(兮)。其请(精)甚真⑩,其中有信⑪。自今及古⑫,其名不去⑬,以说(阅)众父⑭。吾何以知众父之然哉? 以此。

【注释】

①孔德:盛德。

"孔",盛大的。林希逸:"孔,盛也。"

②容:一种理解为"动",与"止"或"静"相对。今从之。

《礼记·月令》:"不戒其容止者。"郑玄注:"容止,谓动静也。"

高明说:"'孔德之容,惟道是从',言大德者之动惟从乎道也。王注曰'动作从道'正以'动'释'容'。……'谷'本有'动'义,古'容'、'动'二字音义皆通。"

另一种理解为"容貌"或"样子"。林希逸:"知道之士,惟道是从,而其见于外也,自有盛德之容。"

③唯道是从:以道为跟从的唯一目标。

④道之物:道的形色。

《周礼·春官·保章氏》:"以五云之物,辨吉凶水旱降丰荒之祲象。"郑玄注:"物,色也。视日旁云气之色……,知水旱所下之国。"

帛书本亦作"道之物",传世本多作"道之为物"。

⑤唯恍唯惚:变幻莫测、若有若无的状态。

释德清:"恍惚,谓似有若无,不可指之意。"

⑥象:形象,形象态。

⑦物:形质,物质态。

⑧幽兮冥兮:王弼本作"窈兮冥兮"。王弼注:"窈冥,深远之叹。"

⑨精:运动着的,具有能量或生命力的、最细微的粒子。

《庄子·秋水》:"夫精,小之微也。"严灵峰说:"'精'就是 Essence;精力。它绝不是一个空洞的东西。"林语堂英译为"life-force"(生命力)。

北大简本作"请",从传世本读为"精",下一例同。另一观点认为应读为"情",作"情实"义。整理者:"传世本多作'其中有精',傅本作'中有精兮','请''精'皆应读为'情'。"

⑩其精甚真:这最细微的能量粒子是很真切的。

陈荣捷说:"就哲学而言,本章是全书里面最重要的一章,'其精甚真'一语形成周敦颐(周濂溪,1017-1073 年)《太极图说》的骨干——以'无极之真,二五之精'为中心——而周敦颐的著作奠定了全部新儒家形而上学的根基。当然,新儒家形上学的源头,可说更直接来自《周易》,然而《周易》中'真'的概念与此篇所述,却极为相似。"

⑪信:信验。道及其化生出的万物具有信息态的属性,具备相互交流、感应的基础。

王弼注:"信,信验也。物反窈冥,则真精之极得,万物之性定,故曰'其精甚真,其中有信'也。"

⑫至今及古:帛书本及傅奕本、范应元本和北大简本同,王弼本等作"自古及今"。马叙伦说:"各本作'自古及今',非是,'古'、'去'、'甫'为韵。"

⑬其名不去:指万物从道那里获得的属性一直没有离去。

河上公注:"道常在不去。"

⑭以阅众父:以观照万物的初始状态。

"阅",北大简本作"说",从传世本读为"阅",帛书本作"顺"。

"众父",帛书本同,王弼本作"众甫"。俞樾说:"按'甫'与'父'通。'众甫',众父也。四十二章:'我将以为教父。'河上公注曰:'父,始也。'而此注亦曰:'甫,始也。'然则'众甫'即'众父'矣。"

王弼注:"众甫,物之始也,以无名阅万物始也。"

【校订文及今译】

孔德之容,唯道是从。　　　盛德之人,动静皆追随道。

道之物,唯恍唯惚。　　　　道的"创生态"呈现出恍恍惚惚,若有若无的样子。

惚兮恍兮,其中有象兮;　　在恍恍惚惚中,万物具有了形象态;

恍兮惚兮,其中有物兮。　　在若有若无中,又具备了物质态。

幽兮冥兮,其中有精兮。　　它是那样的幽远朦胧,其中却有细微的能量粒子。

其精甚真,　　　　　　　　这精微的能量粒子真真切切,

其中有信。　　　　　　　　这一过程存在信息传递和相互感应。

自今及古,　　　　　　　　从现在上溯到远古时期,

其名不去，	这道的作用从未消失，
以阅众父。	依据它才能认识万物初始的本真。
吾何以知众父之然哉？	我如何得知万物初始的本真
	是如此呢？
以此。	就是依据上述（物、象、精、信）特征。

【章旨】

　　"道之物，惟恍惟惚"描述了道化生万物过程的一种中间状态，"恍惚"可以向"有"转化，演化出万事万物；"恍惚"也可以回复到虚静之无。这种"恍兮惚兮"状态看似是"无"，却"其中有物"，是介于"有"和"无"的过渡阶段。这种"恍惚"状态，对应于"道生一"的"一"。

　　虚无之道本是幽隐未显的，或者说，无法诉诸人的感官觉知的；在"恍惚"阶段，道已经赋予万物一些基本属性：物、象、精、信（物质态、形象态、能量态、信息态以及四者之间的转化），这四大属性就是道赋予万物的初始的"德"。据这四种德就可以观照万物的初始状态，把握事物的本质。

　　按此理解，此章描绘的是道在孕育、萌生万物前的一种"创生态"，并分别从"物、象、精、信"四个不同角度描摹这一动态创生过程。

第六十三章（王弼本22章）

●曲则全①，枉则正②；洼则盈，敝则新；少则得，多则或（惑）③。是以圣人执一以为天下牧④。

不自见⑤，故明（明）；不自视（是），故章（彰）⑥；不自发（伐）⑦，故有功；弗矜，故长。夫唯无争，故天下莫能与之争⑧。古之所谓曲全者，幾（岂）语邪⑨？诚全归之也。

【注释】

①曲则全：专注局部，反而能（最终）把握整体。

吴澄："曲，一偏也。《易》《礼》《中庸》《庄子》所言'曲'字皆以偏而不全为曲。曲者，不全也。然能专攻其所偏，致精乎此，旁达乎彼，举一反三，通一毕万，久必会其全也。自初即欲求全，则志大心劳，分而不专，终不能全矣。"

《庄子·天下》："譬如耳目鼻口，皆有所明，不能相通……不该不遍，一曲之士也。"

②枉则正：暂时弯曲，反而能达成端正。

傅奕本、想尔注本、帛乙本同；帛甲本作"枉则定（正）"；王弼本、河上公本作"枉则直"。

③多则惑：选项太多，让人无所适从而陷入迷惑。

薛蕙："博而寡要，是以惑也。"

④执一以为天下牧：帛书本同，王弼本等传世本作"抱一为天下式"。"牧"作"驾驭、统治"解。如《书·吕刑》："四方司政典狱，非尔惟作天牧。"孙星衍疏："言惟汝非为天牧民乎！"又《孟子·梁惠王上》："今夫天下之人牧，未有不嗜杀人者也。"

"执一以为天下牧"意思是执守"一"这种整体把握的辩证思维来驾驭、治理天下。

⑤自见(xiàn)：自我炫耀。吴澄："自见，犹云自炫。"

⑥不自是，故彰：不自以为是，反而能得以彰显。

⑦伐：夸耀。吴澄："矜夸其功曰伐。"

北大简本"发"通"伐"。

⑧夫唯无争，故天下莫能与之争：类似的句子如《尚书·大禹谟》："汝惟不矜，天下莫能与汝争能。"

⑨岂语邪(yé)：岂止是说一说而已呢？

"岂"，北大简本作"幾"，通"岂"。《荀子·荣辱》："幾不甚善矣哉？"杨倞注："幾亦读为岂。""语"，动词，说一说。"邪"，句尾语气词。表示反诘。《广韵·麻韵》："邪，俗作耶，亦语助。"

帛乙本此句作"幾(岂)语才(哉)！"传世本多作"岂虚言哉！"

由这句话可知，老子是注重切切实实的体验和实效的。

【校订文及今译】

曲则全，	专注局部，反而能最终把握全体，
枉则正；	暂时弯曲，是为了最终的端正；
洼则盈，	低洼的地方，水才能满盈，

敝则新;	破旧了,才有更新;
少则得,	目标少,往往能够确实拥有,
多则惑。	选项多,常常使人陷入迷惑。
是以圣人执一以为天下牧。	所以有道的人遵循整体的"一"来治理天下。
不自见,故明;	(同样的道理)不自我炫耀,反而能显现;
不自是,故彰;	不自以为是,反而能得以彰显;
不自伐,故有功;	不自我夸耀,反而能有功劳;
弗矜,故长。	不自我矜恃,反而能成为尊长。
夫唯无争,	正因为不跟人争,
故天下莫能与之争。	所以天下没有谁能和他争。
古之所谓曲全者,	古人说的"曲则全",
岂语邪?	岂止是一句空话呀?
诚全归之也。	它的的确确是值得遵循的。

【章旨】

老子列举"曲则全,枉则正;洼则盈,敝则新;少则得,多则惑"这三组具体的例子,是为了说明一个形而上的道理:在对立双方的辩证转化中营造趋势、把握整体。

因而此章"执一"的"一"可理解为蕴含朴素辩证法的老子之道,具体而言,是一种把握整体的辩证思维。这种"大智慧"以一种发展的、辩证的、全局的慧眼观照自我以及外部环境。老子的整体观照思维"一"对应他的价值观"久"。

就人与人的关系而言,道没有偏私之心,人人都是道所化生出的平等个体。因而"自见、自是、自矜、自伐",一心只想着凸显自我而无视他人的做法,从整体来看是行不通的,也是有悖于道的。

　　有道者往往能以"曲则全"的辩证方式实现"明、彰、有功、长"等众人所追求的状态。老子明言,这是他之前的哲人总结出来的智慧,是经过很多人实证的。

第六十四章（王弼本 23 章）

●希言①自然。故飘（飘）风②不终朝③,趋（骤）雨不终日④。孰为此⑤？天地弗能久,而兄（况）于人虖（乎）⑥？故从事而（于）⑦道者同于道,得者同于德,失者同于失⑧。故同于道者,道亦得之;同于失者,道亦失之。{信不足,安有不信}⑨。

【注释】

①希言：寡言。也有人释为"无言"。

释为"无言"者如吴澄："听之不闻曰希。希言,无言也。得道者忘言,因其自然而已。"

释作"寡言"者如陈景元："《易》曰：'吉人之辞寡,躁人之辞多',贵其希疏而戒其不常也。言希疏则合自然。夫至人有问即应,接物即言,动静以时,故合自然。"

②飘风：暴风。

北大简本"飘"通"飘"。

③终朝：从天亮到中午的一段时间。

王力："'崇朝'、'终朝',从天明至食时（将近日中的时间）为终朝（崇朝）。《诗经·蝃蝀》：'崇朝其雨。'"

④骤雨不终日:此句和上句"飘风不终朝"组成互文的修辞手法,意为暴风骤雨皆不能长久。

"骤雨",来势猛烈而急遽的雨。

"终日",从早晨到傍晚。吴澄:"自旦至暮时为终日。"亦有"久长"义。参看第六十七章注②。

北大简本"趋"通"骤"。

⑤孰为此:"孰",谁。"为",造作,产生。"此",指暴风骤雨气象。

河上公曰:"孰,谁也。谁为此飘风暴雨者乎?天地所为。"

传世本此句后有"天地"二字,自问自答。帛书本和北大简本皆无。

⑥天地弗能久,而况于人乎:此句表明,人作为天地间一渺小个体,应该效法天地。

黄元吉说:"夫天地为万物之主宰,不顺其常,尚不能以耐久,况人在天地如太仓一粟,又岂不行常道而能悠久者乎?"陈景元说:"夫形之大者,莫过乎天地,气之广者,莫极乎阴阳。阴阳相击,天地交错,而为猛风、暴雨,尚不能崇朝终日,何况人处天地之间,如毫末之在马体,况敢纵爱欲任喜怒,暴卒无节,趣取速亡,不亦悲乎。"

北大简本"兄"通"况"。

⑦于:北大简本作"而",想尔注本同,传世本多作"于",今据传世本校改。

⑧得者同于德,失者同于失:王弼本作"德者同于德,失者同于失。"楼宇烈:"'得''德'古通,《道藏集注》本'少则得'之'得'字正作'德'。又,易顺鼎、刘师培据王注均作'得',并以为《老子》经文'德者同于德'两'德'字均当作'得',与下文'失者同于失'对。"

北大简本"得者同于德,失者同于失",首字"得""失"相对为文,强调的是"德"的得失。

"同",和谐、融洽。《周礼·春官·大祝》:"掌六祈以同鬼神示。"孙诒让:"同,合和也。天神人鬼地祇不和,谓与人不和协,则降灾疠,故以六祈祭告和协之。"

⑨信不足,安有不信:王弼本作"信不足,焉有不信焉"。楼宇烈:"按,此节经文与注均为十七章文而误衍于此。长沙马王堆三号汉墓出土帛书《老子》甲乙本此章均无此节经文可证。"今据帛书本删。

【校订文及今译】

希言自然。	寡言、无为,(凡事)顺应自然。
故飘风不终朝,	所以暴风多不持久,
骤雨不终日。	骤雨下不了一整天。
孰为此?	谁产生这暴风骤雨呢?(天地)
天地弗能久,而况于人乎?	天地(违背自然常理的气象)都不能持久,何况人呢?
故从事于道者同于道,	所以唯道是从的人,和道相感通,
得者同于德,	有德者同声相应,同气相求,
失者同于失。	失德者也是物以类聚,人以群分。
故同于道者,道亦得之;	因此,遵道之人,道庇佑他;
同于失者,道亦失之。	失道悖德的人,道抛弃他。

【章旨】

暴风骤雨,是天地在短时间内以一种迅疾猛烈的方式释放大量能量的常见之"象"。这类气象,在当时老子所处的中原地区,可能多不能持久。强大如天地尚且如此,何况人哉!所以要实现老子所崇尚的"深根固柢、长生久视",就应该适时敛藏、蓄精养锐。道生之,还需要德畜之;

重积德，才能无不克。因此，此章与"治人事天莫若啬"章刚好形成正反论证。

就养生这一角度而言，《黄帝内经·上古天真论》中有段话与此章思想大致契合："上古之人，其知道者，法于阴阳，合于术数，食饮有节，起居有常，不妄作劳，故能形与神俱，而尽终其天年，度百岁乃去。今时之人则不然也，以酒为浆，以妄为常，醉以入房，以欲竭其精，以耗散其真，不知持满，不时御神，务快其心。逆于生乐，起居无节，故半百而衰也。"

因此，若要追求生命的永恒和生活的幸福，就应该以天地为范式，以虚无之道体为宗，持守冲虚不盈之德。

"同于道""同于德"之"同"，是一种和合、感通和融洽。郭店楚简《成之闻之》："君子不贵庶物而贵与民有同也。"因此，尊道贵德不单单是一个人的事情，也远非一个人关起门来就可以实现的，需要同声相应、同气相求、同频共振。

第六十五章（王弼本 24 章）

●炊（企）者不立①。自见者不明（明）；自视（是）者不章（彰）；自发（伐）者无功；矜者不长②。其在道也，斜（馀）食叕（赘）行③，物④或恶之，故有欲者弗居⑤。

【注释】

①企者不立：踮起脚跟的人不能站立长久。

"企"，甲骨文作🔠，字形上面是一个人，下面是"止"（脚）。商代金文作🔠。《说文解字·人部》："企，举踵也。"段玉裁注："从人、止。""企"是个会意字，本义即踮起脚跟。"企"与自然站立的状态相背离，是突出自己之象。

北大简本、帛书本皆作"炊"，敦煌甲本作"喘"，今从王弼本、严遵本、傅奕本读为"企"。

河上公本作"跂"，字义也是"踮起脚跟"，如《诗·河广》："跂予望之。"释德清："跂，足根不着地也。跨，阔步而行也。盖跂者止知要强高出人一头，故举踵而立，殊不知举踵不能久立；跨者止知要强先出人一步，故阔步而行，殊不知跨步不能长行。以其皆非自然。"

传世本此句下多"跨者不行"四字，北大简本和帛书本皆无。

②自伐者无功，矜者不长（zhǎng）：自我夸耀的，无法以此邀功；盛气

凌人的,不能成为尊长。

北大简本"发"从王弼本读为"伐",夸耀。"矜",自夸。《书·大禹谟》:"汝惟不矜,天下莫与汝争能;汝惟不伐,天下莫与汝争功。"孔传:"自贤曰矜,自功曰伐。"孔颖达疏:"矜与伐俱是夸义。"

③馀食赘行:剩饭残羹和赘疣。

北大简本"斜",帛书本作"粽",皆从传世本读为"馀"。北大简本"叕",想尔注本作"餟",皆可从帛书本读为"赘"。

④物:外界环境。

《楚辞·渔父》:"新沐者必弹冠,新浴者必振衣。安能以身之察察,受物之汶汶者乎?"

⑤故有欲者弗居:所以希求成就大事的人不会处于这种状态。

帛书本同,传世本多作"故有道者不处"。

王博就本章的"有道"还是"有欲"进行了分析,他认为:圣人或者侯王不是没有欲的人,但其所欲和一般人不同,乃是"取天下"。更重要的是,圣人了解"有无相生"之理,所以以"无欲"成就其欲。如果执着有欲,结果会适得其反。所以文中有"欲不欲"的说法。……帛书和汉简中出现的"有欲者弗居"的说法就很好理解,体现着《老子》以君人南面之术为主的特点。有欲者要实现其"欲",则须寻找到恰当的路径,不是"佳美"式的自贵,或者自见、自视、自伐、自矜,而是"受国之诟""受国不祥"的承担和包容(《思想史视野中的〈老子〉文本变迁》,《中国哲学史》2015年第4期,第10、36页)。

【校订文及今译】

企者不立。　　　　踮起脚站立的人,站不长久。

自见者不明;　　　　凸显自我的,不被人看重;

自是者不彰；	自以为是的，不能得以彰显；
自伐者无功；	自我夸耀的，无法以此邀功；
矜者不长。	盛气凌人的，做不了首领。
其在道也，	在道看来，
馀食赘行，	这些行为就好比残羹和赘瘤，
物或恶之，	往往遭外界厌恶，
故有欲者弗居。	所以希望成就大事的人不让自己处于上述状态。

【章旨】

踮起脚跟站立，这是凸显自我之"象"。此"象"被老子选中，作为一个符号，用来代表个体与他人的交往中，过于突出自我、拔高自我的言行。

然而老子哲学强调人要时常站在道的高度和视角观照、省察自己，在这一高度和视野下，过分地突出自我、炫耀自我、标榜自我、盛气凌人，自以为高人一等，显然与道无所偏爱以及"天地不仁，以万物为刍狗""天道无亲"所显示的道与个体的关系相悖，必然要遭受道的"反作用力"（体现为本章所说的"物或恶之"）并最终为道所不容。这些个体将如同残羹一样被抛弃，如同赘疣一样终将溃败。

第六十六章（王弼本 25 章）

●有物纶（混）成①，先天地生。肃（寂）觉（寥）②，独立而不狳（改）③，偏（遍）行而不殆④，可以为天地母⑤。吾不智（知）其名，其字曰道，吾强为之名曰大。大曰懑（逝）⑥，懑（逝）曰远，远曰反⑦。

天大，地大，道大，王亦大⑧。或（域）⑨中有四大⑩，而王居一焉。人瀍（法）地，地瀍（法）天，天瀍（法）道，道瀍（法）自然⑪。

【注释】

①有物混成：有个事物浑然一体。

北大简本作"有物纶成"，传世本作"有物混成"，今从之。郭店简本作"有状蟲（昆）成"。刘钊说："古文字中相同偏旁从二个或三个经常无别，所以'蟲'字可以看成是'蚰'字的繁体。"《说文解字》中"蚰"读若昆。"纶""混"和"蚰（昆）"音近可通。

《切韵》残卷："混，流，一曰混沌，阴阳未分。"王弼注："混然不可得而知，而万物由之以成，故曰混成也。"

②寂寥："寂"，没有声音；"寥"，无形无相。

北大简本作"肃觉","肃"通"寂","觉"通"寥"。

整理者:"'肃觉',郭店简作'敓繆',帛甲作'绣呵缪呵',帛乙作'萧呵漻呵',传世本多作'寂兮寥兮',傅本作'寂兮寞兮',想本作'寂漠'。'肃'(心母觉部)、'绣''萧'(心母幽部)、'寂'(从母觉部)诸字音近可通。郭简'敓'字属定母月部,与以上诸字古音稍远,究竟读为何字尚有不同意见。'觉'(见母觉部)、'寥''漻'(来母幽部)、'缪'(明母幽部)亦为一声之转。郭简'繆'字从'穆'得声,属明母觉部,可读为'缪'。'肃觉''绣缪(萧漻)''寂寥'均为叠韵连绵词("寂漠"当由"寂寥"变来),形容道体'独一无二的状态'。"

③独立而不改:独立自在且运行恒常稳定,不因外物作用而更改。

北大简本作"独立而不狡","狡"通"改"。此字郭店简本作"亥",帛乙本作"玹",传世本作"改"。

王弼注:"无物之匹,故曰独立也。返化终始,不失其常,故曰不改也。"

④遍行而不殆:无远弗届且永远不停歇。

郭店简本、帛书本皆无此句。传世本作"周行而不殆","周""遍"义近。《庄子·知北游》:"周遍咸三者,异名同实,其指一也。"

⑤可以为(wéi)天地母:可以(把道)视为化育天地的母亲。

第五十章(王弼本6章)"谷神不死,是谓玄牝。玄牝之门,是谓天地根。"天地根即天地母,与此章相呼应。

王弼本作"可以为天下母"。

⑥逝:北大简本作"懘"(chì),通"逝"。相同例证如《诗经·二子乘舟》"二子乘舟,泛泛其逝",阜阳汉简《诗经》作:"二子乘州,苞苞亓懘。""懘"通"逝"。帛书本作"筮",郭店简本作"澨",皆从传世本读为"逝"。《说文解字·辵部》:"逝,往也。"

⑦反:(和原方向或性状)反向而行。

北大简本、郭店简本、帛乙本、王弼本皆作"反",傅奕本作"返"。反、返古今字。

⑧天大,地大,道大,王亦大:"王亦大",帛书本、王弼本、河上公本同;傅奕本、范应元本作"人亦大"。

此句中的"大",指能量大、作用广,对万物都具有限定性、能施加影响力。道、天、地、王,都具有这一特点,所以合称为"四大"。正因为其大,所以人作为一个渺小的个体,需要遵循王法、天地之法,受制于道的限定性,这也引出后文"人法地,地法天,天法道,道法自然"。据此,此句应作"王亦大"。

另,帛书本、传世本此句"四大"的顺序与北大简本不同,多作"道大,天大,地大,王亦大"。唯郭店简本和北大简本同。

⑨域:这里指一个抽象的区域、范围。北大简本"或"和"域"是古今字的关系。整理者:"或,传世本作'域',帛书两本皆作'国'。然帛乙之'国'字,帛甲多作邦,唯此处及五十九章作'国',可见此二'国'字并非'邦国'之义,帛乙中此二'国'字亦非'邦'字避讳而改。郭简此字作'囻',读为'国'或'域'。'国'、'域'二字同源,先秦文字常写作'或'。汉简本'国'字未见写为'或'者,故此'或'字仍应读为'域'。"

⑩四大:指道、天、地、王。

⑪人法地,地法天,天法道,道法自然:北大简本"灋"是"法"的异体字,字义为效法,在此句也可理解为"被限定"。因为事物的性质总是为其所从出的母体所限定,所以人的性质为天地所限定,天地的性质又被道所限定。道不为任何事物所限定,它只在天地、万物本然的状态中呈现。

　　王弼注:"法,谓法则也。人不违地,乃得全安,法地也。地不违天,乃得全载,法天也。天不违道,乃得全覆,法道也。道不违自然,乃得其性。法自然者,在方而法方,在圆而法圆,于自然无所违也。"

　　关于"道法自然",蒙培元认为,老子所说的"自然"是与"道"联系在一起的,是描述"道"的存在状态,但"道"不是万物之外的实体,"道"就在万物之中,因而"自然"就是由万物的生长发育所体现出来的(蒙培元:《论自然》,《道家文化研究》第 14 辑,三联书店,1998 年,第 22 页)。

【校订文及今译】

有物混成,	有一个事物浑然一体,
先天地生。	出现在天地形成之前。
寂寥,	它没有声音、无形无相,
独立而不改,	独立存在且恒常运转,
遍行而不殆,	大化流行遍布宇宙,且永不停歇,
可以为天地母。	可以视为化生天地的母体。
吾不知其名,其字曰道,	我不知道它的名称,给它起个字为"道",
吾强为之名曰大。	再勉强给它起个名叫做"大"。
大曰逝,	这个"大"悄然流逝、运行,
逝曰远,	流逝、运行且无远弗届,
远曰反。	无远弗届又返回本原。
天大,地大,道大,王亦大。	天大,地大,道大,王也大。
域中有四大,而王居一焉。	域中有四大,而王是其中之一。
人法地,地法天,天法道,	人效法地,地效法天,天效法道,
道法自然。	万物顺应自己的本然状态(即是道法自然)。

【章旨】

此章描述了先天之道的属性和状态。先天之道在逻辑上可理解为"道生一"之前的"道"。其属性大致分为三个方面:首先,它浑然天成,找不到与它相对等的事物,不像世间万物那样"无独必有对"(程颐语)而是"独立不改";其次,不像万物那样时时处在变幻之中,"道"及其对万物的作用亘古长存、恒常稳定、无处不在;第三,先天之道无形无相、无声无息,也即"寂兮寥兮"。

因为道是第一性的,是宇宙的第一推动力,因此,道不效法任何它本身之外的事物。人效法地、效法天,但最终还是要效法道,那么现实中如何效法"道"呢? 老子最后补充了一句"道法自然",用以回答这一问题。效法"道"需落实为"法自然",道在万物本然的状态中得以呈现,人若是顺应自己和万物的本然状态即是取法于道。刘笑敢先生说:"老子的自然实质上是人类文明社会中一种理想的秩序,即自然而然的秩序。这种秩序不同于强制的秩序,也不是无序的混乱,而是在上位者的'辅而无为'的行为原则下,万物及百姓普遍的自发的秩序,是没有直接压力和控制的、个体自由舒畅的局面和秩序。"(刘笑敢:《关于老子之自然的体系义》,《宗教与哲学》第六辑,社会科学文献出版社,2017 年,第 96 页)

第六十七章（王弼本26章）

●重为轻根,静为趮(躁)君①。

是以君子冬(终)日行而不远其辎重②。唯有荣馆③,燕处超若④。奈何万乘之王⑤,而以身轻⑥于天下？

轻则失本,趮(躁)则失君。

【注释】

①静为躁君:清静(者)是躁动(者)的主宰。"躁",急躁,北大简本作"趮",两字古通。下一例同。《管子·心术上》:"摇者不定,趮者不静。""君",主宰、掌控。如《书·说命上》:"天子惟君万邦,百官承式。"《管子·内业》:"执一不失,能君万物。"

②是以君子终日行而不远其辎重:"终日",有"持续、久长"义。如《易·乾》:"君子终日乾乾。"《史记·扁鹊仓公列传》:"终日扁鹊仰天叹。"王念孙《读书杂志·史记五》:"此终日,非谓终一日也。终日犹良久也。言中庶子与扁鹊语良久,扁鹊乃仰天而叹也。《吕氏春秋·贵卒》篇曰:'所为贵镞矢者,为其应声而至;终日而至,则与无至同。'言良久乃至,则与不至同也……良久谓之终日,犹常久谓之终古矣。"

帛乙本亦作"不远其辎重",帛甲本及传世本作"不离其辎重"。

"辎重",指随军的器械、粮草等。如《淮南子·兵略训》:"隧路亟,行辎治。"高诱注:"行辎,道路辎重也。"

③唯有荣馆:只有(身处)墙垣环绕的宫馆之中。

"唯",帛甲同,帛乙本、传世本作"虽"。王引之《经传释词》云:"'虽'读为'唯',古字通用。"

北大简本"荣馆",传世本多作"荣观",帛书本作"环官",这三个词表示的是语言中的同一个概念,意思是有高墙环绕的宫馆。

④燕处超若:"燕处",退朝而处;闲居。如《礼记·经解》:"天子者,与天地参……其在朝廷,则道仁圣礼义之序;燕处,则听雅颂之音。"

"超若",超然,悠闲自在的样子。今据传世本校改为"超然"。

⑤王:帛书本同,传世本多作"主",或为形近而讹。

⑥轻:轻浅无根基。

《韩非子·喻老》:"无势之谓轻。"

《左传·僖公五年》:"国君不可以轻。轻则失亲。"

【校订文及今译】

重为轻根,	厚重是轻浅的根基,
静为躁君。	清静是躁动的主宰。
是以君子终日行而不远其辎重。	因此君子长久行军,往往不远离其装备粮草。
唯有荣馆,	唯有居于坚实城垣环绕的宫馆中,
燕处超然。	才能安身安心,超然而处。
奈何万乘之王,	万乘之国的君王,
而以身轻于天下?	怎么能以轻浅无根基之身来治理天下呢?
轻则失本,	轻浅浮华就失去了根本,

| 躁则失君。 | 躁动就丧失了统御和掌控的力量。 |

【章旨】

此章描写君王"行"则不远其辎重;"止"则外有城垣宫馆。可见物质力量、政治权力等"势"是君王统御臣下及百姓的保证和根基。然而无形的、精神层面的"辎重"和"宫馆",也是老子此章所要说明的。有辎重粮草则心安,有城墙卫护则从容。当他向内求时,他有应对挑战、面对艰难的智慧信心和精神底气。相对而言,内在无精神信仰的人妄图在不停地向外索求中填补其内在空虚、安抚其内心躁动,往往是徒劳的挣扎。

万乘之王身负治理天下的重任,只有把自己身心安顿、修行好了,有相当的人生智慧、坚定的人生信仰、丰富的精神世界和审美体验、仁民爱物的济世情怀,拥有这些无形的、精神层面的"辎重"和"宫馆"作为其根基,才能在面对变幻莫测的外界时,保持内心的从容和笃定。

第六十八章（王弼本 27 章）

●善行者无斸（辙）迹①；善言者无瑕適②；善数者不用梼（筹）筴（策）③；善闭者无关键④，不可启；善结者无绳约，不可解。

故圣人恒善救人，而无弃人⑤，物无弃财⑥，是谓欲（袭）明（明）⑦。

善人，善人之师也⑧；不善人，善人之资也。不贵其师，不爱其资，唯（虽）智必大迷⑨，此谓眇（妙）要⑩。

【注释】

①善行者无辙迹：北大简本"斸"通"辙"，指车辙。"迹"，指马蹄印迹。

北大简本、帛书本以及傅奕本、范应元本等作"善行者……善言者……善数者……善闭者……善结者……"，探讨的对象是人；相对而言，王弼本等传世本作"善行……善言……善数……善闭……善结……"探讨的对象是行为。由紧接这一段文句的"故圣人……"可知，此章主题是紧扣"恒善救人"的"圣人"而展开，所以此处应从北大简本、帛书本。

②瑕適：玉上的斑痕，引申指缺点、过错。

《管子·水地》:"夫玉,温润以泽,仁也……瑕適皆见,精也。"尹知章注:
"瑕適,玉病也。"

③筹策:计算用的筹条。

北大简本作"梼筴",这两个字和"筹策"分别为异体字。《左传·文
公十三年》:"绕朝赠之以策",杜预注:"策,本又作'筴'。"

④关键:门上的栓销。横的为关,竖的为键。

释德清说:"关键,闭门之具,犹言机关也。世人以巧设机关,笼罗一
世,将谓机密而不可破,殊不知能设之,亦有能破之者。历观古之机诈相
尚之士,造为胜负者,皆可破者也。唯圣人忘机待物,在宥群生,然以道
为密,不设网罗,而物无所逃。此闭之善者,所谓'天下莫能破',故无关
键而不可开。"

⑤故圣人恒善救人,而无弃人:圣人知人善任,使各遂其性,各得
所愿。

⑥物无弃财:帛书本同,王弼本作"常善救物,故无弃物"。

⑦袭明:在因袭、顺应(人与物本有秉性)方面的高明。

"袭",北大简本作"欲",帛甲本作"愧",帛乙作"曳",今从传世本读
为"袭"。

释德清说:"是以圣人处世,无不可化之人,有教无类,故无弃人;无
不可为之事,物各有理,故无弃物。物,犹事也。如此应用,初无难者,不
过承其本明,因之以通其蔽耳,故曰:'袭明。'袭,承也,犹因也。《庄子》
庖丁解牛,因其固然,动刀甚微,划然已解,意出于此。"

⑧善人,善人之师也:前一个"善人",指才能或智慧出众的人;后一
个"善人",指善于学习的人。河上公注:"人之行善者,圣人即以为
人师。"

此句帛书本同,传世本多作"善人,不善人之师也"。

⑨虽智必大迷:一些所谓的智者,不能将身边的事情或历史引为资鉴,必定是"迷"者。

帛甲本作"唯(虽)智乎大眯"。帛乙本作"虽智乎大迷"。王弼本、河上公本作"虽智大迷"。想尔注本、傅奕本作"虽知大迷"。

⑩妙要:精妙的要领。

帛书本同,传世本作"要妙"。"妙",北大简本作"眇",从传世本读为"妙"。《汉书·扬雄传下》:"是以声之眇者不可同于众人之耳,形之美者不可混于世俗之目。"颜师古注:"眇,读曰妙。"

【校订文及今译】

善行者无辙迹;	善于行走的,车辙马迹无从寻觅;
善言者无瑕谪;	善于言说的,话语无可挑剔;
善数者不用筹策;	善于计算的,不用借助筹条;
善闭者无关键,不可启;	善于关闭的,不用门栓却无法开启;
善结者无绳约,不可解。	善于捆绑的,不用绳索却无法解开。
故圣人恒善救人,	因此,圣人通常知人善任,
而无弃人,物无弃财,	在他看来,没有可以被抛弃的无用之人、无用之物,
是谓袭明。	这在顺应万物秉性方面可谓高明。
善人,善人之师也;	善人可作为善学之人的老师;
不善人,善人之资也。	不善之人,亦可以作为善学之人的借鉴。
不贵其师,不爱其资,	不珍视他的老师,不珍惜他的资鉴,
虽智必大迷,	即使人聪明,也必定陷入迷惘。
此谓妙要。	这可谓精妙的要领。

【章旨】

万物都由道、天地所生。因此,任何人、物都有其独特的属性和功用。善行者、善言者、善数者、善闭者、善结者有一个共同特点:他们都是借助"道"之力而作用于万物,是自然而然、水到渠成、因势利导而不着痕迹,是无为而无不为的体现。

因此,此章强调了解、因应每个人、每件事物的独特秉性;道因其大,也必然包含实现万物各自价值的可能性和方案。遵道者"知常容,容乃公,公乃大",用包容心和辩证眼光看待每个人、每件事物,创造条件让每个人、每件事物的独特属性得以展现,从而做到人尽其才、物尽其用。人尽其才、物尽其用就能实现善行、善言、善数、善闭、善结等"袭明"境界。

有道之人,除了上章所强调的稳重、澄静之外,亦善于效法贤良师友,以愚不肖者为戒,使万物皆能实现其自然之价值,同时亦达成自我之性。"经师易得,人师难求",可谓人生精妙的要领。

第六十九章（王弼本28章）

　　●智（知）其雄，守其雌①，为天下溪②。为天下溪，恒德③不离，复归于婴儿④。智（知）其白，守其辱（黣）⑤，为天下谷⑥。为天下谷，恒德乃足，复归于朴⑦。｛智（知）其白，守其黑，为天下武〈式〉；为天下武〈式〉，恒德不贰（忒），复归于无极。｝⑧朴散则为成器⑨，圣人用[之]则为官长⑩。

【注释】

　　①知其雄，守其雌：深知自己雄强的实力，谨守自己雌柔的一面。

　　②溪：山与山之间的溪流沟涧，与后文的"谷"意思相近。

　　《尔雅·释水》邢昺疏引李巡注："水出于山入于川曰溪。"《荀子·劝学》："不临深溪，不知地之厚也。"

　　王弼："溪不求物，而物自归之。"

　　③恒德：恒常的冲虚之德。

　　王弼本作"常德"。吴澄："常德者，冲虚不盈之德。……此章之意，欲自常德而反本复始，以归于太初之道。……曰婴儿，曰朴，皆以喻太初之道。"马一浮说："言'常德'者，即是常住真心，亦谓之本分事，在《中庸》即谓至诚。"

④复归于婴儿:在每次发展、壮大之后,又回复到类似于婴儿的状态,为新的茁壮成长积蓄生机和力量。

⑤黱:深黑。

《玉篇》:"黱,垢黑。"《集韵》:"黱,黑垢。"北大简本"辱"通"黱"。

⑥谷:山谷,川谷。

《说文解字·谷部》:"泉出通川为谷。"

⑦朴:未经雕琢、加工的木料。

吕惠卿曰:"朴者,真之全而物之混成者也。唯其混成而未为器,故能大能小,能曲能直,能短能长,能圆能方。"

⑧知其白,守其黑,为天下式;为天下式,恒德不忒,复归于无极:这六句应为历代传抄过程中所衍。产生这些衍文的原因在于后人不知"辱(黱)"这个词有"黑"义,未能注意"知其白"和"守其辱(黱)"在语义上刚好对应。北大简本、帛书本为"知其白"配上"守其黑";各传世本则是为"守其辱"配上"知其荣"。

易顺鼎、马叙伦、高亨等人都对这一问题进行了分析。易顺鼎《读老札记》说:"按此章有后人窜入之语,非尽《老子》原文。《庄子·天下篇》引老聃曰:'知其雄,守其雌,为天下溪。知其白,守其辱,为天下谷。'此《老子》原文也。盖本以'雌'对'雄',以'辱'对'白'。'辱'有黑义,《仪礼》注:'以白造缁曰辱。'此古义之可证者。"

高亨《老子正诂》举出6条证据说明上述内容是传抄者添加,论证亦十分充分。今据删。

"式"北大简本作"弌",当为形近而讹;"忒",北大简本作"贷",二字通假。

⑨朴散则为成器:传世本作"朴散则为器"。《庄子·马蹄》:"纯朴

不残，孰为牺樽。白玉不毁，孰为珪璋。”即朴散则为成器之意。

吴澄曰：“木朴之未彻也，抱其天质之全，及破碎其全，则散之而为所斫之器。”

⑩圣人用之则为官长：传世本作“圣人用之则为官长”。北大简本脱一“之”字，今补上。“官长”，行政区域的主管官吏。《汉书·武帝纪》：“二千石官长纪纲人伦。”颜师古注：“谓郡之守尉，县之令长。”

【校订文及今译】

知其雄，守其雌，	深知自身的雄强，却能谨守雌柔，
为天下溪。	（如同）身处天下溪涧的位置。
为天下溪，	身处天下溪涧的位置，
恒德不离，	恒常的冲虚之德就不会远离，
复归于婴儿。	从而回复到婴儿的状态。
知其白，守其黣，	深知光明的状态，却谨守幽暗，
为天下谷。	（如同）身处天下山谷的位置。
为天下谷，	身处天下山谷的位置，
恒德乃足，	恒常的冲虚之德才能保持充足，
复归于朴。	从而回复到纯朴的本真状态。
朴散则为成器，	如同纯朴的材质可被做成各种器具，
圣人用之则为官长。	具有这一德行的人为圣人所用，可以成为各个领域的官长。

【章旨】

老子始终有一种全局观，关注将来。“知其雄，守其雌”，是为了长久保持平衡、向上，采取一种相对稳健的策略，不急着跳出来，让自己暂且隐伏于雌柔的一方，因应天道无形的力量从而掌控人生的发展趋势。如果说"将欲歙之,必姑张之;将欲弱之,必姑强之"是面对强敌时"柔弱胜刚强"的国之利器,"知其雄,守其雌"则是因应道之法则的自强法宝,有隐忍、敛藏等意味,是暂时蛰伏在柔弱状态,为实现将来的强大等待机会、酝酿趋势、蓄积力量。朱元璋谋士朱升"九字三策",即是"知其雄,守其雌"的具体运用。《明史·朱升传》:"太祖下徽州,以邓愈荐,召问时务。曰:'高筑墙,广积粮,缓称王。'太祖善之。"

先固根基,再谋进取。暂时蛰伏于有生长力量和变革力量的一方,"居反得复"而恒德不离,是给人生配备绵绵不绝的驱动力。"重积德则无不克",如果能保持不断进步,未来可期。就好比一个婴儿,通常有着无限可能。也如同林草丰茂的溪涧山谷,种种动植物自然前来依归。"婴儿""山谷"作为譬喻符号,指代的是始终生长、蓄积的力量,是重新组合和变革的能力,因而也代表着充满希望和光明的未来。

第七十章（王弼本 29 章）

●大制无畖(界)^①。将欲取^②天下而为^③之,吾见其不得已^④！天下神器,非可为^⑤,为之者败^⑥之,执之者失之。

物或行或随,或热或炊(吹)^⑦,或强或挫〈挫〉,或怀(培)或隋(嶞)^⑧。是以圣人去甚,去奢,去泰^⑨。

【注释】

①大制无界:善于裁制的(顺应万物自然本性),不刻意划分界限。

此句帛书本作"夫大制无割",发语词"夫"更加强调其作为此章首句的位置。相对而言,传世本此句多位于上章末尾,如王弼本作"故大制不割",傅奕本作"大制无割"。

"制",剪裁,裁决。《易·系辞上》:"制而用之谓之法。"孔颖达疏:"言圣人裁制其物而施用之。"

"界"北大简本作"畖","界"的异体字。《玉篇·田部》:"畖,同'界'。"段玉裁《说文解字注》:"界之言介也。介者,画也;画者,介也。象田四界,聿所以画之。"《后汉书·马融传》:"奢俭之中,以礼为界。""大制无界"主张尊重万物本有的属性,下文"物或行或随,或热或吹,或强或挫,或培或嶞"与这一尊重万物本性的主张相呼应。

"大制无界"和"大制无割"内涵其实相通。王弼注:"大制者,以天下之心为心,故无割也。"楼宇烈:"'大',即25章所说'强为之名曰大'之'大',指'道''朴'。'制',《说文》:'裁也。''大制',意为以道制裁万物。道制裁万物是顺万物自然之性,所以说'以天下之心为心',是'裁'而'无割'。"

②取:治理。同于48章(王弼本)"取天下常以无事"之"取"。

③为:指"有为",与"无为"相对。陈景元:"夫道无为自然也。虽秋毫之小而尚由之,况天下乎。"

④不得已:"不得",不会得到成功,不能达到目标。"已",语气词,通"矣"。

高明:"'不得已',河上公谓为'不得天道人心',甚得其恉,犹今言无所得或无所获,有人释作'迫不得已',失之远矣。"

⑤天下神器,非可为:帛乙本此句作"夫天下神器也,非可为者也"。王弼本、河上公本作"天下神器,不可为也"。

"神",西周晚期的青铜器大克鼎"神(申)"字为𓏾,像闪电形。远古蛮荒时代,天上电闪雷鸣之时,往往让暴露在自然界的古人胆战心惊、魂飞魄散,他们因这种令人恐惧的自然现象产生丰富的想象力,认为是天神在发怒。𓏾由此被用来表示"神"的概念。"神器"亦不同于普通之器,具有变幻莫测的不确定性,"天下"正如"神器",非人力所能窥知、掌控。因此"非可为者也"。

⑥败:毁坏、使破败。

⑦或热或吹:有的灼热,有的寒冷。

"热",帛乙本同;帛甲本作"炅"。北大简本"炊"从传世本读为"吹",义为寒冷。河上公注:"吹,寒也。"

⑧或强或挫,或培或隳(huī):"挫",弯折。北大简本作"桎",是

"挫"的讹写。《说文解字·手部》:"挫,摧也。"《周礼·考工记》:"外不廉而内不挫",郑玄注:"挫,折也。"

"培",北大简本作"怀",帛甲本作"坏",帛乙本作"陪",皆从傅奕本读为"培"。"培"的本义为培土修葺,如《礼记·中庸》:"故栽者培之。"在此可训为"加固、助益",如《广韵·灰韵》:"培,助也。"王弼本作"载"。

"隳",北大简本作"隋",从河上公本读为"隳",义为"毁坏"。《国语·晋语八》:"若受君赐,是隋其前言。"韦昭注:"隋,坏也。"帛乙本、傅奕本作"堕",亦读为"隳",相同用法如《国语·周语下》:"晋闻古之长民者,不堕山,不崇薮,不防川,不窦泽。"韦昭注:"堕,毁也。"

上述四句是为了说明不同事物的秉性各异。

⑨是以圣人去甚,去奢,去泰:因此圣人摒弃极端的、奢靡的、过当的行为。

吴澄:"凡过盛必衰,衰则亡之渐也,惟不使之过盛,则可以不衰,而又何有于亡? 甚也,奢也,泰也,极盛之时也。去甚者,欲其常如微之时。去奢者,欲其常如俭之时。去泰者,欲其常如约之时。能不过盛,则可以保天下之不亡矣。"

【校订文及今译】

大制无界。	善于裁制的人,(因应万物本性,)不刻意划分界限。
将欲取天下而为之,	想要治理天下而刻意为之的人,
吾见其不得已!	我看他是不能实现目标的!
天下神器,	天下是神圣之器啊,
非可为,	不能随意操控,
为之者败之,	强力妄为的,会使天下毁坏、破败,

执之者失之。	妄图加以掌控的，反而会失去天下。
物或行或随，	（天下万物本性各异：）有的善于前行，有的善于跟随，
或热或吹，	有的灼热，有的寒冷。
或强或挫，	有的强健，有的赢弱而易弯折；
或培或堕。	有的带来助益，有的带来损害。
是以圣人去甚，去奢，去泰。	因此圣人（尊重、顺应万物本性），摒弃极端的、奢靡的、过当的行为。

【章旨】

本章强调尊重万物以及每个人的本有秉性。"物或行或随，或热或吹，或强或挫，或培或堕"这四句是为了说明万物天性各异。圣人因此无为、守正，不偏颇、不过度。

既要发现自己的天赋，又要认识自身的局限。很多大的事功（如"取天下而为之"之事），犹如"神器"，涉及到的人与事物过多，并且这些人与事物的秉性不同，不是一个人或少数人所能强行改变或扭转的，因而"不可为也、不可执也"。了解、顺应天道赋予每个事物的本然状态和秉性，尊重事物的多样性和多元化，认识个体力量的弱小，避免陷入妄图强力扭转大趋势、改变大局面的偏执。在宇宙恢宏的格局和磅礴不可窥测的气运面前，个体往往渺小、单薄且不堪一击，犹如执臂挡车的螳螂。即使是非常有能力的人，也必须顺应时代大潮，乘势而上，才可以有所作为。

第七十一章（王弼本 30 章）

●以道佐人主^①，不以兵强于天下，其事好瞏（还）^②。师之所居，楚棘生之^③。善者果^④而已，不以取强。故果而毋矜，果而毋骄，果而毋发（伐）^⑤，果而⌈毋⌋不得已^⑥。⌈物壮则老，谓之不道，不道蚤（早）已矣⌋^⑦。

【注释】

①以道佐人主：帛书本同，郭店简本及传世本作"以道佐人主者"。

②其事好还：用兵这件事，往往会遭到报复。

蒋锡昌说："此谓用兵之事，必有不良之还报。"

北大简本"瞏"通"还"。

③师之所居，楚棘生之：各本唯郭店简本没有这两句，疑是传抄过程中注文掺入正文，因为这两句的上文"不以兵强"与下文"善者果而已，不以取强"在语意上承接紧密，且此章行文简练，内容围绕一个"果"字。

王弼本作"师之所处，荆棘生焉。大军之后，必有凶年"。

"楚棘生之"，荆棘生长（在战争所及的地方）。帛甲本同，王弼本、河上公本、傅奕本作"荆棘生焉"，想尔注本作"荆棘生"。"楚棘"即"荆棘"，如《管子·地员》："其木宜蚖苍与杜松，其草宜楚棘。"《晏子春秋·

杂下十三》:"登之无蹼,维有楚棘而已。"

④果:实现(目标),表示与预期相合。

王弼注:"果,犹济也。言善用师者,趣以济难而已矣,不以兵力取强于天下也。"

⑤伐:自我夸耀。

《易·系辞上》:"劳而不伐,有功而不德,厚之至也。"孔颖达疏:"劳而不伐者,虽谦退疲劳而不自伐其善也。"

⑥果而不得已:郭店简本无此句。王弼本此句后多"果而勿强"。北大简本"果而毋不得已","毋"当承上文三个"毋"字而衍。

⑦物壮则老,谓之不道,不道早已矣:此三句重见于含德之厚章。姚鼐《老子章句》认为这一章此三句是衍文。裘锡圭、彭浩亦持此说。彭浩说:"今本三十章的这几句是重出,当删。"今从之。

【校订文及今译】

以道佐人主,	用道辅佐君主,
不以兵强于天下,	不单单凭恃军事力量称霸天下,
其事好还。	征战之事往往导致以牙还牙的报复。
师之所居,	战火所及,
楚棘生之。	生灵涂炭,田园长满荆棘。
善者果而已,	好的战争达到预期目标即可,
不以取强。	不凭恃武力来逞强。
故果而毋矜,	因此,即使战争胜利了,也不可得意,
果而毋骄,	不可自傲,
果而毋伐,	不可夸耀,
果而不得已。	使用武力,是出于不得已。

【章旨】

以"道"佐人主者,认识并顺应"道"所限定的大趋势,不妄图用武力解决所有问题。"其事好还"即是"反者道之动"在军事、政治上的体现。唐代军事家王真在《道德经论兵要义述》中对唐宪宗说:"臣敢借秦事以言之。李斯、赵高、白起、蒙恬之类,皆不以道佐其主,而直以武力暴强,吞噬攫搏……李斯父子糜溃于云阳;白起齿剑于杜邮;赵高取灭于宫闱,此皆事之还也。且兴师十万,日费千金,十万之师在野,则百万之人流离于道路矣。"

孟子曾说:"春秋无义战。"针对当时军事强国恃强凌弱、连年征战从而造成生灵涂炭的现实,出于珍视生命的大慈悲情怀,老子一方面声讨穷兵黩武的为政者以及给百姓带来深重灾难的战争;另一方面也认为过于崇尚武力无法达成真正长久安定,每一次战争,带来的往往是对方的仇恨和随之而来的隐患。这是对好战者和"唯武力论者"提出的警示。武力只是卫护和平的手段,应点到为止。即使是军事力量强大的国家,亦不能耀武扬威、有恃无恐。强大如暴秦,凭恃军事力量和严刑酷法,以为其统治可以由一世传至万世,其结果却是"戍卒叫,函谷举;楚人一炬,可怜焦土",二世而亡。

第七十二章（王弼本 31 章）

●夫觟（佳）美，不恙（祥）之器也^①，物或恶之，故有欲者弗居也^②。是以君子居则贵左，用兵则贵右^③。兵者，非君子之器也，不恙（祥）之器也，不得已而用之^④，恬（銛）偻（镂）为上，弗美^⑤。若美之，是乐之。乐之，是乐杀人。{是}乐杀人，不可以得志于天下。

是以吉事上（尚）左，丧^⑥事上（尚）右；扁（偏）将军居左，上将军居右，言以丧礼居之^⑦。杀人众，则以悲哀立（莅）^⑧之；战胜，以丧礼居之。

【注释】

①夫佳美，不祥之器也：那装饰华美的，是不祥的器物。

帛书本作"夫兵者，不祥之器也"，王弼本、想尔注本作"夫佳兵者，不祥之器"，傅奕本作"夫美兵者，不祥之器"。

北大简本"觟美"读为"佳美"，指装饰华美的事物。整理者："觟（匣母支部）可读为'佳'（见母支部），'佳美'指有美丽装饰之物；《史记·扁鹊仓公列传》引《老子》：'美好者，不祥之器'，'美好'即'佳美'，与汉简本属同一版本系统。"

"恙"通"祥",下一例同。

②物或恶之,故有欲者弗居也:世人憎恶它,所以希望成大事的人不让自己居于奢华。

此句帛甲本亦作"物或恶之,故有欲者弗居",然今本多作"物或恶之,故有道者不居"或"物或恶之,故有道者不处"。郭店简本这一章从下句"君子居则贵左"开始。

关于此处古本"有欲者"与今本"有道者"的对立,亦可参考本书第六十五章注释⑤。

③是以君子居则贵左,用兵则贵右:君子平时居处以左方为贵,打仗时以右方为贵。

陈景元说:"天地之道,左阳而右阴,阳主德生,主柔弱,阴主刑杀,主刚强。故君子平居则以有德者居左,戎事则以有勇者居右。"

④不得已而用之:使用武力是出于迫不得已。

王弼本69章:"吾不敢为主而为客,不敢进寸而退尺。"可以和此句互证。

⑤铦镂为上,弗美:兵器以锐利为上,不需要华美的修饰。

"铦镂",锋利的铁制兵器。北大简本作"恬偻","恬"通"铦",义为"锐利"。《广雅·释诂》:"铦,利也。"《墨子·亲士》:"今有五锥,此其铦,铦者必先挫。""偻",通"镂",义为"坚硬的铁器",《说文》:"镂,刚铁也。"

帛甲本作"铦龐",帛乙本作"铦懬"。王弼本、河上公本作"恬淡",傅奕本作"恬澹",郭店简本作"铦繻"。

⑥丧:郭店简本、帛甲本、想尔注本同。王弼本、河上公本、傅奕本作

"凶"。《礼记·檀弓上》:"二三子皆尚左",郑玄注:"丧尚右,右,阴也。吉尚左,左,阳也。""吉"与"丧"相对。

⑦偏将军居左,上将军居右,言以丧礼居之:北大简本"扁"通"偏"。

陈景元:"夫上将军专杀则处右,偏将军不专杀故处左,言用兵之道,同于丧礼。今上将军居右者,是以丧礼处置之也。"

⑧莅:莅临,对待。

北大简本"立"通"莅"。帛书本同,今本多作"泣"。

郭店简本作"位",裴锡圭:"与今本'泣'字相当之字,帛书本作'立',郭店简本作'位',整理者都读为'莅',无疑是正确的。罗运贤早在1928年印行的《老子馀义》中,就认为此章'泣'字当为'莅'字之讹,可谓卓识。"

【校订文及今译】

夫佳美,	那装饰华美的奢侈物品,
不祥之器也,	是不祥的器物,
物或恶之,	有时会招来世人的憎恶,
故有欲者弗居也。	所以希望成就大事的人不使用它。
是以君子居则贵左,	君子平时居处以左方为贵,
用兵则贵右。	打仗时以右方为贵。
兵者,非君子之器也,	兵器不是和君子相匹配的物品,
不祥之器也,	是不祥之器,
不得已而用之,	迫不得已而用之,
铦镂为上,弗美。	锐利坚硬即可,不需要太漂亮。
若美之,是乐之。	加以修饰是乐于用兵的体现。
乐之,是乐杀人。	这是以杀人为乐事。

乐杀人，	以杀人为乐事，
不可以得志于天下。	就不可能为天下人所拥护。
是以吉事尚左，	吉庆之事以左为上，
丧事尚右；	丧亡之事以右为尊；
偏将军居左，	偏将军处左方，
上将军居右，	（掌管杀伐的）上将军处右方，
言以丧礼居之。	意思是出兵打仗要遵循丧礼的仪式。
杀人众，	战争中杀死很多人，
则以悲哀莅之；	带着悲痛哀伤的心情去对待；
战胜，	战争胜利了，
以丧礼居之。	要遵循丧礼的仪式来凭吊。

【章旨】

此章承接上章，从两个具体的细节进一步表明反战的观点。

第一，从是否热衷兵器的修饰，窥知治国者是否崇尚战争暴力。"若美之，是乐之；乐之，是乐杀人；乐杀人，不可以得志于天下。""兵者，非君子之器也，不祥之器也。不得已而用之。"这表明，君子崇道不崇兵。老子鲜明地阐述了武力、军事在其政治思想体系中的地位和作用。

第二，从战争和丧礼都崇尚右边的方位这一细节，来说明战争因其血腥、惨烈，在本质上是令人悲痛、哀伤的，决不能轻启战端。正如《荀子·议兵》所说："彼兵者，所以禁暴除害也，非争夺也。"

生命由道赋予，没有人可以因一己私利或个人野心而随意残害生灵。"天之道，利而不害。"崇尚暴力、以杀戮为乐的嗜血君王，悖天逆道，是不可能长久的。

第七十三章(王弼本32、33章)

●道恒无名①、朴②。唯(虽)小③,天下弗敢臣④。侯王若能守之,万物将自宾⑤。

天地相合,以俞(降)甘露⑥,民莫之令而自均安(焉)。始正有名,名亦既有,夫亦将智(知)止。智(知)止所以不殆。避(譬)道之在天下,犹小谷之与江海⑦。

故智(知)人者智,自智(知)者明(明)。胜人者有力,自胜者强。智(知)足者富,强行者有志⑧,不失其所者久,死而不亡者寿。

【注释】

①道恒无名:道通常是没有名称的。

王弼本作"道常无名"。王弼:"道,无形不系,常不可名。以无名为常,故曰'道常无名'也。"

冯友兰说:"道作为万物本原,无从命名,所以无法用语言表达它。"

②朴:纯朴、本然。

道恒无名,唯有当万物处于本然、纯朴状态时,道才得以显现。

王弼:"朴之为物,以无为心也,亦无名。故将得道,莫若守朴。"

③虽小:北大简本作"唯小","唯"通"虽"。郭店简本作"虽细"。

④天下弗敢臣:天地万物不敢以道为臣。"弗敢臣"可理解为"不敢臣之"或"不敢以(道)为臣"。

帛书本同,郭店简本作"天地弗敢臣"。河上公本作"天下不敢臣",王弼本、傅奕本作"天下莫能臣"。

因为道、天、地、侯王为"四大",这四大之间又构成层级限定关系。"天地"虽然是"四大"中的"二大",但也不敢凌驾于道之上,不敢"以道为臣"。下文又接着阐述"四大"中的"侯王"应"守之",如此"万物将自宾"。道、天地、侯王、万物构成层级严密的自然及社会运转体系。因此,此处据郭店简本将"天下"校改为"天地"。

⑤万物将自宾:万物将自然而然宾服。

郭店简本在"宾"字后有方形墨点,用作分章符号。李零据此把以上三句划为一章。

⑥天地相合,以降甘露:阴阳之气和合,从而降下甘露。

北大简本"以俞甘露",帛书本同,郭店简本作"以逾甘露",王弼本作"以降甘露"。孟蓬生:"逾(俞)"为"降"之借字(《郭店楚简字词考释》,《古文字研究》第二十四辑,中华书局2002年,第406页)。

⑦譬道之在天下,犹小谷之与江海:大致有两种理解。第一种,如王中江认为:"道在天下,讲的是道与天下万物的关系,它对应的是大海与小溪流的关系,而不能将之对应为'小溪流在大海'。大海比喻的是道。"奚侗云:"'天下'必归于道,'川谷'必归于'海'。"

第二种,王弼认为此句是以譬喻的方式进一步强调为政者若遵道而治理天下,民众会如百川归海一般追随、依归。王弼注:"川谷之与江海,非江海召之,不召不求而自归者也。行道于天下者,不令而自均,不求而自得,故曰'犹川谷之与江海'也。"今从此说。

"譬",比喻。北大简本"避"通"譬"。"小谷",郭店简本作"少谷",帛乙本作"小谷",传世本多作"川谷"。可能是"小"字在传抄中被误抄为"川"字。郭店简本在此句后有方形墨点,用作分章符号。

⑧志:志向,信念。

《论语·为政》:"吾十有五而志于学。"

【校订文及今译】

道恒无名、朴。	道恒常以无名无形、纯朴本真的状态在宇宙万物中存现。
虽小,	(道作用于万物的力量)虽幽隐细微,
天地弗敢臣。	天地亦不敢凌驾于道之上。
侯王若能守之,	侯王如果能遵循这道而为政,
万物将自宾。	万物将自然而然归附。
天地相合,以降甘露,	天地(阴阳之气)和合,于是降下甘露,
民莫之令而自均焉。	没有谁施加命令而自然均匀于万物。
始正有名,	(人类出现),开始给万物命名,
名亦既有,	万物有了名称后,
夫亦将知止。	(开始背离其纯朴本真),就应该知道适可而止。
知止所以不殆。	知止就可以避免进入危险境地。
譬道之在天下,	打个比方,遵道者在天下的位置,
犹小谷之与江海。	如同江海是溪流共同归往的地方。
故知人者智,	因此,了解别人的人是聪颖的,

自知者明。	清楚自己的人明智。
胜人者有力，	战胜别人的有力量，
自胜者强。	战胜自己的会越来越强。
知足者富，	知足的人才真正富有，
强行者有志，	勤勉践行于道的可谓有信念。
不失其所者久，	不偏离其信念的人一定能长久。
死而不亡者寿。	肉体死去，信仰不亡，可称之为永恒的生命。

【章旨】

道恒无名，道恒朴，"无名"和"朴"是从两个不同角度来描述万物归复于道的状态。而"名亦既有（有名）"和"朴（无名）"在老子思想体系中，代表了相对立的两种情况。既然道法自然，那么一切外在的价值判断之"名"、外来的干扰之"名"对作为"本来面目"的"朴"来说，往往是一种偏离或遮蔽，从而使事物的本质或亟待解决的问题湮没于虚浮的"道之华"（38章）之中，陷入危殆。避免的方法，在于"居其实，不居其华"（38章）。

为政者因应道，借助其幽微久远的力量作用于自然、社会的每一个角落，如同甘露普降天下，万物均沾。甘露的意象可用来说明道的运化细微幽隐，天下万物却在不知不觉中受其滋润。正因为如此，道"虽小，天地弗敢臣"。侯王为政治国若真正效法于道，天下人如百川归海，皆来归附。

基于身国同构的思想，"侯王若能守之，万物将自宾"，可以理解为人的内心若能保持无思无虑，人的身体各部位、各系统将各尽其责而不紊乱。这种状态正如天地相合之时，阴平阳秘降下甘露，自然而然地滋润身心。

　　汉简《老子》此章对应王弼本 32、33 两章。和其他版本相比,唯独北大简本在"故知人者智,自知者明"中多一"故"字连接两章,这似乎表明 32、33 两章之间存在义理上的逻辑关系。这一共同的内在联系就是对"道"幽微久远之伟大力量的宾服,也即"道恒无名、朴,虽小,天地弗敢臣"这一主题。基于这一主题,可以产生对王弼本 33 章新的诠释:

　　因此,了解别人的人是聪明的,但人更应了解自己,哪些行为是符合道的,哪些是不符合道的;

　　战胜别人的人有力量,但人更应该应战胜旧我,悔过自新,祛除不合道的行为。

　　有道之人知足、愉悦,因此是富有的、幸福的;

　　人应立下志向,勤勉体验大道;

　　时刻尊道贵德,如此可享长久;

　　最终实现生命的道化和永恒。

第七十四章（王弼本 34 章）

●道泛旖(兮)①，其可左右。万物作而生弗辞②，成功而弗名有，爱利万物而弗为主③。故恒无欲矣，可名于小；万物归焉而弗为主，可名于大。

是以圣人能成大也，以其不为大，故能成大④。

【注释】

①道泛兮：北大简本"道泛旖"，帛乙本作"道汍(泛)呵"，传世本多作"大道氾兮"，傅奕本作"大道汎汎兮"。《王力古汉语字典》对"氾""泛""汎"进行过辨析，认为这三字实际上用法相同。和古本相比，传世本多出来的"大"字或为传抄者所加。

对"泛"字的理解有两种。第一种理解认为"泛"即"广泛"，形容"道"流布宇宙，无处不在的样子。吴澄注："泛，广也。谓如水之氾滥洋溢。道之广无所不在，或左或右，随处而有，取之左右，无所不可也。"今从之。

第二种理解认为"泛"是因浮在水面而飘摇不定的样子。河上公注："言道氾氾，若浮若沉，若有若无，视之不见，说之难殊。"又如《庄子·列御寇》："能者劳，智者忧，无能者无所求，饱食而遨游，泛若不系之舟。"据此理解,"道泛兮,其可左右"则是用来形容道的不确定性。

②万物作而生弗辞:"作",兴起,"生",生长。

帛书本作"万物归焉而弗为主",并在此章后文中重复出现。王弼本作"万物恃之以生而不辞"。

③爱利万物而弗为主:王弼本作"衣养万物而不为主";河上公本作"爱养万物而不为主",傅奕本作"衣被万物而不为主"。"爱利万物"在用词上体现了道具有人格化的情感。

④是以圣人能成大也,以其不为大,故能成大:傅奕本作"是以圣人能成其大也,以其终不自大,故能成其大"。河上公本作"是以圣人终不为大,故能成其大"。王弼本作"以其终不自为大,故能成其大"。

【校订文及今译】

道泛兮,其可左右。	道流布广泛,无处不在。
万物作而生弗辞,	万物(依凭它)兴起、生长而不推辞,
成功而弗名有,	有所成就而不自以为有功。
爱利万物而弗为主。	慈爱、利益万物而不以主宰者自居。
故恒无欲矣,	所以,道没有私欲(似乎不存在),
可名于小;	可以称之为小;
万物归焉而弗为主,	万物归顺依附它,却不自以为主宰,
可名于大。	可以称之为大。
是以圣人能成大也,	因此(效法道的)圣人能够成就功业,
以其不为大,故能成大。	因为他不自以为大,所以能成就伟大。

【章旨】

"道"泛兮,可左可右,可大可小。道既有"大"的属性——无所不在;又有"小"的特征——细微到不可觉察。"道"就像一个"磁场",万物都在这个场域之中。又像"万有引力",这种力量作用于万物、参与万物的发生和发展,但不一定为人所觉知。它不像商周时期中国古人心目中的天神那样崇高而神秘,它更类似于空气和水那样的一种朴实存在。

道之"小",在于道虽然化生、爱利万物,但不以主宰者自居,保持其"寂兮寥兮"的素朴本真,无声无形,且又"恒无欲矣"。

道之"大",在于它的影响力作用于时空的每一个维度。万物归从它,如百川归海;依靠它,如幼儿依恋慈母。《庄子·知北游》:"天不得不高,地不得不广,日月不得不行,万物不得不昌,此其道与!"

以无私、无欲、无我之境界,成就造福社会、利益众生之大爱,正是为政者效法道而具备的品质。

第七十五章（王弼本35章）

●埶（设）大象^①，天下往^②。往而不害，安^③平大（泰）^④。乐与饵^⑤，过客止。道之出言曰：淡旖（兮）其无味，视之不足见，听之不足闻，用之不可既也^⑥。

【注释】

①设大象：北大简本的"埶"，郭店简本同，帛书本及传世本作"执"。"埶大象"有多种理解。一从传世本，"埶"通"执"，作"执守"解。"大象"为无形之象，即大道。奚侗说："道本无象，强云大象。四十一章所谓'大象无形'也。"

另一种观点认为郭店简本"埶"读 shì，是"势"的古体字，表示"权势、威力"。如尹振环《帛书老子再疏义》持此说。

裘锡圭《老子今研》认为"埶"读为"设"，上古"埶""设"二字音近可通，武威《仪礼》简多以"埶"为"设"，殷墟卜辞和其他古文献中也有这种例了。裘先生指出，这种"埶"字有时被误写为形近的"执"。《易·系辞上》："圣人设卦观象，系辞焉而明吉凶……""设大象"的"设"与"设卦观象"的"设"，用法极为相近。今本的"执"应是"埶"的形近误字。今从裘说。

②往:归往。《说文解字·彳部》:"往,古文作㞷。"《广雅·释诂》:"㞷,归也。"

③安:乃,于是,表示前后具有因果关系。王引之《经传释词》:"安,犹于是也,乃也,则也。"

④泰:北大简本作"大",郭店简本、帛书本同,王弼本、河上公本作"太",傅奕本作"泰",想尔注本作"大乐"。今从傅奕本读为"泰"。大、太古通用,太、泰古亦通用。《易·泰·象传》"天地交,泰"。王弼注:"泰,物大通之时也。"

⑤乐与饵:"乐",音乐。"饵",《玉篇》:"食也。饼也。糕也。"泛指美食。

⑥用之不可既也:道的妙用是不可穷尽的。

"既",甲骨文作�,字形右边为盛有食物的容器,左边跪立的人已经吃饱了,转身将要离开。字义引申为"完成、结束"。"用之不可既",意思是其作用不可穷尽。河上公曰:"既,尽也。谓用道治国,则国富民昌;治身则寿命延长,无有既尽时也。"

郭店简本此句作"而不可既也",无"用之"二字。王弼本作"用之不足既"。

【校订文及今译】

设大象,天下往。	设立大道,天下人都归往。
往而不害,安平泰。	归往而没有妨害,于是平安、通泰。
乐与饵,	音乐和美食,
过客止。	能使过往的旅客停止脚步。
道之出言曰:淡兮其无味,	道表述出来,虽平淡无味,
视之不足见,听之不足闻,	不足以悦人耳目,

用之不可既也。	然而道的作用却是不可穷尽的。

【章旨】

此章可视为《老子》的一个宣传文案。

上一章表明，"道"及其初始状态都是无形且不易觉察的。14章也说："是谓无状之状，无物之象。"而此章"设大象"，就是要把这个道之"象"说清楚、弘扬好，就是高擎清静无为之道的旗帜。它似乎承诺，所有汇聚到这面旗帜下面的人是幸运的，"往而不害，安平泰"。——道给人以庇护，给人以平安康宁的加持。

此章宣扬，老子之道表述出来，是一种平淡无奇、并不玄妙的哲理，但真正将其运用于现实中，却是意蕴深远，奥妙无穷。相对于12章所提到的以"五色、五音、五味"为特征的崇尚物欲的生活方式，遵道而行的生活方式或许不以甘美的佳肴（"淡乎其无味"）、令人炫目的色彩（"视之不足见"）和悦耳的音乐（"听之不足闻"）等见长，然而道的作用不可穷尽，遵道而行的妙处也是前者所无法感受和企及的。"用之不可既"——与其说"道"是一个取之不竭的宝藏，不如说"道"是一个神奇的模式，进入这种模式修身则身心通泰，治国则国泰民安。

第七十六章（王弼本 36 章）

●将欲欲（歙）^①之，必古（姑）^②张之；将欲弱之，必古（姑）强之；将欲废之，必古（姑）举之^③；将欲夺之，必古（姑）予^④之，是谓微明（明）^⑤。

柔弱^⑥胜强。鱼不可说（脱）于渊^⑦，国之利器不可以视（示）^⑧人。

【注释】

①歙（xī）：闭合。

北大简本作“欲”，《正字通·欠部》：“欲，翕也。”傅奕本作“翕”，帛乙本作“擒”，王弼本作“歙”。《正字通·欠部》：“歙，合也，与翕同。”

②姑：姑且，暂时。

北大简本此处及下文共四个“古”字，读为姑且之“姑”。《韩非子·说林上》篇引《周书》曰：“将欲败之，必姑辅之。将欲取之，必姑予之。”《小尔雅·广言》：“姑，且也。”《左传·隐公元年》：“多行不义必自毙，子姑待之。”帛书本亦作“古”，传世本多作“固”。

③将欲废之，必姑举之：

“废”，帛书本作“去”；“举”，王弼本作“兴”，帛书本作“与”。

高亨说:"'与'当作'举',形近而伪。古书常'废'、'举'对言。"

劳健说:"'必固兴之'之'兴'当作'举',叶下句'必固与之',古与、举字通,如《礼运》'选贤与能',《大戴礼记·主言篇》作'选贤举能'是也。"

北大简本作"举",正好印证了高亨、劳健的论述。

④予:给予。帛书本同。王弼本作"与"。

⑤微明:幽微而又显明(的道理)。

范应元曰:"张之、强之、兴之、予之之时,已有歙之、弱之、废之、取之之几伏在其中矣。几虽幽微,而事已显明也。故曰是谓微明。"

⑥翪(ruǎn)弱:(正向强大转化着的)柔弱。

"翪",柔弱。《汉书·司马迁传》:"仆虽怯翪欲苟活,亦颇识去就之分矣。"颜师古注:"翪,柔弱也。"《荆州胡家草场西汉简牍选粹·律令》:"力足以逮捕之而回避、佯勿见,及逗留畏翪弗敢就,夺其爵一级,免之。"帛甲本作"友",读为"柔";帛乙本、传世本多作"柔",今据之校改。

⑦鱼不可脱于渊:此句要说明的是,鱼由渊所化育,鱼因此无法离开渊;万物由道所化育,万物也无法离开道。

⑧示:摆出来或指出来给人看。如《书·武成》:"归马于华山之阳,放牛于桃林之野,示天下弗服。"

北大简本、帛甲本、想尔注本作"视",从帛乙本、王弼本等读为"示"。

【校订文及今译】

将欲歙之,必姑张之;　要想使他闭合,必先暂且让他张开;

将欲弱之,必姑强之;　要想削弱他,必先暂且让他强大;

将欲废之,必姑举之;　要想废除他,必先暂且推举他;

将欲夺之,必姑予之。　要想夺取他,必先暂且给予他。

是谓微明。	这些规律是幽微又显而易见的。
柔弱胜强。	（向强大转化的）柔弱胜过（向弱小转化的）强大。
鱼不可脱于渊，	鱼不能离开深渊。
国之利器不可以示人。	国家的利器不可以轻易显示于人。

【章旨】

欲使其闭合，必然先使其张开到极端。这种对趋势的把握和运用，借助了幽微而长久的道之力。万物生于天地间，无法抗拒这天道的力量，就像鱼儿无法跳出深渊一样。

老子认为生命是一种流动，事物的运行也处在"居反得复"的趋势中。77章"天之道，其犹张弓与"就是用来比喻这一趋势。如何顺应、驾驭这种趋势，在此章进行了说明。运用得当，就可以"柔弱胜强"，转败为胜。

第七十七章（王弼本 37 章）

●道恒无为①。侯王若能守之,万物将自化②。化而欲作③,吾将実(镇)④之以无名之朴⑤。无名之朴,夫亦将不辱⑥。不辱以静,天地⑦将自正⑧。

·凡二千三百三

【注释】

①道恒无为:无为是道恒常的属性。

郭店简本作"道恒无为也",帛书本作"道恒无名",传世本作"道常无为而无不为","无不为"当为衍文。

王弼把"道常无为"解释为"顺自然也"。冯友兰《中国哲学史新编》说:"老子认为,从道分出万物,并不是由于'道'的有目的、有意识的作为;道是无目的、无意识的。他称这样的程序为'无为'。"

②化:变化,发展。

郭店简本、帛甲本作"愚",读为"化"。

③欲作:心念躁动,意欲滋生。

高亨说:"化而欲作者,言万物既化而又私欲萌动也。"

④镇:镇抚(使之回复自然无为状态)。

　　刘笑敢:"无名之朴就是道,就是'法自然'的原则的体现,所以,无名之朴的'镇'实际是使人警醒,重新回到自然无为的立场上。"丁原植:"'镇'字的含意恐非指约束性的'压制'。《广雅·释诂一》:'镇,安也。'"

　　北大简本作"寘",今从传世本读为"镇"。帛书本作"闐",郭店简本作"贞"。

　　⑤无名之朴:名号未起时万物呈现的淳朴本真状态。

　　梁启超说:"所谓无名之朴,就是把名相都破除了,复归于本体了。"

　　⑥不辱:北大简本、帛书本皆作"不辱",王弼本作"无欲",河上公本、想尔注本、傅奕本皆作"不欲",郭店简本作"知足"。考虑到老子超越"宠辱"等外在评价,崇尚"寡欲"而非"禁欲"或"不欲",且相对而言,"知足"与"静"存在更强的内在逻辑因果关系,"知足以静"比各版本"不辱以静""无欲以静""不欲以静"更具说服力。综合考量,以郭店简本"知足"较优。下一句"不辱"亦从郭店简本校为"知足"。

　　⑦天地:帛书本同,郭店简本作"万物",传世本多作"天下"。结合此章上文"万物将自化",今据郭店简本"万物"校改。

　　⑧正:安宁、平衡。

　　帛书本、傅奕本同,郭店简本、王弼本、河上公本作"定"。

【校订文及今译】

道恒无为。	道恒常是无为的。
侯王若能守之,	侯王如果能持守这无为,
万物将自化。	万物将按照本有的秉性自行化育、发展。
化而欲作,	化育进程中欲念兴起时,
吾将镇之以无名之朴。	我将用名号未起时的真朴状态来镇抚。

无名之朴，	在这纯朴本真状态下，
夫亦将知足。	（个体心念躁动，意欲滋生状态得以消解，）
	并因此进入知足境界。
知足以静，	知足而归于清静，
万物将自正。	万物将自然安宁。

【章旨】

此章在汉简《老子》中处于最后一章的位置，作为《老子》全书总结性的末章，和老子所宣导的理想境界或美好愿景有关。

"道恒无为"体现为道的运转和万物的演化，其动力都是内蕴的，是自发自动的。侯王为政时不施加外力干扰，顺应万物演化本有的方向和节拍，不偏不倚、不疾不徐，即是法自然、守无为。但同时，民众或一些个体往往因为各自的贪欲兴起，陷入躁动、纷争和妄为。这种"欲"依附于原始的生命力，体现为盲目且自私的冲动，是为感官挟裹着的意识、心念和贪求，好像人身体内部一头难以驯服的饥饿野兽，时时刻刻想要出来撕咬些什么、得到些什么，才能暂时平息它那与生俱来的狂乱。

老子认为，应对"欲作"的方法是"镇之以无名之朴"。"镇之以无名之朴"就是营造道化场域，引导个体回复到"道可道"章所揭示的三重道化妙境：无我之我、本真之我和宇宙之我。

"无我之我"对治个体的偏执、局促、贪婪和自私；

"本真之我"注重在平凡和率真中找寻生命意义；

"宇宙之我"涉及个体的无限性，个体依托宇宙，在与道之母体的连接中萌生智慧，在向道之母体的复归中全德葆真。

这三重道化境界不是静止孤立的，随外界环境变化亦处于动态的融合切换中。"无名之朴"镇抚下，原有的偏执和贪婪能够得以淡化，如山间浮云一般散去。而平常为我们所忽视的一些本真事物,却渐渐显示其存在的重要性,如平静的呼吸,纯净的意念,悠闲的心境等等。因此,这一道化场域中的民众纯朴而知足,(美国学者 Matthew Duperon 认为,《老子》中"知足"一词所涉及的人的体验范围,比简单凭智力判断物质上是否充分这一范围要宽广得多。《老子》中的"知足",与一个人知道什么时候满足的能力有关,这样才不会过度盈满或失衡。"知足"可能不仅仅是解释为一个人拥有的物品与自己的愿望成正比,还在于他的"精气"也得到了适当的平衡和协调。这些"精气"足以充实和激发身体,确保良好的身心健康。……通过达到"知足之足"来抑制占有欲,实际上确实表现为一种心理—物理现象,而不仅仅是一种智力现象。相关论证可参考 Matthew Duperon 著,吴文文、廖月梅译:《"知足"以及〈老子〉与〈内业〉中"满足"的可体证特征》,詹石窗、谢清果主编:《中华老学》第一辑,九州出版社,2019 年,第 339—352 页。)个体对自身心理-物理能量流的觉知能力、调控能力日益敏锐和强大,恒常处于虚静本真。这种境界是觉悟者特有的一种清凉和超越,作为生命力量的"欲"仍然存在且充盈,但已升华为勃发的创造力和仁民爱物的济世情怀。

附录一:汉简本《老子》和王弼本《老子》涉及义理的差异

序号	王弼本章次(汉简本章次)	汉简本	王弼本	辨析
001	41章(四)	大器勉(免)成	大器晚成	"晚成"聚焦的是时间,在时间的沉淀中积健为雄;汉简本、帛书本"勉(免)成"有"否定"义,与本章"大方无隅,大象无形,大音希声"等上下文一致。详参正文第22页。
002	同上	道殷无名	道隐无名	从上下文语境看,当以"道殷无名"为准。详参绪言第17—19页。
003	47章(十)	不出于户,以知天下;不窥于牖,以知天道。	不出户,知天下;不窥牖,见天道。	王弼本此句容易使人产生先知先觉论的理解;汉简本强调的则是通过内在感悟的方式去把握世界万物的本质。详参正文第43页。
004	49章(十二)	圣人恒无心,以百姓之心为心。	圣人无常心,以百姓心为心。	当以汉简本"恒无心"为优。详参正文第48页。
005	第55章(十八)	和曰常	知和曰常	"和"这种平衡融洽状态,是道化生万物的正常状态,谓之"和曰常"。王弼本"知和曰常"受上文影响,在传抄过程中衍一"知"字。

序号	王弼本章次（汉简本章次）	汉简本	王弼本	辨析
006	56章（十九）	和其光,同其畛	和其光,同其尘	详参正文第76-77页。
007	57章（二十）	法物兹（滋）章（彰）而盗贼多有。	法令滋彰,盗贼多有。	应从汉简本。详参正文第82页。
008	67章（三十一）	二曰敛	二曰俭	详参正文第120页。
009	69章（三十三）	祸莫大于无敌。无敌则几亡吾宝矣。	祸莫大于轻敌,轻敌几丧吾宝。	当以"无敌"为优。详参正文第127页。
010	70章（三十四）	知我者希,则我贵矣。	知我者希,则我者贵。	详参正文第129页。
011	72章（三十六）	夫唯弗厌(压),是以不厌。	夫唯不厌,是以不厌。	详参正文第134页。
012	77章（四十一）	天之道,犹张弓者也!	天之道,其犹张弓与!	汉简本把天道比喻为人。
013	1章（四十五）	无名,万物之始也;有名,万物之母也。……此两者同出,异名同谓,玄之又玄之。	无名,天地之始;有名,万物之母。……此两者同出而异名,同谓之玄,玄之又玄。	王弼本是天地演化万物这一主题的宇宙生成论;汉简本全章围绕"万物"而展开,是认识论性质的宇宙论。详参正文第171-174页。
014	3章（四十七）	使夫智不敢、弗为,则无不治矣。	使夫智者不敢为也,为无为,则无不治矣。	王弼本窜入"无为",从总体来看,与本章主题不一致。
015	4章（四十八）	道冲而用之,有（又）弗盈。	道冲而用之,或不盈。	王弼本"不盈",众多注释者往往误解为"道的作用无穷无尽";汉简本"弗盈"则是"(道)保持不盈满"的意思。

序号	王弼本章次(汉简本章次)	汉简本	王弼本	辨析
016	5章(四十九)	多闻数穷,不如守于中。	多言数穷,不如守中。	王弼本强调"慎言";汉简本则主张与其被外物所惑,不如持守内在的虚静。
017	8章(五十一)	上善如水,水善利万物而有(又)静。	上善若水,水善利万物而不争。	王弼本强调不争;汉简本讲的是水的宁静,以譬喻清静是第一等的善(上善)。
018	同上	予善天	予善仁	王弼本主张给予他人要遵循"仁";汉简本认为,给予他人应效法天道。详参正文第202页许抗生先生观点。
019	10章(五十三)	修除玄鑑	涤除玄览	王弼本"玄览"是排除外物干扰或遮蔽的灵明通达境界,最终达到"玄同"。(从语法看,动词"涤除"和作为目标境界的"玄览"搭配不太合适。既然已经"玄览"了,为何还要"涤除"呢?)"修除玄鑑"主张洁净内心,使之如明镜。
020	16章(五十九)	致虚,极;积正,督。	致虚极。守静笃。	详参正文第233-234页。
021	20章(六十一)	惚分,其如晦;恍分,其无所止。	澹分,其若海;飂分,若无止。	详参绪言第13-15页。
022	21章(六十二)	道之物,惟恍惟惚。	道之为物,惟恍惟惚。	详参正文第252页。
023	22章(六十三)	执一为天下牧。	抱一为天下式。	汉简本"牧"字突出了此章为政治国的主题。详参正文第256页。

序号	王弼本章次（汉简本章次）	汉简本	王弼本	辨析
024	24章（六十五）	物或恶之，故有欲者弗居。	物或恶之，故有道者不处。	郭永秉先生认为，老子根本上是不否认侯王可以"有欲"的，只是这种"欲"要限制在"取天下"本身而言。魏晋以后"有欲者"对一般读《老子》的人不好理解了，这才被改为"有道者"，却无意间造成对老子积极入世一面的抹杀。（《老子通解》第198页）
025	25章（六十五）	天大，地大，道大，王亦大。	道大，天大，地大，王亦大。	"四大"排列顺序不同。待考。
026	27章（六十八）	善人，善人之师也；不善人，善人之资也。	故善人，不善人之师；不善人者，善人之资。	和王弼本相比，汉简本"善人"是善于迁善改过之人，学习的主体比较明确。
027	29章（七十）	大制无界	大制不割	详参绪言第17页。
028	31章（七十二）	兵者……恬（铦）俊（镂）为上，弗美。若美之，是乐之。乐之，是乐杀人。	兵者……恬淡为上，胜而不美。而美之者，是乐杀人。	王弼本"胜而不美"解释为内心的恬淡（释德清）；汉简本的意思是(兵器)崇尚锐利即可，而无须使之变美（比如添加华美的装饰），整个句子没有偏离"兵者"这个主语。
029	35章（七十六）	埶（设）大象	执大象	王弼本是"执守大道"；汉简本是"设立大道"。
030	37章（七十七）	道恒无为。	道常无为而无不为。	王弼本"而无不为"应是传抄过程中添加。

附录二:郭店楚简《老子》释文①

【说明】

1993 年,湖北荆门郭店一号楚墓出土竹简本《老子》,出土地在江陵楚纪南城遗址之北 9 公里。李学勤先生指出,墓的年代约当公元前四世纪末,不晚于公元前三百年;竹书的书写时间应早于墓的下葬,其著作年代自然还要早些,均在《孟子》成书之前②。

郭店《老子》简共 71 枚,依照形制和契口位置的不同,整理者分作甲、乙、丙三组。甲组 39 枚,两端呈梯形,简长 32.3 厘米。编线两道,间距为 13 厘米。乙组 18 枚,两端平齐,简长 30.6 厘米。编线两道,间距 13 厘米。丙组 14 枚,两端平齐,简长 26.5 厘米。编线两道,间距 10.8 厘米。学者对郭店《老子》的分组和简序有不同意见。李零先生把甲组分为上下篇,即简 21—23、24、33—39 为上篇;简 1—20、25—32 为下篇。郭店《老子》竹简现存 1750 字,不足今本《老子》的五分之二,分章、章序、文字与北大汉简本、马王堆帛书本以及今本《老子》有较大的不同③。郭店

---

①释文部分格式参考了李存山:《老子译注》,中州古籍出版社,2008 年。

②李学勤:《先秦儒家著作的重大发现》(《中国哲学》第 20 辑《郭店楚简研究》),辽宁教育出版社,1999 年,第 13—15 页。

③武汉大学简帛研究中心、荆门市博物馆:《楚地出土战国简册合集(一)》,文物出版社,2011 年,第 1 页。

楚简《老子》对研究先秦道家学派发展与《老子》文本演变有重要价值。

本释文及简序主要根据荆门市博物馆《郭店楚墓竹简》一书（文物出版社 1998 年版），并参考了裘锡圭先生《老子今研》（中西书局，2021 年版）等相关研究。郭店《老子》文字古奥，为便于阅读，李零先生《郭店楚简校读记》（北京大学出版社 2002 年版）把简文中的古体字、异体字和通假字转写为通行字，今从之。

原有的简序在〈　〉内标出，如〈21〉表示原释文第 21 简。

与王弼本相应的章次在（　）内标出，如（25）表示对应王弼本第 25 章。

简文原有的篇号用"#"表示，章号用"■"表示，句读式章号用"｜"表示。竹简上的空白用"—"表示，每一个"—"表示空一字。

简文残损，可据文义补充的字，括以［　］。

简文脱误，可据文义试补的字，括以【　】。

简文衍文一概删去，讹字直接改正。

甲组

绝智弃辨，民利百倍。绝巧弃利，盗贼无有。绝为弃虑，民复季子。三言以〈1〉为史，不足，或令之有乎属。视素保朴，少私寡欲。■（19）

江海所以为百谷王，以其〈2〉能为百谷下，是以能为百谷王。圣人之在民前也，以身后之；其在民上也，以〈3〉言下之。其在民上也，民弗厚也；其在民前也，民弗害也。天下乐进而弗厌。〈4〉以其不争也，故天下莫能与之争。（66）罪莫厚乎甚欲，咎莫憯乎欲得，〈5〉祸莫大乎不知足。知足之为足，此恒足矣。｜（46）

以道佐人主者，不欲以兵强〈6〉于天下。善者果而已，不以取强。果

而弗伐,果而弗骄,果而弗矜,是谓果而不强。其〈7〉事好｜长。(30)

古之善为士者,必微妙玄达,深不可识,是以为之容:豫乎【其】如冬涉川,犹乎其〈8〉如畏四邻,俨乎其如客,涣乎其如释,屯乎其如朴,沌乎其如浊。孰能浊以静〈9〉者,将徐清;孰能安以动者,将徐生。保此道者不欲尚盈。■(15)(注:■号原误"清"字下,现移"盈"字下。)

为之者败之,执之者失〈10〉之。是以圣人无为故无败,无执故无失。临事之纪,慎终如始,此无败事矣。圣人欲〈11〉不欲,不贵难得之货;教不教,复众之所过。是故圣人能辅万物之自然,而弗〈12〉能为。(64)

道恒无为也,侯王能守之,而万物将自化。化而欲作,将镇之以无名之朴。夫〈13〉亦将知足,知【足】以静,万物将自定。■(37)

为无为,事无事,味无味。大小之。多易必多难。是以圣人〈14〉犹难之,故终无难。■(63)

天下皆知美之为美也,恶已;皆知善,此其不善已。有无之相生也,〈15〉难易之相成也,长短之相形也,高下之相盈也,音声之相和也,先后之相随也。是〈16〉以圣人居无为之事,行不言之教。万物作而弗始也,为而弗恃也,成【功】而弗居。夫唯〈17〉弗居也,是以弗去也。■———(2)

道恒无名,朴。虽微,天地弗敢臣。侯王如能〈18〉守之,万物将自宾。■(32)

天地相合也,以输甘露。民莫之命而自均安。始制有名,名〈19〉亦既有,夫亦将知止,知止所以不殆。譬道之在天下也,犹小谷之与江海。■———〈20〉(32)

有状昆成,先天地生,悦穆,独立不改,可以为天下母,未知其名,字之曰道,吾〈21〉强为之名曰大。大曰逝,逝曰远,远曰反。天大,地大,道

大,王亦大。国中有四大焉。王处一焉。人〈22〉法地,地法天,天法道,道法自然。■(25)

天地之间,其犹橐籥欤?虚而不屈,动而愈出。■———〈23〉(5)

至虚,极也;守中,笃也。万物方作,居以须复也。天道员员,各复其根。■————〈24〉(16)

其安也,易持也。其未兆也,易谋也。其脆也,易泮也。其微也,易散也。为之于其〈25〉无有也,治之于其未乱。合[抱之木,生于毫]末。九层之台,作[于累土。千里之行,始于]〈26〉足下。|(64)

知之者弗言,言之者弗知。闭其兑,塞其门,和其光,同其尘,锉其锐,解其纷,〈27〉是谓玄同。故不可得而亲,亦不可得而疏;不可得而利,亦不可得而害;〈28〉不可得而贵,亦不可得而贱。故为天下贵。■(56)

以正治邦,以奇治兵,以无事〈29〉取天下。吾何以知其然也?夫天【下】多忌讳,而民弥叛;民多利器,而邦滋昏;人多〈30〉智,而奇物滋起;法物滋章,盗贼多有。是以圣人之言曰:我无事而民自富,〈31〉我无为而民自化,我好静而民自正,我欲不欲而民自朴。#————〈32〉(57)

含德之厚者,比于赤子,蜂虿虺蛇弗蛰,攫鸟猛兽弗扣,骨弱筋柔而握固。〈33〉未知牝牡之合朘怒,精之至也。终日号而不嘎,和之至也。和曰常,知和曰明,〈34〉益生曰祥,心使气曰强。物壮则老,是谓不道■——(55)

名与身孰亲?身与货〈35〉孰多?得与亡孰病?甚爱必大费,厚藏必多亡。故知足不辱,知止不殆,可〈36〉以长久。■(44)

返也者,道动也。弱也者,道之用也。天下万物生于有,生于无。■(40)

持而盈〈37〉之,不若已。揣而群之,不可长保也。金玉盈室,莫能守也。贵富骄,自遗咎〈38〉也。功遂身退,天之道也。#———————
——————————〈39〉(9)

乙组

治人事天莫若啬。夫唯啬,是以早服,是谓[重积德。重积德则无不
克,无]〈1〉不克则莫知其极,莫知其极可以有国。有国之母,可以长[久,
是谓深根固柢],〈2〉长生久视之道也。■(59)

学者日益,为道者日损。损之又损,以至无为〈3〉也。无为而无不
为。|(48)

绝学无忧。唯与呵,相去几何?美与恶,相去何若?〈4〉人之所畏,
亦不可以不畏。|(20)

人宠辱若惊,贵大患若身。何谓宠辱?〈5〉宠为下也。得之若惊,失
之若惊,是谓宠辱【若】惊。[何谓贵大患]〈6〉若身?吾所以有大患者,
为吾有身。及吾无身,有何[患?故贵为身于]〈7〉为天下,若可以托天下
矣;爱以身为天下,若可以寄天下矣。■〈8〉(13)

上士闻道,勤能行于其中。中士闻道,若闻若无。下士闻道,大笑
之。弗大〈9〉笑,不足以为道矣。是以建言有之:明道如昧,夷道[若颣,
进]〈10〉道若退。上德如谷,大白如辱,广德如不足,建德如[偷,质]真如
渝。〈11〉大方无隅,大器曼成,大音希声,大象无形。道[殷无名,善始善
成。|]〈12〉(41)

闭其门,塞其兑,终身不侮(瘣)。启其兑,塞其事,终身不来(救)。
■(52)

大成若〈13〉缺,其用不敝。|大盈若盅,其用不穷。|大巧若拙,|
大成(盛)若诎,|大直〈14〉若屈。■(45)

　　燥胜沧,静(清)胜热,清静为天下正。(45)善建者不拔,善抱(保)者〈15〉不脱,子孙以其祭祀不辍。修之身,其德乃真;修之家,其德有馀;修〈16〉之乡,其德乃长;修之邦,其德乃丰;修之天下,[其德乃溥。以家观]〈17〉家,以乡观乡,以邦观邦,以天下观天下。吾何以知天[下然哉?以此]。#〈18〉(54)

　　丙组

　　太上下知有之,其次亲誉之,其次畏之,其次侮之。信不足,安〈1〉有不信,犹乎其贵言也。成事遂功,而百姓曰我自然也。(17)故大〈2〉道废,安有仁义;六亲不和,安有孝慈;邦家昏[乱],安有正臣。■〈3〉(18)

　　设大象,天下往。往而不害,安平大。乐与饵,过客止。故道[之出言],〈4〉淡呵其无味也。视之不足见,听之不足闻,而不可既也。■〈5〉(35)

　　君子居则贵左,用兵则贵右。故曰兵者[非君子之器,不]〈6〉得已而用之,铦功为上,弗美也。美之,是乐杀人。夫乐[杀,不可]〈7〉以得志于天下。故吉事上左,丧事上右。是以偏将〈8〉军居左,上将军居右,言以丧礼居之也,故杀[人众]〈9〉则以哀悲莅之,战胜则以丧礼居之。■————〈10〉(31)

　　为之者败之,执之者失之。圣人无为,故无败也;无执,故[无失也]。〈11〉慎终若始,则无败事矣。人之败也,恒于其且成也败之。∣是以[圣]〈12〉人欲不欲,不贵难得之货;学不学,复众之所过。是以能辅万物〈13〉之自然而弗敢为。■————〈14〉(64)

附录三：帛书《老子》释文

【说明】

1973 年 12 月，湖南长沙马王堆三号汉墓出土了两种帛书写本《老子》，现在分别称为甲本、乙本。甲本字体为秦隶，近于篆体，不避汉高祖刘邦讳，其抄写时间约为刘邦称帝（公元前 206 年）之前。乙本字体为汉隶，且避刘邦讳，抄写时间为刘邦称帝之后到惠帝或吕后时期，约为公元前 206 年至公元前 179 年之间。

本释文主要据《马王堆汉墓帛书》[壹]（文物出版社 1980 年版）以及裘锡圭先生主编的《长沙马王堆简帛集成》[肆]（中华书局 2014 年版）。释文中（　）内写出通假字。讹字据其他版本写出正字，括以〈　〉号。衍文括以｛　｝，脱文括以〚　〛。因字迹残损不能确定的字形用□表示。帛书残缺部分的文字，首先甲本、乙本互补，两本俱残缺或字数有出入时，参考其他版本补充，补充的文字括以［］号。

帛书《老子》甲本中有 19 处分章点，用●表示。帛书乙本篇末有"德""道"篇题和字数。

为便于对比，与王弼本相应的章次在章尾（　）内标出，如（16）表示对应王弼本第 16 章。

一、帛书《老子》甲本

德　篇

[上德不德,是以有德。下德不失德,是以无]德。上德无[为而]无以为也。上仁为之[而无]以为也。上义为之而有以为也。上礼[为之而莫之应也],则攘臂而乃(扔)之。故失道矣而后德,失德而后仁,失仁而后义,[失]义而[后礼。夫]礼[者,忠信之薄也],而乱之首也。前试(识)者,道之华也,而愚之首也。是以大丈夫居亓(其)厚而不居亓(其)泊(薄),居亓(其)实不居其华。故去皮(彼)取此。(38)

昔之得一者,天得一以清,地得[一]以宁,神得一以霝(灵),浴(谷)得一以盈,侯[王得一]而以为正。亓(其)致之也,胃(谓)天毋巳(已)清将恐连(裂),胃(谓)地毋[巳宁]将恐发,胃(谓)神毋巳(已)灵将恐歇,胃(谓)谷毋巳(已)盈将恐渴(竭),胃(谓)侯王毋巳(已)贵[以高将恐蹶]。故必贵而以贱为本,必高矣而以下为基。夫是以侯王自胃(谓)孤、寡、不橐(穀),此亓(其)贱[之本]囗(欤)？非也？故致数與(誉)无與(誉)。是故不欲[禄禄]若玉,硌[硌若石]。(39)

[上士闻]道,[勤能行之。中士闻道,若存若亡。下士闻道,大笑之。弗笑,不足以为道。是以建言有]之:明(明)道如费(昧),进道如退,夷道如类。上德如谷,大白如辱,广德如不足。建德如偷,质真如渝。大方无隅,大器免成,大音希声,天象无形,道殷无名。夫唯道,善[始且善成]。(41)

[反也者],道之勤(动)也。弱也者,道之用也。天[下之物生于有,有生于无。(40)

道生一，一生二，二生三，三生万物。万物负阴而抱阳]，中(冲)气以为和。天下之所恶，唯孤、寡、不橐(榖)，而王公以自名也。勿(物)或敡(损)之[而益，益]之而敡(损)。古人[之所]教，夕(亦)议而教人。故强良(梁)者不得死，我[将]以为学父。(42)

天下之至柔，[驰]骋于天下之致(至)坚。无有人〈入〉于无間(间)。五(吾)是以知无为之[有]益也。不[言]之教，无为之益，[天]下希能及之矣。(43)

名与身孰亲？身与愼〈货〉孰多？得与亡孰病？甚[爱必大费]，多臧(藏)[必厚]亡。故知足不辱，知止不殆，可以长久。(44)

大成若缺，亓(其)用不幣(敝)。大盈若浊(盅)，亓(其)用不窘(穷)。大直如诎(屈)，大巧如拙，大赢如炳。趮(躁)胜寋〈寒〉，靓(静)胜炅(热)。请(清)靓(静)可以为天下正。(45)

●天下有道，[却]走马以粪。天下无道，式〈戎〉马生于郊。●罪莫大于可欲，猵(祸)莫大于不知足，咎莫憯于欲得。[故知足之足]，恒足矣。(46)

不出于户，以知天下。不规(窥)于牖，以知天道。亓(其)出也彌(弥)褮(远)，亓(其)其[知弥少]。是以圣]人弗[行而知，弗见]而[名]，不为而[成]。(47)

为[学者日益，闻道者日损。损之又损，以至于无为，无为而]无不[为]。取天下也，恒[无事，及其有事也，又不足以取天下矣]。(48)

[圣人恒无心]，□以百姓之心为[心]。善者善之，不善者亦善[之，德善也。信者信之，不信者]亦信[之，德]信也。圣人之在天下，翕(歙)翕(歙)焉，为天下浑心。百姓皆属耳目焉，圣人皆□之。(49)

出生，[入死。生之徒十]有[三，死]之徒十有三，而民生生，勤(动)

皆之死地之十有三。夫何故也？以亓（其）生生也。盖[闻善]执（摄）生者，陵行不[避]矢（兕）虎，入军不被甲兵。矢（兕）无所楯亓（其）角，虎无所昔（措）亓（其）蚤（爪），兵无所容[其刃，夫]何故也？以亓（其）无死地焉。（50）

●道生之而德畜之，物刑（形）之而器成之。是以万物尊（尊）道而贵德。[道]之尊（尊），德之贵也，夫莫之时（爵）而恒自禁〈然〉也。●道生之畜之，长之遂之，亭之□之，[养之覆]之。[生而]弗有也，为而弗寺（恃）也，长而弗宰也，此之谓玄德。（51）

●天下有始，以为天下母。惡（既）得亓（其）母，以知亓（其）[子]，复守亓（其）母，没身不殆。●塞亓（其）兑，闭亓（其）门，终身不堇。启亓（其）闷，济亓（其）事，终身[不棘。见]小曰[明]，守柔曰强。用亓（其）光，复归亓（其）明（明）。毋道〈遗〉身央（殃），是胃（谓）袭常。（52）

●使我挈（挈）有知，[行于]大道，唯[施是畏。大道]甚夷，民甚好解。朝甚除，田甚芜（芜），仓甚虚。服文采（彩），带利[剑]。猒（厌）食，资[财有余。是谓盗竽，非道也]。（53）

善建[者不]拔，[善抱者不脱]，子孙以禁〈祭〉祀[不绝。修之身，亓（其）德乃真。修之家，其德有]馀。修（修）之[乡，其德乃长。修之邦，其德乃丰。修之天下]，亓（其）德[乃溥]。以身[观]身，以家观家，以乡观乡，以邦观邦，以天[下]观[天下。吾何以知天下之然]弋（哉）？以此□。（54）

[含德]之厚者，比于赤子。逢（蜂）徶（虿）蝎（虺）地（蛇）弗螫，攫鸟猛兽弗搏。骨弱筋柔而握固。未知牝牡之□而□（朘）[怒]，精[之]至也。终曰〈日〉号而不发（嚘），和之至也。和曰常，知和曰明（明），益生

曰祥,心使气曰强。物壮即老,胃(谓)之不道,不[道早已]。(55)

[知]者弗言,言者弗知。塞元(其)闷,闭元(其)[门],和元(其)光,同元(其)壁(尘),坐(挫)元(其)阅(锐),解元(其)纷,是胃(谓)玄同。故不可得而亲,亦不可得而疏;不可得而利,亦不可得而害;不可[得]而贵,亦不可得而浅(贱)。故为天下贵。(56)

●以正之(治)邦,以畸(奇)用兵,以无事取天下。吾何[以知其然]也戈(哉)? 夫天下[多忌]讳,而民彊(弥)贫。民多利器,而邦家兹(滋)昬(昏)。人多知(智),而何(奇)物兹(滋)起。[法物滋彰,而]盗贼[多有。是以圣人之言曰:]我无为也,而民自化。我好静,而民自正。我无事,民[自富。我欲不欲,而民自朴]。(57)

[其政闷闷,其民淳淳]。元(其)正(政)窃(察)窃(察),元(其)邦夬夬。䄏(祸),福之所倚;福,祸之所伏;孰[知其极? 其无正也? 正复为奇,善复为妖。人之迷也,其日固久矣。是以方而不割,廉而不列,直而不绁,光而不曜]。(58)

[治人事天,莫若啬。夫惟啬,是以早服。早服是谓重积德。重积德则无不克,无不克则莫知其极。莫知其极],可以有国。有国之母,可以长久。是胃(谓)深槿(根)固至(柢),长[生久视之]道也。(59)

[治大国若烹小鲜。以]道立(莅)天下,元(其)鬼不神。非元(其)鬼不神也,元(其)神不伤人也。非元(其)申(神)不伤人也,圣人亦弗伤[也。夫两]不相伤,[故]德交归焉。(60)

大邦者,卜流也,天下之牝。天下之郊(交)也,牝恒以靓(静)胜牡。为元(其)靓(静)[也,故]宜为下。大邦以下小[邦],则取小邦。小邦以下大邦,则取于大邦。故或下以取,或下而取。[故]大邦者不过欲兼畜人,小邦者不过欲入事人。夫皆得元(其)欲,[故大邦者宜]为下。(61)

[道]者,万物之注也,善人之葆(宝)也,不善人之所葆(保)也。美言可以市,尊(尊)行可以贺(加)人。人之不善也,何弃[之]有?故立天子,置三卿,虽有共之璧以先四〈驷〉马,不善〈若〉坐而进此。古之所以贵此者何也?不胃(谓)求以得,有罪以免舆(欤)?故为天下贵。(62)

●为无为,事无事,味无未(味)。大小,多少,报怨以德。图难乎亓(其)[易也,为大乎其细也]。天下之难作于易,天下之大作于细。是以圣人冬(终)不为大,故能[成其大。夫轻诺必寡信。多易]必多难,是[以圣]人献(犹)难之,故终于无难。(63)

●亓(其)安也,易寺(持)也。[其未]兆[也],易谋[也。其脆也,易判也。其微也,易散也。为之于其无有也,治之于其未乱。合抱之木],作于毫(毫)未〈末〉。九成之台,作于羸(蔂)土。百仁(仞)之高,台(始)于足下。[为之者败之,执之者失之。圣人无为]也,[故]无败[也];无执也,故无失也。民之从事,恒于亓(其)成事而败之。故慎终若始,则[无败事矣。是以圣人]欲不欲,而不贵难得之腸(货);学不学,而复众人之所过;能辅万物之自[然,而]弗敢为。(64)

故曰:为道者非以明(明)民也,将以愚之也。民之难[治]也,以亓(其)知(智)也。故以知(智)知(治)邦,邦之贼也;以不知(智)知(治)邦,[邦之]德也;恒知此两者,亦稽式也。恒知稽式,此胃(谓)玄德。玄德深矣,远矣,与物反矣,乃[至大顺]。(65)

[江]海之所以能为百浴(谷)王者,以亓(其)善下之,是以能为百浴(谷)王。是以圣人之欲上民也,必以亓(其)言下之;亓(其)欲先[民也],必以亓(其)身后之。故居前而民弗害也,居上而民弗重也。天下乐隼(推)而弗猒(厌)也,非以亓(其)无诤(争)与(欤)?故[天下莫能与]诤(争)。(66)

●小邦(寡)民,使十百人之器毋用,使民重死而远送〈徙〉。有车周(舟)无所乘之,有甲兵无所陈[之。使民复结绳而]用之。甘亓(其)食,美亓(其)服,乐亓(其)俗,安亓(其)居。㸁(邻)邦相墅(望),鸡狗之声相闻,民[至老死不相往来]。(80)

[信言不美,美言]不[信。知]者不博,[博]者不知。善[者不多,多]者不善。●圣人无[积,既]以为[人,己愈有;既以予人,己愈多。故天之道,利而不害;人之道,为而弗争]。(81)

[天下皆谓我大,大而不肖]。夫唯[大],故不宵(肖)。若宵(肖),细久矣。我恒有三葆(宝),〖持而宝〗之,一曰兹(慈),二曰检(俭),[三曰不敢为天下先。夫慈,故能勇;俭],故能广;不敢为天下先,故能为成事长。今舍(舍)亓(其)兹(慈),且勇;舍(舍)亓(其)后,且先;则必死矣。夫兹(慈),[以战]则胜,以守则固。天将建之,女(如)以兹(慈)垣之。(67)

善为士者不武,善战者不怒,善胜敌者弗[与],善用人者为之下。[是]胃(谓)不诤(争)之德,是胃(谓)用人,是胃(谓)〖配〗天,古之极也。(68)

●用兵有言曰:"吾不敢为主而为客,吾不进寸而芮(退)尺。"是胃(谓)行无行,襄(攘)无臂(臂),执无兵,乃无敌矣。禍(祸)莫于〈大〉于无適(敌),无適(敌)斤(近)亡吾葆(宝)矣。故称兵相若,则哀者胜矣。(69)

吾言甚易知也,甚易行也;而人莫之能知也,而莫之能行也。言有君,事有宗。夫唯无知也,是以不□知。[知我者希,则]我贵矣。是以圣人被褐而裹(怀)玉。(70)

知不知,尚矣;不知不知,病矣。是以圣人之不病,以亓(其)[病病。

是以不病]。(71)

[民之不]畏畏(威),则大[威将]至矣。●母(毋)闸(狎)亓(其)所居,毋猒(压)亓(其)所生。夫唯弗猒(压),是[以不厌。是以圣人自知而不自见也,自]爱而不自贵也。故去被(彼)取此。(72)

●勇于敢者[则]杀,[勇]于不敢者则栝(活)。[此两者,或利或害。天之所恶,孰]知亓(其)故?天之[道,不战而]善[胜],不言而善瘾(应),不召而自来,弹(坦)而善谋。天罔(网)恢[恢],疏而[不失]。(73)

[若民恒且不畏死],奈何以杀思(惧)之也?若民恒是〈畏〉死,则而为者,吾将得而杀之,夫孰敢矣!若民[恒且]必畏死,则恒有司杀者。夫伐〈代〉司杀者杀,是伐〈代〉大匠斫也。夫伐〈代〉大匠斫者,则[希]不伤亓(其)手矣。(74)

●人之饥也,以亓(其)取食逸(税)之多也,是以饥。百姓之不治也,以亓(其)上有以为也,是以不治。●民之圣(轻)死,以亓(其)求生之厚也,是以圣(轻)死。夫唯无以生为者,是贒(贤)贵生。(75)

●人之生也柔弱,亓(其)死也苴(筋)仞(肕)贒(坚)强。万物草木之生也柔脆,亓(其)死也棈(枯)薧(槁)。故曰:"(坚)强者,死之徒也;柔弱微(微)细,生之徒也。"兵强则不胜,木强则恒。强大居下,柔弱(微)细居上。(76)

天下[之道,犹张弓]者也,高者印(抑)之,下者举之,有馀者敚(损)之,不足者补之。故天之道,敚(损)有[馀而补不足;人之道则]不㮰(然),敚(损)[不足以]奉有馀。孰能有馀而有以取奉于天者乎?[唯有道者乎?是以圣人为而弗有,成功而弗居也。若此其不欲]见贒(贤)也。(77)

天下莫柔[弱于水,而攻]壁(坚)强者莫之能[先]也,以亓(其)无以易[之也。水之胜刚,弱之]胜强,天[下莫弗知也,而莫能]行也。故圣人之言云,曰受邦之訽(诟),是胃(谓)社稷之主;受邦之不祥,是胃(谓)天下之王。[正言]若反。(78)

私〈和〉大怨,必有余怨,焉可以为善？是以圣〖人执〗右介(契)而不以责于人。故有德司介(契),[无]德司勶(彻)。夫天道无亲,恒与善人。(79)

道　篇

●道可道也,非恒道也。名可名也,非恒名也。无名,万物之始也;有名,万物之母也。故恒无欲也,以观其眇(妙);恒有欲也,以观其所噭(徼)。两者同出,异名同胃(谓)。玄之有(又)玄,众眇(妙)之门。(1)

天下皆知美为美,恶巳(已);皆知善,訾(斯)不善矣。有无之相生也,难易之相成也,长短之相刑(形)也,高下之相盈也,意〈音〉声之相和也,先后之相隋(随),恒也。是以声(圣)人居无为之事,行[不言之教。万物作而弗]□(始)也,为而弗志(恃)也,成功而弗居也。夫唯〖弗〗居,是以弗去。(2)

不上賢(贤),[使民不争。不贵难得之货,使]民不为[盗]。不[见可欲,使]民不乱。是以声(圣)人之[治也,虚其心,实其腹;弱其志],强其骨。恒使民无知无欲也,使夫[知]不敢,[弗]为[而已,则无不治矣]。(3)

[道冲,而用之又弗]盈也。潚(渊)呵,始(似)万物之宗。锉(挫)其〖锐〗,解其纷,和其光,同[其尘。湛呵,似]或存。吾不知〖谁〗子也,象帝之先。(4)

天地不仁,以万物为刍(刍)狗。声(圣)人不仁,以百省(姓)[为刍]狗。天地[之]閒(间),其猶(犹)橐钥舆(欤)?虚而不滆(屈),蹱(动)而俞(愈)出。多闻数寙(穷),不若守于中。(5)

浴(谷)神[不]死,是胃(谓)玄牝。玄牝之门,是胃(谓)[天]地之根。緜(绵)緜(绵)呵若存,用之不堇。(6)

天长,地久。天地之所以能长且久者,以其不自生也,故能长生。是以声(圣)人芮(退)其身而身先,外其身而身存。不以亓(其)无[私]舆(欤)?故能成其私。(7)

上善治(似)水。水善利万物而有(又)静。居众之所恶,故幾(几)于道矣。居善地,心善滿(渊),予善〖天,言善〗信,正(政)善治,事善能,蹱(动)善时。夫唯不静(争),故无尤。(8)

揂(持)而盈之,不若[其已。揣而]□之□之,不可长葆(保)之。金玉盈室,莫之守也。贵富而骄(骄),自遗咎也。功述(遂)身芮(退),天之[道也]。(9)

[载营魄抱一,能毋离乎?抟气]□□,能婴儿乎?修除玄蓝(鉴),能毋疵乎?爱[民活国,能毋以知乎?天门启阖,能为雌乎?明白四达,能毋以知乎?]生之,畜之。生而弗[有,长而弗宰,是谓玄]德。(10)

卅[辐同一毂,当]亓(其)无,有[车]之用[也]。然(埏)埴为器,当其无,有埴器[之用也。凿户牖],当其无,有[室]之用也。故有之以为利,无之以为用。(11)

五色使人目明〈盲〉,驰骋田腊(猎)使人[心发狂]。难得之賮(货)使人之行方(妨),五味使人之口唨(爽),五音使人之耳聋。是以声(圣)人之治也,为腹不[为目]。故去罢(彼)耳〈取〉此。(12)

龙(宠)辱若惊,贵大梡(患)若身。苟(何)胃(谓)龙(宠)辱若惊?

龙〈宠〉之为下，得之若惊，失［之］若惊，是胃（谓）龙〈宠〉辱若惊。何胃
（谓）贵大梡（患）若身？吾所以有大梡（患）者，为吾有身也。及吾无身，
有何梡（患）？故贵为身于为天下，若可以迈（托）天下矣；悉〈爱〉以身为
天下，女（安）何〈可〉以寄天下。（13）

视之而弗见，名之曰瞥〈微〉。听之而弗闻，名之曰希。搮（捪）之而
弗得，名之曰夷。三者不可至（致）计（诘），故困（混）［而为一。一］者，
其上不做（曒），其下不物（昧）。㝈（寻）㝈（寻）呵不可名也，复归于无
物。是胃（谓）无状之状，无物之［象。是谓惚恍。随而不见其后］，□而
不见其首。执今之道，以御今之有，以知古始，是胃（谓）［道纪］。（14）

［古之善为道者，微妙玄达］，深不可志（识）。夫唯不可志（识），故
强为之容，曰：与（豫）呵其若冬［涉水，犹呵其若］畏四［邻，严］呵其若
客，涣呵其若凌（凌）泽（释），□呵其若楃（朴），湷［呵其若浊，□旷呵其］
若浴（谷）。浊而情（静）之，余（徐）清。女〈安〉以重（动）之，余（徐）生。
葆〈葆〉（保）此道不欲盈。夫唯不欲［盈，是］以能［敝而不］成。（15）

至（致）虚极也，守情（静）表也。万物旁（并）作，吾以观其复也。天
物云云，各复归于其［根，曰静］。静，是胃（谓）复命。复命，常也。知常，
明（明）也。不知常，帀（妄），帀（妄）作凶。知常容，容乃公，公乃王，王
乃天，天乃道，［道乃久］，沕（没）身不怠（殆）。（16）

大上，下知有之；其次，亲誉之；其次，畏之；其下，母（侮）之。信不
足，案有不信。［犹呵］其贵言也。成功遂事，而百省（姓）胃（谓）我自然
（然）。（17）

故大道废，案有仁义。知（智）快（慧）出，案有大伪。六亲不和，案有
畜（孝）兹（慈）。邦家闉（昏）乳（乱），案有贞臣。（18）

绝声（圣）弃知（智），民利百负（倍）。绝仁弃义，民复畜（孝）兹

（慈）。绝巧弃利，盗贼无有。此三言也，以为文未足，故令之有所属。见素抱[朴，少私寡欲]。（19）

[绝学无]忧。唯与诃，亓（其）相去几何？美与恶，其相去何若？人之所畏，亦不[可以不畏人。望呵，其未央哉！]众人熙（熙）熙（熙），若乡（飨）于大牢，而春登台。我泊焉未兆，若婴[儿未咳]。累呵，如[无所归。众人]皆有余，我独遗。我禺（愚）人之心也，蠢蠢呵。鬻（俗）[人昭昭，我独若]閒（昏）呵。鬻（俗）人蔡（察）蔡（察），我独闷（闷）闷（闷）呵。忽呵其若[海]。望（恍）呵，其若无所止。众人皆[有以，我独顽]以悝（俚）。吾欲独异于人，而贵食母。（20）

孔德之容，唯道是从。道之物，唯望（恍）唯忽（惚）。[忽呵恍]呵，中有象呵。望（恍）呵忽呵，中有物呵。潀（幽）呵鸣（冥）呵，中有请（情）吔〈呵〉。其请（情）甚真，其中[有信]。自今及古，其名不去，以顺众伩（父）。吾何以知众伩（父）之燓（然）？以此。（21）

炊（企）者不立，自视（示）者不章（彰），[自]见者不明，自伐者无功，自矜〈矜〉者不长。其在道，曰粽（馀）食赘行。物或恶之，故有欲者[弗]居。（24）

曲则金〈全〉，枉则定（正），洼（洼）则盈，敝则新。少则得，多则惑。是以声（圣）人执一以为天下牧。不[自]视（示）故明，不自见故章，不自伐故有功，弗矜〈矜〉故能长。夫唯不争，故莫能与之争。古[之所谓曲全者，]□语才（哉），诚金〈全〉归之。（22）

希言自然。飂（飘）风不冬（终）朝，暴（暴）雨不冬（终）日。孰为此？天地[而弗能久，又况]于人乎？故从事而道者同于道，德者同于德（得），失者同于失。同德[者]，道亦德（得）之。同于失者，道亦失之。（23）

有物昆成，先天地生。绣（寂）何（呵）缪（寥）何（呵），独立[而不

改]。可以为天地母,吾未知其名,字之曰道。吾强为之名曰大。[大]曰
筮(逝),筮(逝)曰[远,远曰反。道大],天大,地大,王亦大。国(域)中
有四大,而王居一焉。人法地,[地]法[天],天法[道,道]法[自然]。
(25)

[重]为圣(轻)根,清(静)为趮(躁)君。是以君子众(终)日行,不离
其甾(辎)重。唯有环官(馆),燕处[则昭]若。若何万乘之王,而以身圣
(轻)于天下? 圣(轻)则失本,趮(躁)则失君。(26)

善行者无勶(辙)迹,[善]言者无瑕適(谪),善数者不以梼(筹)箅
(策)。善闭者无闑(关)籥(籥)而不可启也,善结者[无繩]约而不可解
也。是以声(圣)人恒善怵(救)人,而无弃人,物无弃财,是胃(谓)怵(袭)
明(明)。故善[人,善人]之师;不善人,善人之赍(资)也。不贵其师,不爱
其赍(资),唯(虽)知(智)乎大眯(迷)。是胃(谓)眇(妙)要。(27)

知亓(其)雄,守亓(其)雌,为天下溪。为天下溪,恒〖德〗不雛〈离〉。
恒〖德〗不雛〈离〉,复归婴儿。知亓(其)白,守亓(其)辱,为天下浴(谷)。
为天下〖浴〗(谷),恒德乃[足]。〖恒〗德乃[足,复归于朴]。知亓(其)
〖白〗,守亓(其)黑,为天下式。为天下式,恒德不貣(忒)。〖恒〗德不貣
(忒),复归于无极。楃(朴)散[则为器,圣]人用则为官长。夫大制无
割。(28)

将欲取天下而为之,吾见亓(其)弗[得已。夫天下],神器也,非可为
者也。为者败之,执者失之。物或行或随,或炅(热)或[吹,或强或挫],
或坏(培)或撱(堕)。是以声(圣)人去甚,去太(泰),去楮(奢)。(29)

以道佐人主,不以兵强[于]天下。[其事好还,师之]所居,楚朸
(棘)生之。善者果而已(已)矣,毋以取强焉。果而毋驕(骄),果而勿矜
〈矜〉,果而[勿伐],果而毋得已(已)居,是胃(谓)[果]而不强。物壮而

老,是胃(谓)之不道,不道蚤(早)巳(已)。(30)

夫兵者,不祥之器[也]。物或恶之,故有欲者弗居。君子居则贵左,用兵则贵右。故兵者非君子之器也。[兵者]不祥之器也,不得巳(已)而用之。铦庞为上,勿美也。若美之,是乐杀人也。夫乐杀人,不可以得志于天下矣。是以吉事上左,丧事上右;是以便(偏)将军居左,上将军居右,言以丧礼居之也。杀人众,以悲依(哀)立(莅)之;战胜,以丧礼处之。(31)

道,恒无名、椝(朴)。唯(虽)[小,而天下弗敢臣]。侯王若能守之,万物将自宾。天地相谷〈合〉,以俞(降)甘洛(露)。民莫之[令,而自]均焉。始制有[名。名亦既]有,夫[亦将知止,知止]所以不[殆]。俾(譬)道之在天[下也,犹小]浴(谷)之与江海也。(32)

知人者,知(智)也。自知[者,明也。胜人]者,有力也。自胜者,[强也。知足者,富]也。强行者,有志也。不失其所者,久也。死不忘(亡)者,寿也。(33)

道[汎呵,其可左右也。成功]遂事而弗名有也。万物归焉而弗为主,则恒无欲也,可名于小。万物归焉[而弗]为主,可名于大。是[以]声(圣)人之能成大也,以其不为大也,故能成大。(34)

执大象,[天下]往。往而不害,安平大。乐与饵,过格(客)止。故道之出言也,曰:谈(淡)呵其无味也。[视之],不足见也。听之,不足闻也。用之,不可既也。(35)

将欲拾(翕)之,必古(故)张之。将欲弱之,[必故]强之。将欲去之,必古(故)举之。将欲夺之,必古(故)予之。是胃(谓)微(微)明。友(柔)弱胜强,鱼不脱于潚(渊),邦利器不可以视(示)人。(36)

道恒无名,侯王若守之,万物将自愙(化)。愙(化)而欲[作,吾将

镇〕之以无名之楃（朴）。〔镇之以无〕名之楃（朴），夫将不辱，不辱以情（静），天地将自正。（37）

二、帛书《老子》乙本释文

德　篇

上德不德，是以有德。下德不失德，是以无德。上德无为而无以为也。上仁为之而无以为也。上德〈义〉为之而有以为也。上礼为之而莫之㱚（应）也，则攘臂而乃（扔）之。故失道而后德，失德而句（后）仁，失仁而句（后）义，失义而句（后）礼。夫礼者，忠信之泊（薄）也，而乱之首也。前识者，道之华也，而愚之首也。是以大丈夫居亓（其）厚而不居亓（其）泊（薄），居亓（其）实而不居亓（其）华。故去罢（彼）而取此。（38）

昔得一者，天得一以清，地得一以宁，神得一以霝（灵），浴（谷）得一〖以〗盈，侯王得一以为天下正，亓（其）至也。胃（谓）天毋巳（已）清将恐莲（裂）。地毋巳（已）宁将恐发，神毋巳（已）灵〔将〕恐歇，谷毋巳（已）□□渴（竭），侯王毋巳（已）贵以高将恐欮（蹶）。故必贵以贱为本，必高矣而以下为圻（基）。夫是以侯王自胃（谓）孤寡不橐（穀），此亓（其）贱之本与？非也。故至数舆（誉）无舆（誉）。是故不欲禄禄若玉，硌硌若石。（39）

上〔士闻〕道，堇（勤）能行之。中士闻道，若存若亡。下士闻道，大芙（笑）之。弗芙（笑），〔不足〕以为道。是以建言有之曰：明（明）道如费（昧），进道如徻（退），夷道如类（纇）；上德如浴（谷），大白如辱，广德如不足；建德如揄（偷），质〔真如〕□（渝），大方无禺（隅），大器免成，大音希声，大象无刑（形），道段〈殷〉无名。夫唯道，善始且善成。（41）

反也者,道之勤(动)也。[弱也]者,道之用也。天下之物,生于有,有生于无。(40)

道生一,一生二,二生三,三生万物。万物[负阴而抱阳,中气]以为和。人之所亚(恶),[唯孤]寡不橐(穀),而王公以自[名也。物或益之而]云(损),云(损)之而益。是故人之所教,□(亦)乂(议)而□(教)[人。故强梁者不得]死,吾将以为学父。(42)

天下之至柔,驰骋乎天下之至[坚。无有入于]无閒(间),吾是以[知无为之有]益也。不[言之教,无为之益,天]下希能及之矣。(43)

名与[身孰亲? 身与货孰多? 得与亡孰病? 甚爱必大费,厚藏必多亡。故知足不辱,知止不殆,可以长久]。(44)

[大成如缺,其用不敝。大]盈如冲,亓(其)用不穷。大巧如拙,大直如屈,大絓(赢)如绌。趯(躁)朕(胜)寒,[静胜热,清静可以为天下正]。(45)

[天下有]道,却走马[以]粪。无道,戎马生于郊。罪莫大可欲。祸[莫大于不知足,咎莫憯]于欲利。故知足之足,恒]足矣。(46)

不出于户,以知天下。不𥦦(窥)于[牖],以知天道。亓(其)出篁(弥)㣟(远)者,亓(其)知篁(弥)[少。是以圣人弗行而知,弗见]而名,弗为而成。(47)

为学者日益,闻道者日云(损)。云(损)之有(又)云(损),以至于无[为,无为而无不]为也。耴(圣)人之取天下,恒无事;及亓(其)有事也,有(又)不足以取天下矣。(48)

耴(圣)人恒无心,以百眚(姓)之心为心。善[者善之,不善者亦善之],德善也。信者信之,不信者亦信之,德信也。耴(圣)人之在天下也,欲(歙)欲(歙)焉,[为天下浑心。百]生(姓)皆注亓(其)[耳目焉,圣]

人皆[晐]之。(49)

出生，入死。生之徒十又三，死之徒十又三，而民生生，僮(动)皆之死地之十有三。夫何故也？以亓(其)生生。盖闻善执生者，陵行不辟(避)豲(兕)虎，入军不被兵革。豲(兕)无[所椯其角，虎无所措]亓(其)蚤(爪)，兵[无所容其]刃。夫何故也？以亓(其)无死地焉。(50)

故道生之，德畜之。物刑(形)之而器成之。是以万物尊道而贵德。道之尊也，德之贵也。夫莫之爵也，而恒自然也。道生之、畜之、[长之]、育之、亭之、毒之、养之、复之。[生而弗有，为]而弗志，长而弗宰，是胃(谓)玄德。(51)

天下有始，以为天下母。既得亓(其)母，以知亓(其)子。既知亓(其)子，复守亓(其)母。没身不佁(殆)。塞亓(其)棁(兑)，闭亓(其)门，冬(终)身不堇(勤)。启亓(其)垙(兑)，齐(济)亓(其)事，冬(终)[身]不棘。见小曰明(明)，守[柔]曰强。用其光，复归亓(其)明。毋遗身央(殃)，是胃(谓)[袭]常。(52)

使我介有知，行于大道，唯佗(施)是畏。大道甚夷，民甚好懈。朝甚除，田甚芜(芜)，仓甚虚，服文采(彩)，带利剑，猒(厌)食而齎(资)财有[馀，是谓]盗杅(竽)。非[道]也。(53)

善建者不拔，善抱者不脱，子孙以祭祀不绝。修(修)之身，亓(其)德乃真。修(修)之家，亓(其)德有馀。修(修)之乡，亓(其)德乃长。修(修)之国，亓(其)德乃夆〈夆〉(丰)。修(修)之天下，亓(其)德乃慱(溥)。以身观身，以家观[家。以国观]国，以天下观天下。吾何[以]知天下之然兹(哉)？以此。(54)

含德之厚者，比于赤子。蠭(蜂)癘(虿)虫蛇弗赫(螫)，据鸟孟(猛)兽弗捕(搏)，骨筋弱柔而握固。未知牝牡之会而朘怒，精之至也。冬

(终)日号而不□,和[之]至也。□(和)曰常,知常曰明(明),益生曰祥,心使气曰强。物壮则老,胃(谓)之不道,不道蚤(早)已(已)。(55)

知者弗言,言者弗知。塞亓(其)说,闭亓(其)门,和亓(其)光,同亓(其)壂(尘),铫(挫)亓(其)兑(锐)而解亓(其)纷,是胃(谓)玄同。故不可得而亲也,亦不可得而疏;不可得而利,[亦不可]得而害;不可得而贵,亦不可得而贱。故为天下贵。(56)

以正之(治)国,以畸(奇)用兵,以无事取天下。吾何以知亓(其)然也才(哉)?夫天下多忌讳,而民彊(弥)贫。民多利器,[而]国[家]兹(滋)昏(昏)。人多知,而奇物兹(滋)起。[法]物兹(滋)章(彰),而盗贼多又(有)。是以耵(圣)人之言曰:我无为,而民自化;我好静,而民自正;我无事,而民自富;我欲不欲,而民自朴。(57)

亓(其)正闉(闷)闉(闷),亓(其)民屯屯。亓(其)正察察,亓(其)[国夬夬]。祸,福之所伏,孰知亓(其)极?亓(其)无正也?正复为奇,善复为〖妖〗。人之悉(迷)也,亓(其)日固久矣。是以方而不割,兼(廉)而不利(刿),直而不绁,光而不眺(耀)。(58)

治人事天莫若啬。夫唯啬,是以蚤(早)服。蚤(早)服,是胃(谓)重积[德]。重积[德,则无]不克。[无]不克,则莫知亓(其)极。莫知其极,可以有国。有国之母,可以长久。是胃(谓)探(深)根固氐(柢),长生久视之道也。(59)

治大国若亨(烹)小鲜,以道立(莅)天下,亓(其)鬼不神。非亓(其)鬼不神也,亓(其)神不伤人也。非亓(其)神不伤人也,耵(圣)人[亦]弗伤也。夫两不相伤,故德交归焉。(60)

大国者,下[流]也,天下之牝也,天下之交也。牝恒以靜(静)朕(胜)牡,为亓(其)静也,故宜为下也。故大国以下[小]国,则取小国。

小国以下大国,则取于大国。故或下以取,[或]下而取。故大国者不过欲并畜人,小国不[过]欲入事人。夫皆得亓(其)欲,则大者宜为下。(61)

道者,万物之注也,善人之蓔(宝)也,不善人之所保也。美言可以市,尊(尊)行可以贺(加)人。人之不善,何[弃之有]? 故立天子,置三乡〈卿〉,虽有共之璧以先四马,不若坐而进此。古之所以贵此□何也?不胃(谓)求以得,有罪以免与(欤)! 故为天下贵。(62)

为无为,事[无事,味无味。大小、多少,报怨以德。图难乎亓(其)易也。为大]乎亓(其)细也。天下之难作[于]易,天下之大作[于细。是以圣人终不为大,故能成其大]。夫轻若(诺)[必寡]信,多易必多难。是以耵(圣)人酞(犹)[难]之,故[终于无难]。(63)

[其安也,易持也。其未兆也,易谋也。其脆也,易判也。其微也,易散也。为之于其未有也,治之于其未乱也。合抱之]木,作于毫末。九成之台,作于虆土。百千之高,始于足下。为之者败之,执者失之。是以耵(圣)人无为也,[故无败也。无执也,故无失也]。民之从事也,恒于亓(其)成而败之。故曰:慎冬(终)若始,则无败事矣。是以耵(圣)人欲不欲,而不贵难得之货,学不学,复众人之所过。能辅万物之自然而弗敢为。(64)

古之为道者,非以明(明)[民也,将以]愚之也。夫民之难治也,以亓(其)知也。故以知(智)知国,国之戉(贼)也。以不知(智)知国,国之德也。恒知此两者,亦稽式也。恒知稽式,是胃(谓)玄德。玄德深矣、远矣,[与]物反也,乃至大顺。(65)

江海所以能为百浴(谷)王[者,以]其善下之也,是以能为百浴(谷)王。是以耵(圣)人之欲上民也,必以亓(其)言下之;亓(其)欲先民也,必以亓（其）身后之。故居上而民弗重也，居前而民弗害。天下皆乐谁（推）而弗猒（厌）也。不以亓（其）无争与（欤），故天下莫能与争。（66）

小国寡民，使有十百人器而勿用，使民重死而远徙。又（有）周（舟）车无所乘之，有甲兵无所陈之，使民复结绳而用之。甘亓（其）食，美亓（其）服，乐亓（其）俗，安亓（其）居，叟（邻）国相望，鸡犬之［声相］闻，民至老死不相往来。（80）

信言不美，美言不信。知者不博，博者不知。善者不多，多者不善。耴（圣）人无积，既以为人，己俞（愈）有。既以予人矣，己俞（愈）多。故天之道，利而不害。人之道，为而弗争。（81）

天下［皆］胃（谓）我大，大而不宵（肖）。夫唯不宵（肖），故能大。若宵（肖），久矣亓（其）细也夫。我恒有三琛（宝），市（持）而琛（宝）之：一曰兹（慈），二曰检（俭），三曰不敢为天下先。夫兹（慈），故能男（勇）。检（俭），敢〈故〉能广。不敢为天下先，故能为成器长。今舍亓（其）兹（慈），且男（勇）；舍亓（其）检（俭），且广；舍亓（其）后，且先；则死矣。夫兹（慈），以单（战）则朕（胜），以守则固。天将建之，如以兹（慈）垣之。（67）

故善为士者不武，善单（战）者不怒，善朕（胜）敌者弗与，善用人者为之下。是胃（谓）不争［之］德，是胃（谓）用人，是胃（谓）肥（配）天，古之极也。（68）

用兵又（有）言曰："吾不敢为主而为客，不敢进寸而彶（退）尺。"是胃（谓）行无行，攘无臂，执无兵，乃无敌。祸莫大于无敌，无敌近亡吾琛（宝）矣。故抗兵相若，则依（哀）者朕（胜）［矣］。（69）

吾言易知也，易行也，而天下莫之能知也，莫之能行也。夫言又（有）宗，事又（有）君，夫唯无知也，是以不我知。知者希，则我贵矣。是以耴

（圣）人被褐而裹（怀）玉。（70）

知不知，尚矣。不知知，病矣。是以耶（圣）人之不［病］也，以亓（其）病病也。是以不病。（71）

民之不畏畏（威），则大畏（威）将至矣。毋伷（狎）亓（其）所居，毋猒（压）亓（其）所生。夫唯弗猒（压），是以不猒（厌）。是以耶人自知而不自见也，自爱而不自贵也。故去罢（彼）而取此。（72）

男（勇）于敢则杀，男（勇）于不敢则栝（活）。［此］两者或利或害，天之所亚（恶），孰知亓（其）故？天之道，不单（战）而善朕（胜），不言而善瘾（应），弗召而自来，单（坦）而善谋。天罔（网）裸（恢）裸（恢），疏而不失。（73）

若民恒且不畏死，若何以杀曜（惧）之也？使民恒且畏死，而为畸（奇）者，［吾］得而杀之。夫孰敢矣？若民恒且必畏死，则恒又（有）司杀者。夫代司杀者杀，是代大匠斫。夫代大匠斫，则希不伤亓（其）手。（74）

人之饥也，以亓（其）取食跣（税）之多，是以饥。百生（姓）之不治也，以亓（其）上之有以为也，［是］以不治。民之轻死也，以亓（其）求生之厚也，是以轻死。夫唯无以生为者，是贤贵生。（75）

人之生也柔弱；亓（其）死也，髓信（伸）坚强。万［物草］木之生也，柔椊（脆）；亓（其）死也，楍（枯）槁。故曰：坚强，死之徒也；柔弱，生之徒也。［是］以兵强则不朕（胜），木强则兢。故强大居下，柔弱居上。（76）

天之道，酉（犹）张弓也。高者印（抑）之，下者举之；有余者云（损）之，不足者［补之。故天之道］，云（损）有余而益不足，人之道云（损）不足而奉又（有）余。夫孰能又（有）余而［有以取］奉于天者？唯又（有）道者乎。是以耶（圣）人为而弗又（有），成功而弗居也，若此，亓（其）不欲

见贤也。(77)

天下莫柔弱于水,[而攻坚强者莫之能先也],以亓(其)无以易之也。水之朕(胜)刚也,弱之朕(胜)强也,天下莫弗知也,而莫[之能行]也。是故耶(圣)人之言云:曰受国之訽(詢),是胃(谓)社稷之主;受国之不祥,是胃(谓)天下之王。正言若反。(78)

禾(和)大[怨,必有余怨,焉可以]为善?是以耶(圣)人执左芥(契),而不以责于人。故又(有)德司芥(契),无德司勶(彻)。[天道无亲,恒与善]人。(79)

《德》三千卌一

道　篇

道,可道也,[非恒道也。名,可名也,非]恒名也。无名,万物之始也.有名,万物之母也。故恒无欲也,[以观其眇];恒又(有)欲也,以观其所噭(徼)。两者同出,异名同胃(谓),玄之又玄,众眇(妙)之门。(1)

天下皆知美之为美,亚(恶)巳(已)。皆知善,斯不善矣。[有无之相]生也,难易之相成也,长短之相刑(形)也,高下之相盈也,音声之相和也,先后之相隋(随),恒也。是以耶(圣)人居无为之事,行不言之教。万物昔(作)而弗始,为而弗侍(恃)也,成功而弗居也。夫唯弗居,是以弗去。(2)

不上贤,使民不争。不贵难得之货,使民不为盗。不见可欲,使民不乿(乱)。是以耶(圣)人之治也,虚其心,实其腹,弱其志,强其骨。恒使民无知、无欲也,使夫知不敢、弗为而巳(已),则无不治矣。(3)

道冲,而用之有(又)弗盈也。渊呵,怡(似)万物之宗。铧(挫)其兑(锐),解其芬(纷),和其光,同其壐(尘)。湛呵,怡(似)或存。吾不知其

谁子也,象帝之先。(4)

天地不仁,以万物为刍狗。耶(圣)人不仁,[以]百姓为刍狗。天地之閒(间),其猷(犹)橐籥舆(欤),虚而不淈(屈),勤(动)而俞(愈)出。多闻数窮(穷),不若守于中。(5)

浴(谷)神不死,是胃(谓)玄牝。玄牝之门,是胃(谓)天地之根。緜(绵)緜(绵)呵,其若存,用之不堇(勤)。(6)

天长地久。天地之所以能长且久者,以其不自生也,故能长生。是以耶人退其身而身先,{外其身而身先},外其身而身存。不以其无私舆(欤)？故能成其私。(7)

上善如水,水善利万物而有(又)争(静)。居众人之所亚(恶),故几于道矣。居善地,心善渊,予善天,言善信,正(政)善治,事善能,动善时。夫唯不争,故无尤。(8)

揰(持)而盈之,不若其巳(已)。掬(锻)而允〈兑(锐)〉之,不可长葆也。金玉[盈]室,莫之能守也。贵富而骄,自遗咎也。功遂身徽(退),天之道也。(9)

戴营袙(魄)抱一,能毋离乎。槫(抟)气至柔,能婴儿乎。修除玄监,能毋有疵乎。爱民栝(活)国,能毋以知乎。天门启阖,能为雌乎。明白四达,能毋以知乎。生之、畜之,生而弗有,长而弗宰也,是胃(谓)玄德。(10)

卅楅(辐)同 毂,当其无,有车之用也。㷉(埏)埴而为器,当其无,有埴器之用也。凿户牖,当其无,有室之用也。故有之以为利,无之以为用。(11)

五色使人目盲,驰骋田腊(猎)使人心发狂,难得之货使人之行仿(妨),五味使人之口爽,五音使人之耳[聋]。是以耶(圣)人之治也,为

腹而不为目。故去彼而取此。(12)

弄(宠)辱若惊,贵大患若身。何胃(谓)弄(宠)辱若惊?弄(宠)之为下也,得之若惊,失之若惊,是胃(谓)弄(宠)辱若惊。何胃(谓)贵大患若身?吾所以有大患者,为吾有身也。及吾无身,有何患?故贵为身于为天下,若可以橐(托)天下[矣];爱以身为天下,女〈安〉可以寄天下矣。(13)

视之而弗见,[命]之曰微(微)。听之而弗闻,命之曰希。捪(捪)之而弗得,命之曰夷。三者不可至计,故绲(绳)而为一。一者,其上不谬,其下不物(忽)。繲(寻)繲(寻)呵,不可命也,复归于无物。是胃(谓)无状之状、无物之象,是胃(谓)汹(惚)望(恍)。隋(随)而不见其后,迎而不见其首。执今之道,以御今之有。以知古始,是胃(谓)道纪。(14)

古之[善]为道者,微(微)眇(妙)玄达,深不可志(识)。夫唯不可志(识),故强为之容,曰:与呵,其若冬涉水;敌(犹)呵,其若畏四哭(邻);严(俨)呵,其若客;涣呵,其若凌(凌)泽(释);沌呵,其若朴;涽呵,其若浊;湆(旷)呵,其若浴(谷)。浊而靜(静)之,徐清。女〈安〉以重(动)之,徐生。葆此道[者,不]欲盈,是以能鳖(敝)而不成。(15)

至虚,极也;守靜(静),督也。万物旁(并)作,吾以观其复也。天物纭(芸)纭(芸),各复归于其根,曰靜(静)。靜(静),是胃(谓)复命。复命,常也。知常,明(明)也。不知常,芒(妄),芒(妄)作凶。知常容,容乃公,公乃王,王[乃]天,天乃道,道乃〖久〗。没身不殆。(16)

大上,下知又(有)[之]。其[次],亲誉之。其次,畏之。其下,母(侮)之。信不足,安有不信。敌(犹)呵,其贵言也。成功遂事,而百姓胃(谓)我自然。(17)

故大道废,安有仁义。知慧出,安有大[伪]。六亲不和,安又(有)孝

兹(慈)。国家闉(昏)乿(乱)，安有贞臣。(18)

绝耴(圣)弃知，而民利百倍。绝仁弃义，而民复孝兹(慈)。绝巧弃利，盗贼无有。此三言也，以为文未足，故令之有所属：见素抱朴，少私而寡欲。(19)

绝学无忧。唯与呵，其相去几何？美与亚(恶)，其相去何若？人之所畏，亦不可以不畏人。朢(恍)呵，其未央才(哉)。众人巸(熙)巸(熙)，若鄉(饗)于大牢，而春登台。我博(泊)焉未垗(兆)，若婴儿未咳。累呵，佁(似)无所归。众人皆又(有)馀，我〖独遗。我〗愚人之心也，湷湷呵。鬻(俗)人昭昭，我独若閪(昏)呵。鬻(俗)人察察，我独閩(闵)閩(闵)呵。沕(惚)呵，其若海(晦)。朢(恍)呵，若无所止。众人皆有以，我独〡门〢□顽以鄙。吾欲独异于人，而贵食母。(20)

孔德之容，唯道是从。道之物，唯朢(恍)唯沕(惚)。沕(惚)呵朢(恍)呵，中又象呵。朢(恍)呵沕(惚)呵，中有物呵。幼(窈)呵冥呵，其中有请(情)呵。其请(情)甚真，其中有信。自今及古，其名不去，以顺众父。吾何以知众父之然也？以此。(21)

炊(企)者不立，自视者不章(彰)，自见者不明(明)，自伐者无功，自矜者不长。其在道也，曰："粽(餘)食赘行。"物或亚(恶)之，故有欲者弗居。(22)

畐(曲)则全，汪(枉)则正，洼则盈，敝(敝)则新，少则得，多则惑。是以耴(圣)人执一以为天下牧。不自视故章(彰)，不自见故明(明)，不自伐故有功，弗矜(矜)故能长。夫唯不争，故莫能与之争。古之所胃(谓)畐(曲)全者，幾语才(哉)？诚全归之。(23)

希言自然。飘(飘)风不冬(终)朝，暴(暴)雨不冬(终)日，孰为此？天地而弗能久，有(又)兄(况)于人乎！故从事而道者同于道，德者同于

德,失者同于失。同于德者,道亦德之。同于失者,道亦失之。(24)

有物昆(混)成,先天地生。萧(寂)呵漻(寥)呵,独立而不玹(改),可以为天地母。吾未知其名也,字之曰道。吾强为之名曰大。大曰筮(逝),筮(逝)曰远,远曰反。道大,天大,地大,王亦大。国(域)中有四大,而王居一焉。人法地,地法天,天法道,道法自然。(25)

重为轻根,靖(静)为趮(躁)君。是以君子冬(终)日行,不远其甾(辎)重。虽有环官(馆),燕处则昭若。若何万乘之王而以身轻于天下?轻则失本,趮(躁)则失君。(26)

善行者无达迹,善言者无瑕适(谪),善数者不用梼(筹)笇(策)。善闭者无关篇(關)而不可启也,善结者无纆约而不可解也。是以耶(圣)人恒善怵(救)人而无弃人,物无弃财,是胃(谓)曳朙(明)。故善人,善人之师。不善人,善人之资也。不贵其师,不爱其资,唯(虽)知(智)乎大迷,是胃(谓)眇(妙)要。(27)

知其雄,守其雌,为天下雞(溪)。为天下雞(溪),恒德不离。恒德不离,复归[于婴]儿。[知]其白,守其辱,为天下浴(谷)。为天下浴(谷),恒德乃足。恒德乃足,复归于朴。知其白,守其黑,为天下式。为天下式,恒德不贷(忒)。恒德不贷(忒),复归于无极。朴散则为器,耶(圣)人用则为官长,夫大制无割。(28)

将欲取[天下而为之,吾见其弗]得巳(已)。夫天下神器也,非可为者也。为之者败之,执之者失之。物或行,或隋(随),或热,或砼,或陪(培),或堕。是以耶(圣)人去甚、去大(泰)、去诸(奢)。(29)

以道佐人主,不以兵强于天下。其[事好还,师之所居,楚]棘生之。善者果而巳(已)矣,毋以取强焉。果而毋骄,果而勿矜(矜),果[而勿]伐,果而毋得巳(已)居。是胃(谓)果而〖不〗强。物壮而老,胃(谓)之不

道，不道蚤（早）巳（已）。（30）

夫兵者，不祥之器也。物或亚（恶）[之]，故有欲者弗居。君]子居则贵左，用兵则贵右。故兵者，非君子之器。兵者，不祥[之]器也，不得巳（已）而用之，铦龘为上。勿美也，若美之，是乐杀人也。夫乐杀人，不可以得志于天下矣。是以吉事[上左，丧事上右]。是以偏将军居左，而上将军居右。言以丧礼居之也，杀[人众，以悲哀]立（莅）之。口（战）朕（胜），而以丧礼处（处）之。（31）

道恒无名，朴。唯（虽）小，而天下弗敢臣。侯王若能守之，万物将自宾。天地相合，以俞甘洛（露）。[民莫之]令而自均焉。始制有名，名亦既有，夫亦将知止。知止所以不殆。卑（譬）[道之]在天下也，猷（犹）小浴（谷）之与江海也。（32）

知人者，知也。自知[者]，明（明）也。朕（胜）人者，有力也。自朕（胜）者，强也。知足者，富也。强行者，有志也。不失其所者，久也。死而不忘（亡）者，寿也。（33）

道沨（泛）呵，其可左右也。成功遂事[而]弗名有也。万物归焉而弗为主，则恒无欲也，可名于小。万物归焉而弗为主，可命于大。是以聣（圣）人之能成大也，以其不为大也，故能成大。（34）

执大象，天下往。往而不害，安平大。乐与[饵]，过格（客）止。故道之出言也，曰："淡呵，其无味也；视之，不足见也；聽（听）之，不足闻也；用之，不可既也。"（35）

将欲擒（翕）之，必古（故）张之。将欲弱之，必古（故）强之。将欲去之，必古（故）与之。将欲夺之，必古（故）予[之]。是胃（谓）微（微）明。柔弱朕（胜）强，鱼不可说（脱）于渊，国利器不可以示人。（36）

道恒无名，侯王若能守之，万物将自化。化而欲作，吾将阗（镇）之以

无名之朴。阗(镇)之以无名之朴,夫将不辱。不辱以靜(静),天地将自正。(37)

　《道》二千四百廿六

参考文献

一、《老子》诸注疏、校释本

(战国)韩非子:《解老》《喻老》篇,《韩子浅解》中华书局,1960年。

(汉)河上公:《老子道德经河上公章句》,王卡点校,中华书局,1993年。

(汉)严遵著:《老子指归》,王德有点校,中华书局,1994年。

(魏)王弼注,楼宇烈校释:《老子道德经注》,中华书局,2011年。

(南齐)顾欢编纂:《道德真经注疏》,董建国点校,凤凰出版社,2016年。

(唐)傅奕:《道德经古本篇》,《四部要籍注疏丛刊·老子》上册,中华书局,1998年。

(唐)成玄英:《道德经义疏》,《四部要籍注疏丛刊·老子》上册,中华书局,1998年。

(唐)强思齐:《道德真经玄德纂疏》,《道藏》第十三册,文物出版社、上海书店、天津古籍出版社,1988年。

(唐)陆希声:《道德真经传》,《道藏》第十二册,文物出版社、上海书店、天津古籍出版社,1988年。

(唐)陆德明:《老子音义》,《经典释文》,中华书局,1983年。

(宋)陈景元:《道德真经藏室纂微篇》,《道藏》第十三册,文物出版社、上海书店、天津古籍出版社,1988年。

(宋)范应元:《老子道德经古本集注》,《四部要籍注疏丛刊·老子》上册,中华书局,1998年。

(宋)林希逸:《道德真经口义》,《道藏》第十二册,文物出版社、上海书店、天津古籍出版社,1988年。

(宋)王安石著、容肇祖辑:《王安石老子注辑本》,中华书局,1979年。

(宋)苏辙:《道德真经注》,《道藏》第十二册,文物出版社、上海书店、天津古籍出版社,1988年。

(宋)彭耜:《道德真经集注》,《四部要籍注疏丛刊·老子》上册,中华书局,1998年。

(宋)宋鸾:《道德篇章玄颂》,《道藏》第十九册,文物出版社、上海书店、天津古籍出版社,1988年。

(宋)白玉蟾著,陆文荣统筹,六六道人辑纂:《白玉蟾真人全集》,海南出版社,2016年。

(元)吴澄:《道德真经注》,《道藏》第十二册,文物出版社、上海书店、天津古籍出版社,1988年。

(明)焦竑:《老子翼》,华东师范大学出版社,2011年。

(明)薛蕙:《老子集解》,《四部要籍注疏丛刊·老子》下册,中华书局,1998年。

(明)释德清:《老子道德经解》,华东师范大学出版社,2009年。

(清)魏源:《老子本义》,《四部要籍注疏丛刊·老子》下册,中华书局,1998年。

(清)刘师培:《道德经斠补》,《刘申叔先生遗书》第二十六册,1934年宁武南氏校印本。

（清）黄元吉：《道德经讲义》，九州出版社，2014 年。

（清）宋常星：《道德经讲义》，东大图书公司，2009 年。

（清）俞樾：《老子平议》，《诸子平议》卷八，中华书局，1954 年。

（清）易顺鼎：《读老札记》（附《补遗》），《宝瓠斋杂俎》之四，清光绪甲申
　　刻本。

（清）姚鼐、马其昶、奚侗：《老子注三种》，黄山书社，1994 年。

马叙伦：《老子校诂》，《四部要籍注疏丛刊·老子》下册，中华书局，
　　1998 年。

蒋锡昌编著：《老子校诂》，成都古籍出版社，1988 年据商务印书馆 1937
　　年版影印。

朱谦之：《老子校释》，中华书局，1984 年。

任继愈：《老子新译》，上海古籍出版社，1978 年。

饶宗颐：《老子想尔注校证》，上海古籍出版社，1991 年。

高亨：《老子正诂》，清华大学出版社，2004 年。

严灵峰：《老子章句新编》，文风书局，1944 年。

严灵峰辑校：《老子宋注丛残》，学术书局，1979 年。

陈柱：《老子韩氏说》，商务印书馆，1939 年。

劳健：《老子古本考》，手稿影印本，1941 年。

朱芾煌：《老子述记》，商务印书馆，1936 年。

陶鸿庆：《读诸子札记·老子》，《经子丛著》第四册《〈陶鸿庆老子王弼注
　　刊误〉补正》附录，台湾编译馆，1983 年。

张松如：《老子校读》，吉林人民出版社，1981 年。

陈荣捷（Wing-Tsit Chan）:（THE WAY OF LAO Tzu）《老子之道》，The
　　Bobbs-Merrill Company,Inc. 玻白斯-麦瑞尔有限公司，1963 年。

陈鼓应:《老子注译及评介》(修订增补本),中华书局,2009年。

刘笑敢:《老子古今——五种对勘与析评引论》,中国社会科学出版社,
　　2006年。

王中江:《老子》,国家图书馆出版社,2017年。

詹石窗:《老子道德经通解》,宗教文化出版社,2010年。

李存山:《老子译注》,中州古籍出版社,2008年。

汤漳平,王朝华:《老子》译注,中华书局,2014年。

罗义俊:《老子译注》,上海古籍出版社,2012年。

朱大星:《敦煌本〈老子〉研究》,中华书局,2007年。

辜正坤译:《老子道德经》(修订版),北京大学出版社,2008年。

谢清果:《道德真经精义》,宗教文化出版社,2015年。

刘坤生:《老子解读》,东方出版社,2014年。

陈剑:《老子译注》,上海古籍出版社,2016年。

陈徽:《老子今释今译》,上海古籍出版社,2019年。

郭永秉:《〈老子〉通识》,中华书局,2022年。

二、简帛《老子》和相关著作、论文

北京大学出土文献研究所编:《北京大学藏西汉竹书(贰)》,上海古籍出
　　版社,2012年。

荆门市博物馆编:《荆门郭店楚墓竹简》,文物出版社,1998年。

裘锡圭:《老子今研》,中西书局,2021年。

李零:《郭店楚简校读记》(增订本),北京大学出版社,2002年。

刘钊:《郭店楚简校释》,福建人民出版社,2005年。

廖名春:《郭店楚简老子校释》,清华大学出版社,2003年。

彭浩:《郭店楚简〈老子〉校读》,湖北人民出版社,2000年。

丁原植:《郭店楚简〈老子〉释析与研究》(增修版),台湾万卷楼图书有限公司,1999年。

赵建伟:《郭店楚简〈老子〉校释》,《道家文化研究》第十七辑(《郭店楚简》专号),三联书店,1999年。

魏启鹏:《楚简〈老子〉柬释》,《道家文化研究》第十七辑(《郭店楚简》专号),三联书店,1999年。

马王堆汉墓帛书整理小组编:《马王堆汉墓帛书老子》,文物出版社,1976年。

高明:《帛书老子校注》,中华书局,1996年。

许抗生:《帛书老子注译与研究》,浙江人民出版社,1985年。

尹振环:《帛书老子再疏义》,商务印书馆,2007年。

韩巍执行主编,北京大学出土文献研究所编:《古简新知——西汉竹书〈老子〉与道家思想研究》,上海古籍出版社,2017年。

复旦大学出土文献与古文字研究中心:《出土文献与古典学重建论集》,中西书局,2018年。

《"简帛〈老子〉与道家思想"国际学术研讨会论文集》,北京大学中国古代史研究中心,北京大学出土文献研究所,2013年10月25—26日。

[日]汤浅邦弘:《北京大学藏西汉竹书〈老子〉的特征》,《竹简学——中国古代思想的探究》,白雨田译,东方出版中心,2017年。

胡平生、韩自强编著:《阜阳汉简诗经研究》,上海古籍出版社,1988年。

裘锡圭主编:《长沙马王堆简帛集成》[肆],中华书局2014年。

刘钊主编:《马王堆汉墓简帛文字全编》,中华书局2020年。

荆州博物馆、武汉大学简帛研究中心:《荆州胡家草场西汉简牍选粹》,文物出版社,2021 年。

李开:《语言学和文史语言研究集稿》(续集),凤凰出版社,2021 年。

三、本书引用的其他著作

冯友兰:《中国哲学史》,商务印书馆,2001 年。

张岱年:《中国哲学大纲》,中国社会科学出版社,2004 年。

侯外庐:《中国思想通史》,人民出版社,1957 年。

(清)王引之:《经传释词》,李维琦点校,岳麓书社 1985 年。

林义光著,林志强标点:《文源》(标点本),上海古籍出版社,2017 年。

吴其昌:《殷虚书契解诂》,武汉大学出版社,2008 年。

顾实:《汉书艺文志讲疏》,商务印书馆,1929 年。

钱穆:《老子辨》,大华书局,1935 年。

罗根泽主编:《古史辨》第四册、第六册,上海古籍出版社,1982 年。

熊铁基、马良怀、刘韶军:《中国老学史》,福建人民出版社,1997 年。

后　记

　　《老子》以玄奥难懂著称,魏晋时期和《周易》《庄子》曾合称"三玄"。如何以明白畅达、深入浅出的语言释读《老子》,也成为我们当前大力弘扬这一优秀传统文化经典所面临的难题。通常而言,表达准确、条理清晰、思维缜密应是思想家最基本的素养,更何况像老子这样一位"博大真人"呢。"吾言甚易知,甚易行。"老子是哲学宗师,也是语言大师,其表达是简洁、平实且生动的。《老子》被贴上"玄之又玄"的标签,一方面是由于其思想的确具有一定的抽象性;另一方面,也是由于历代传抄过程中文字讹误、竹简编排错乱、传抄者刻意或无意的改动等原因,再加上两千多年来汉字字形以及汉语词义的演变,大大增加了理解的难度,提高了阅读的门槛。随着几种古本《老子》的先后面世以及老学研究者越来越深入的探讨,我们不妨通过以下几个方面的努力以解决这一难题。

　　首先,"近古必存真",应该将古本《老子》相关研究中一些证据充分可以作为定论的成果及时吸纳进来,复原历代传抄中一些失真的经文。比如,已有足够的证据表明,《道经》首章应作"无名,万物之始;有名,万物之母",而不是像传世本所作的"无名,天地之始;有名,万物之母"。我们在讲解、传播《老子》时,就应该及时采纳这一举可征信的结论。

　　其次,辨析字义。

　　《老子》一书以区区五千言而成道家奠基之作,其用语精炼之至,可谓字字珠玑。故《老子》一些重要用字的字义有必要细察深究。《老子》一书的重要概念、范畴比如"道、德、一、礼、忠信、清静、无为、自然"等等,都以"字"为其语言文字外壳,这些字的产生有其造字理据,此为"源";字义在老子所处的春秋时期、此后的战国乃至秦汉、魏晋南北朝等,其所承载的概念内涵也常常处于变化中,此为"流"。本书通过一些古文字字形的说解,借助古典文献中相关字义的训诂,以梳理《老子》部分重要概念在字义层面的"源"和"流"。此外,由于古人具象化的思维方式,很多文字的丰富内涵都来自现实生活中的意象。阅读《老子》,不妨通过与河流、溪谷、大海、草木、鸟兽虫鱼等自然物象的直接"对话"去体悟。从这个意义上讲,回归意象就是回归本原,回到老子那个时代纯朴的思维方式和生活现实。

　　第三,把《老子》每一章的章旨清晰明确地概括出来,同时也尝试把各章之间的逻辑关系尤其是相邻两章的内在联系描摹出来。这也是本书"章旨"部分有意识要达到的目标。

　　上述三方面都可以帮助阅读者减轻畏难心理。在此基础上,再尝试对老子思想体系进行"模拟建构"。一个好的框架结构,可以把《老子》81章(北大简本77章)有机地统摄在一个逻辑严密、层次分明的思想体系之中。本书绪言部分"老子政治哲学体系"即是这样一次大胆的尝试。

　　张之洞曾说:"以小学入经学,其经学可信。"由此可知,《老子》的释读要追求"客观确定性"(参看刘笑敢先生《老子古今》中的"劳思光先生序",中国社会科学出版社,2006年),应该充分借助语言文字学工具。以《老子》前五章为例:第一章句读的辨析可以通过各版本虚词的使用并结合用韵情况得到确定的答案;第二章经文中,"有无之相生也,难易之相成也,长短之相形也,高下之相盈也,音声之相和也,先后之相随"这 6 个句子形成并列关系,构成一个复杂判断句的前半部分,帛书本独有的"恒也"二字实为这一判断句的结论(详参黄德宽先生《〈老子〉的虚词删省与古本失真》,《中国典籍与文化论丛》第三辑,中华书局,1995 年),"恒也"两字在其他版本被删去,不利于对第二章章旨的概括;第四章"道冲而用之,又弗盈","弗"在传世本替换为"不",随着"弗"字语法意义的脱落,进而影响到整章意义的释读;第五章"多闻数穷"在传抄过程中变为"多言数穷",造成此句主题的偏离。上述具体例子表明,在多种古本《老子》材料出土之后,注重文字、音韵、训诂、语法等传统语文学研究方法的综合运用,注意语言文字学、哲学等多学科的交叉融合,对《老子》研究在当代取得新进展将发挥积极作用。

这也就可以回答,对北京大学藏汉简《老子》开展校勘、注释等整理工作的意义所在。本书"校订文"部分,是在列出北大汉简《老子》原有经文的前提下,希望将这种基于汉简《老子》的校勘、考释以及学界研究的新进展以校订文的形式加以凸显,以引起更多《老子》研究者的注意和重视。

老子对"素朴"的推崇,敦促我在书写时回到本原,尽量避免使用陈词滥调和空洞的概念。语言的陈旧和贫乏,折射出书写者在思考上的懒惰或将就,反映了脱离现实生活根基的浮泛和轻浅,这是需要时刻自我省察和克服的。

认真研读《老子》的这些年,常常有"觉今是而昨非"之感。老子宣称,学习好、运用好老子思想可以"求以得,有罪以免",老子之道是"善人之宝,不善人之所保。"岂虚言哉! 老子思想,无疑是一泓清澈的源泉,是一片能使人生命力滋长、智慧萌生和信心日益坚定的奇妙绿洲。

　　2014 年起，我主持了一项教育部人文社会科学研究青年基金项目：北京大学藏西汉竹书《老子》研究（项目批准号：14YJCZH163），该课题已在 2018 年顺利结项。本书实际上是该课题的"副产品"，但相对而言，这部书稿吸引了我更多的兴趣，我也倾注了更多的时间和精力。撰写的整个过程是愉快的。得益于业师马重奇教授、林志强教授的教诲，使我能较为顺利地从传统语文学角度切入，开展对古本《老子》的研究。四川大学詹石窗教授、闽南师范大学汤漳平教授、厦门大学谢清果教授对本书的出版给予了支持和鼓励。出版过程中，我还曾经就一些问题请教了北京大学郑开先生、韩巍先生、复旦大学张富海先生，他们都非常热心地提供了帮助。中华书局陈乔老师在书稿编辑过程中付出了辛勤的劳动，提供了有益的指导。谨向以上师友表示诚挚的感谢！我自信此书是静心之作，但由于个人体悟境界和学识上的局限，贻笑大方之处在所难免，祈望指正。

吴文文　于九龙江畔经德堂

2021 年 6 月 1 日